AVENTURAS

PRIMER CURSO DE LENGUA ESPAÑOLA

FIFTH EDITION

Student Activities Manual

ISBN: 978-1-68004-948-0

1 2 3 4 5 6 7 8 9 PP 22 21 20 19 18 17

Contenido

WORKBOOK

VIDEO MANUAL

AVENTURAS

FLASH CULTURA

PANORAMA CULTURAL

LAB MANUAL

Introduction

The AVENTURAS Student Activities Manual

Completely coordinated with the **AVENTURAS** student textbook, the Student Activities Manual (SAM) for **AVENTURAS** provides you with additional practice of the vocabulary, grammar, and language functions presented in each of the textbook's sixteen lessons. The Workbook and Video Manual sections will help you to continue building your reading and writing skills in Spanish. The Lab Manual section will help you to continue building your listening and speaking skills in Spanish. Icons and page references in the **Practice more!** boxes of the **AVENTURAS** student textbook correlate the Workbook, Video Manual, and Lab Manual sections to your textbook, letting you know when exercises and activities are available for use. Answers to the Workbook, Video Manual, and Lab Manual activities are located on the Supersite as an instructor resource.

The Workbook

Each lesson's workbook activities focus on developing your reading and writing skills as they recycle the language of the corresponding textbook lesson. Exercise formats include, but are not limited to, true/false, multiple choice, fill-in-the-blanks, sentence completions, fleshing out sentences from key elements, and answering questions. You will also find activities based on drawings, photographs, and maps.

Reflecting the overall organization of the textbook lessons, each workbook lesson consists of **Preparación, Gramática,** and **Aventuras en los países hispanos** sections. After every four lessons, a **Repaso** section appears, providing cumulative practice of the grammar and vocabulary learned.

The Video Manual

AVENTURAS offers three video programs: **Aventuras, Flash Cultura**, and **Panorama cultural.** In all three programs, the activities will guide you through the video modules. **Antes de ver el video** offers previewing activities to prepare you for successful video viewing experiences. **Mientras ves el video** contains while-viewing activities that will guide you through each module, targeting key ideas and events. Lastly, **Después de ver el video** provides post-viewing activities that check your comprehension and ask you to apply these materials to your own life or offer your own opinions.

Aventuras Video

The **Aventuras** video offers 6–9 minutes of footage for each of the textbook's lessons. Each episode tells the continuing story of a group of college students from various Spanish-speaking countries who are studying in Mexico. The video, shot in a variety of locations throughout Mexico, follows them through an academic year. Each dramatic episode brings the themes, vocabulary, grammar, and language functions of the corresponding lesson alive. Each module ends with a **Resumen** section.

Flash Cultura Video

This dynamic video is integrated with the **Cultura** section of each lesson. Shot in eight countries in the Spanish-speaking world, **Flash Cultura** features reporters who carry out authentic interviews with young people from all over the Spanish-speaking world and ask them to share aspects of their lives. In these episodes, you will learn about similarities and differences among Spanish-speaking countries, which in turn will challenge you to think about your own cultural practices and values.

The segments will provide you with valuable cultural insights as well as authentic linguistic input as they gradually move into Spanish. Be prepared to listen to a wide variety of accents and vocabulary from the Hispanic world!

Panorama cultural Video

This video is integrated with the **Aventuras en los países hispanos** section in each even-numbered lesson of **AVENTURAS**. Each segment is 2–3 minutes long and consists of documentary footage from the countries of focus.

As you watch the video segments, you will experience a diversity of images and topics: cities, monuments, traditions, festivals, archaeological sites, geographical wonders, and more. You will be transported to each Spanish-speaking country including the United States and Canada, thereby having the opportunity to expand your cultural perspectives.

The Lab Manual

The Lab Manual activities are designed for use with the **AVENTURAS** Lab Audio Program MP3 files on the Supersite. They focus on building your listening comprehension, speaking, and pronunciation skills in Spanish, as they reinforce the vocabulary and grammar of the corresponding textbook lesson. The Lab Manual guides you through the Lab Audio Program MP3s, providing the written cues—direction lines, models, charts, drawings, etc.—you will need in order to follow along easily. You will hear statements, questions, mini-dialogues, conversations, monologues, commercials, and many other kinds of listening passages, all recorded by native Spanish speakers. You will encounter a wide range of activities such as listening-and-repeating exercises, listening-and-speaking practice, listening-and-writing activities, illustration-based work, and dictations.

Each lesson of the Lab Manual contains a **Preparación** section that practices the active vocabulary taught in the corresponding textbook lesson. In **Lecciones 1–9,** a **Pronunciación** section follows; it parallels the one found in your textbook, and, offers additional exercises. In **Lecciones 10–16,** the **Pronunciación** sections are unique to the Lab Manual and the Lab Audio Program since, in those lessons, your textbook features **Ortografía** sections instead of **Pronunciación.** Each laboratory lesson then concludes with a **Gramática** section.

We hope that you will find the **AVENTURAS** Student Activities Manual to be a useful language learning resource and that it will help you to increase your Spanish language skills in a productive, enjoyable fashion.

*The **AVENTURAS** authors and the Vista Higher Learning editorial staff*

Nombre ______________________ Fecha ______________________

PREPARACIÓN

Lección 1

Workbook

1 **Diferente** Write the word or phrase that does not belong in each group.

1. Hasta mañana. Buenos días. Nos vemos. Hasta pronto.
____
2. ¿Qué tal? ¿Qué pasa? Regular. ¿Cómo estás?
____
3. Ecuador México Washington Estados Unidos
____
4. Muchas gracias. No muy bien. Muy bien, gracias. Regular.
____
5. ¿De dónde eres? ¿De dónde es usted? ¿Cómo está usted? ¿Cómo se llama usted?
____
6. Chau. Hola. Buenos días. ¿Qué tal?
____

2 **Saludos** Fill in the blanks with the appropriate expression from the list.

De nada.	Encantada.	Muy bien, gracias.	Nos vemos.
El gusto es mío.	Me llamo Pepe.	Nada.	Soy de Ecuador.

1. ¿Cómo te llamas? ______________________
2. ¿Qué hay de nuevo? ______________________
3. ¿De dónde eres? ______________________
4. Adiós. ______________________
5. ¿Cómo está usted? ______________________
6. Mucho gusto. ______________________
7. Te presento a la señora Díaz. ______________________
8. Muchas gracias. ______________________

3 **Saludos, despedidas y presentaciones** Complete these phrases with the missing words, then decide whether the phrases are **saludos**, **despedidas**, or **presentaciones**.

Phrase	Saludo	Despedida	Presentación
1. ¿ _____ pasa?	_____	_____	_____
2. _____ luego.	_____	_____	_____
3. _____ gusto.	_____	_____	_____
4. Te _____ a Irene.	_____	_____	_____
5. ¿ _____ estás?	_____	_____	_____
6. _____ días.	_____	_____	_____
7. El _____ es mío.	_____	_____	_____
8. Nos _____	_____	_____	_____

4 **Los países** Fill in each blank with the name of the country that is highlighted in each map.

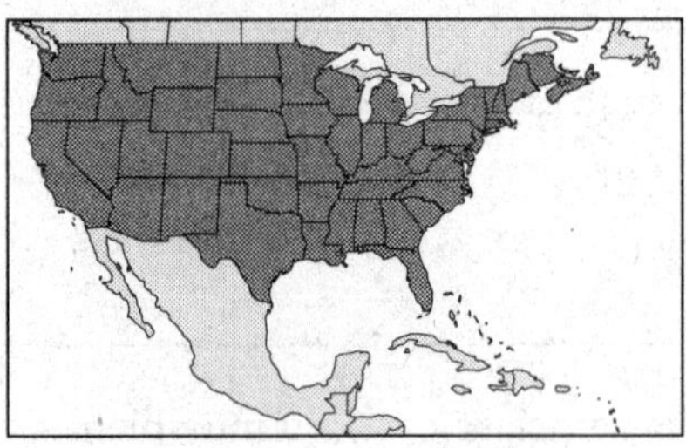

1. ____________________

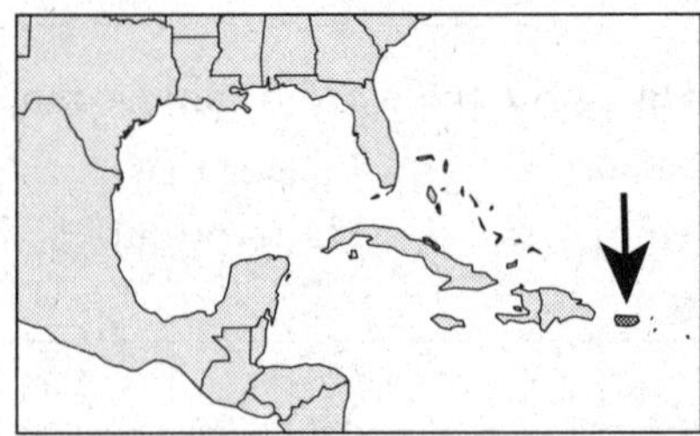

2. ____________________

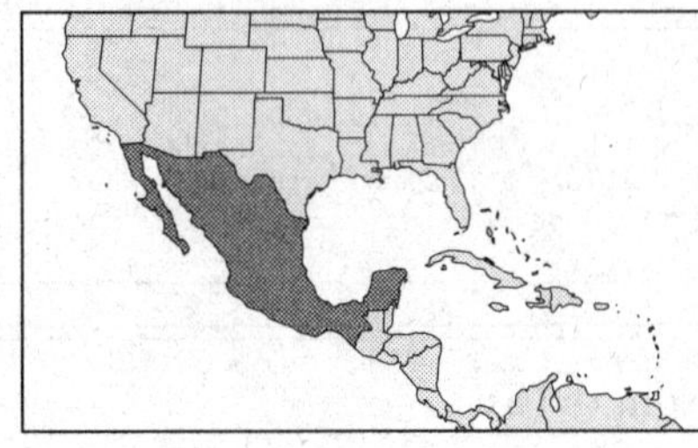

3. ____________________

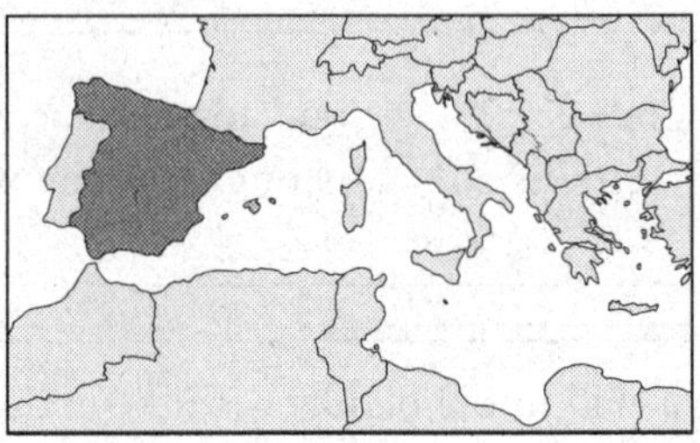

4. ____________________

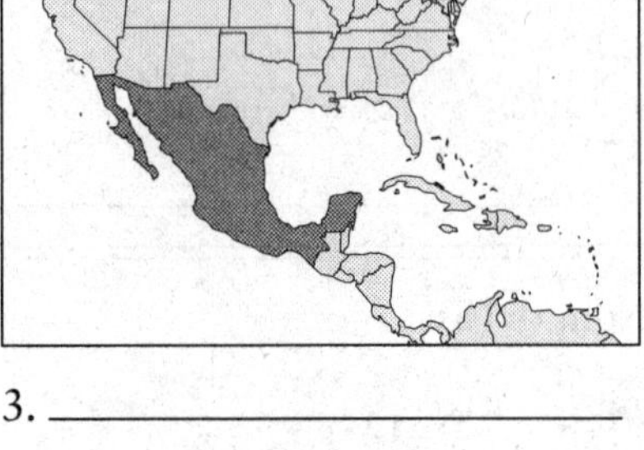

5. ____________________

5 **Conversación** Complete this conversation by filling in the blanks.

ANA Buenos días, señor González. ¿Cómo ______(1) ______(2)?

SR. GONZÁLEZ ______(3) bien, gracias. ¿Y tú, ______(4) estás?

ANA Bien. ______(5) presento a Antonio.

SR. GONZÁLEZ Mucho ______(6), Antonio.

ANTONIO El gusto ______(7) ______(8).

SR. GONZÁLEZ ¿De dónde ______(9), Antonio?

ANTONIO ______(10) ______(11) México.

ANA ______(12) luego, señor González.

SR. GONZÁLEZ Nos ______(13), Ana.

ANTONIO ______(14), señor González.

Nombre ______________________ Fecha ______________________

Workbook

GRAMÁTICA

1.1 Nouns and articles

1 **¿El, la, los, o las?** Write the correct definite article before each noun.

1. ________ autobús
2. ________ maleta
3. ________ lápices
4. ________ diccionario
5. ________ palabras
6. ________ mano
7. ________ país
8. ________ problema
9. ________ cosas
10. ________ diarios

2 **Escoger** Write the correct definite article before each noun. Then, write each article and noun in the correct column.

1. ________ hombre
2. ________ profesora
3. ________ chica
4. ________ pasajero
5. ________ mujer
6. ________ conductora
7. ________ chico
8. ________ pasajera
9. ________ profesor

Masculino	Femenino

3 **Convertir** Give the plural form of each singular article and noun and the singular form of each plural article and noun.

1. unas capitales ________
2. un día ________
3. un cuaderno ________
4. unos números ________
5. una computadora ________
6. unas escuelas ________
7. unos mapas ________
8. un programa ________
9. unos autobuses ________
10. una palabra ________

4 **Las cosas** For each picture, provide the noun with its corresponding definite and indefinite articles.

1. ________ ________
2. ________ ________
3. ________ ________
4. ________ ________

Nombre ____________ Fecha ____________

1.2 Numbers 0–30

1 **Los números** Solve the math problems to complete the crossword puzzle.

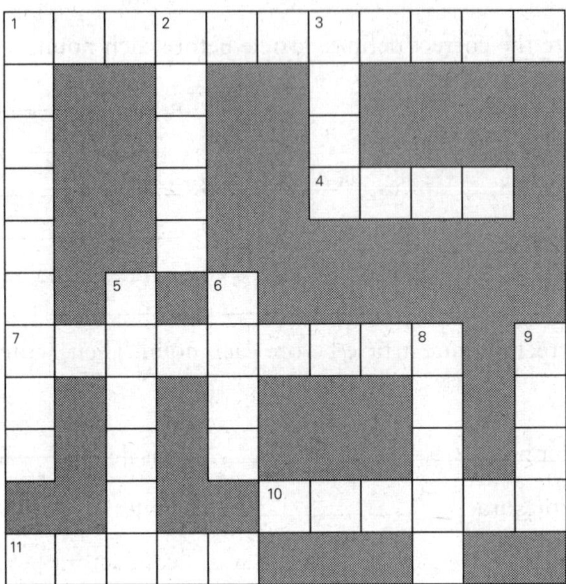

1. (*Horizontal*) veinte más cinco
1. (*Vertical*) once más once
2. seis más tres
3. trece menos trece
4. veintiséis menos quince
5. doce más ocho
6. veintinueve menos diecinueve
7. treinta menos catorce
8. veintitrés menos dieciséis
9. siete más uno
10. veinticinco menos veintiuno
11. once más dos

2 **Preguntar** Fill in the blanks with questions that ask how many items there are. Write out the numbers, following the model.

modelo
2 cuadernos
¿Cuántos cuadernos hay? Hay dos cuadernos.

1. 3 diccionarios ____________
2. 12 estudiantes ____________
3. 10 lápices ____________
4. 7 maletas ____________
5. 25 palabras ____________
6. 21 países ____________
7. 13 mochilas ____________
8. 18 pasajeros ____________
9. 15 computadoras ____________
10. 27 fotografías ____________

Nombre ______________________ Fecha ______________________

Workbook

1.3 Present tense of ser

1 **Completar** Complete these sentences with the correct forms of **ser.**

modelo
Los pasajeros son de los Estados Unidos.

1. Nosotros ______________________ profesores.
2. La computadora ______________________ de Marisol.
3. La profesora ______________________ Elsa Jiménez.
4. Yo ______________________ de San Antonio.
5. ¿Quién ______________________ el conductor?
6. Tú ______________________ estudiante.

2 **Los pronombres** In the second column, write the subject pronouns that you would use when addressing the people listed in the first column. In the third column, write the pronouns you would use when talking about them.

Personas	Addressing them	Talking about them
1. el señor Varela		
2. Claudia, Eva y Ana		
3. un hombre y dos mujeres		
4. la profesora		
5. un estudiante		
6. el director de una escuela		
7. tres chicas		
8. un pasajero de autobús		
9. Antonio y Miguel		
10. una turista		

3 **Nosotros somos...** Rewrite each sentence with the new subject. Change the verb **ser** as necessary.

modelo
Ustedes son profesores. Nosotros somos profesores.

1. Nosotros somos estudiantes. Ustedes ______________________.
2. Usted es de Puerto Rico. Ella ______________________.
3. Nosotros somos conductores. Ellos ______________________.
4. Yo soy estudiante. Tú ______________________.
5. Ustedes son de Ecuador. Nosotras ______________________.
6. Ella es profesora. Yo ______________________.
7. Tú eres de España. Él ______________________.
8. Ellos son de México. Ellas ______________________.

4 **Objetos** Use **ser** + **de** (or **del**) to indicate that the objects belong to the people listed.

modelo

mochila / el hombre

Es la mochila del hombre.

1. diccionario / el estudiante
2. cuadernos / las chicas
3. mano / Manuel
4. maletas / la turista
5. mapas / los profesores
6. libro / Francisco
7. lápices / la joven
8. fotografía / los chicos
9. computadora / la directora
10. capital / el país

5 **¿De dónde son?** Use **ser** + **de** to indicate where the people are from.

modelo

ustedes / Costa Rica

Ustedes son de Costa Rica.

1. Lina y María / Colombia
2. el profesor / México
3. tú y los jóvenes / Argentina
4. las estudiantes / los Estados Unidos
5. ellos / Ecuador
6. la mujer / Puerto Rico
7. los turistas / España
8. él y yo / Chile
9. nosotras / Cuba
10. usted / Venezuela

6 **¡Pregunta!** Write questions for these answers.

modelo

¿De dónde son ellos?

Ellos son de España.

1. __________
   Los lápices son de Ramón.
2. __________
   Lilia es de Ecuador.
3. __________
   Es una foto.
4. __________
   Ellas son Marisa y Susana.

1.4 Telling time

1 El reloj Give the time shown on each clock, using complete sentences.

1. ______ 2. ______

3. ______ 4. ______

5. ______ 6. ______

2 La hora Use complete sentences to tell the time. Write out the numbers.

1. 3:40 p.m. ______
2. 6:00 a.m. ______
3. 9:15 p.m. ______
4. 12:00 p.m. ______
5. 1:10 p.m. ______
6. 10:45 a.m. ______
7. 5:05 p.m. ______
8. 11:50 p.m. ______
9. 1:30 a.m. ______
10. 10:00 p.m. ______

Nombre ____________________ Fecha ____________________

Workbook

3 **El día de Marta** Use the schedule to answer the questions in complete sentences. Write out the numbers.

modelo

¿A qué hora es el programa especial?

El programa especial es a las diez y media/treinta de la noche.

8:45 a.m.	Biología
11:00 a.m.	Cálculo
12:00 p.m.	Almuerzo
2:00 p.m.	Español
4:15 p.m.	Yoga
10:30 p.m.	Programa especial

1. ¿A qué hora es la clase de biología? ____________________
2. ¿A qué hora es la clase de cálculo? ____________________
3. ¿A qué hora es el almuerzo (*lunch*)? ____________________
4. ¿A qué hora es la clase de español? ____________________
5. ¿A qué hora es la clase de yoga? ____________________

4 **Síntesis** Answer the questions about yourself and your class, using complete sentences.

1. ¿Cómo te llamas? ____________________
2. ¿De dónde eres? ____________________
3. ¿Qué hay de nuevo? ____________________
4. ¿Qué hora es? ____________________
5. ¿A qué hora es la clase de español? ____________________
6. ¿Cuántos estudiantes hay en la clase de español? ____________________
7. ¿Hay estudiantes de México en la clase? ____________________
8. ¿A qué hora es tu (*your*) programa de televisión favorito? ____________________

Nombre ____________________ Fecha ____________________

Workbook

PREPARACIÓN

Lección 2

1 **Categorías** Read each group of items, then select the word from the list that relates to each group.

biblioteca	clase	geografía
cafetería	cursos	laboratorio

1. sándwiches, tacos, sodas, bananas ____________________
2. mapas, capitales, países, nacionalidades ____________________
3. historia, matemáticas, geografía, lenguas extranjeras ____________________
4. microscopios, experimentos, química, elementos ____________________
5. libros, mesas, computadoras, sillas ____________________
6. pizarras, tiza, borrador, profesora, escritorios ____________________

2 **Buscar** (*To search*) Find twelve school-related words in the grid, looking horizontally and vertically. Circle them in the puzzle, and write the words in the blanks.

S	P	F	Í	S	I	C	A	B	Q	G	Ñ	E
O	E	S	P	A	Ñ	O	L	E	U	S	B	R
C	X	B	E	C	O	N	U	M	Í	O	I	M
I	A	R	T	E	G	Q	F	A	M	F	O	I
O	M	C	A	C	L	Ó	U	R	I	V	L	N
L	E	P	R	U	E	B	A	A	C	D	O	G
O	N	U	E	O	N	E	Z	H	A	U	G	L
G	Ñ	D	A	M	C	L	A	S	E	T	Í	É
Í	E	J	I	L	R	I	E	M	C	I	A	S
A	P	E	R	I	O	D	I	S	M	O	P	I
D	S	T	H	O	R	A	R	I	O	Q	X	Á
K	U	M	A	N	I	P	Á	D	C	S	M	O

Horizontales

____
____
____
____
____
____

Verticales

____
____
____
____
____
____

Workbook

3 El calendario

El calendario Use the calendar to answer the questions with complete sentences.

marzo

L	M	M	J	V	S	D
		1	2	3	4	5
6	7	8	9	10	11	12
13	14	15	16	17	18	19
20	21	22	23	24	25	26
27	28	29	30	31		

abril

L	M	M	J	V	S	D
					1	2
3	4	5	6	7	8	9
10	11	12	13	14	15	16
17	18	19	20	21	22	23
24	25	26	27	28	29	30

modelo

¿Qué día de la semana es el 8 de abril (*April*)?
El 8 de abril es sábado./Es sábado.

1. ¿Qué día de la semana es el 21 de marzo (*March*)? _______________
2. ¿Qué día de la semana es el 7 de abril? _______________
3. ¿Qué día de la semana es el 2 de marzo? _______________
4. ¿Qué día de la semana es el 28 de marzo? _______________
5. ¿Qué día de la semana es el 19 de abril? _______________
6. ¿Qué día de la semana es el 12 de marzo? _______________
7. ¿Qué día de la semana es el 3 de abril? _______________
8. ¿Qué día de la semana es el 22 de abril? _______________
9. ¿Qué día de la semana es el 31 de marzo? _______________
10. ¿Qué día de la semana es el 9 de abril? _______________

4 Completar

Completar Complete these sentences, using words from the word bank.

arte	computación	geografía	laboratorio	tarea
biblioteca	examen	horario	profesora	universidad

1. La _______________ de español es de México.
2. El _______________ dice (*says*) a qué hora son las clases.
3. A las once hay un _______________ de biología.
4. Martín es artista y toma (*takes*) una clase de _______________.
5. Hay veinte computadoras en la clase de _______________.
6. Los experimentos se hacen (*are made*) en el _______________.
7. Hay muchos libros en la _______________.
8. Los mapas son importantes en el curso de _______________.

Workbook

GRAMÁTICA

2.1 Present tense of regular –ar verbs

1 **El presente** Write the missing forms of each verb in the present tense.

Present tense					
Infinitivo	**yo**	**tú**	**usted, él, ella**	**nosotros/as**	**ustedes, ellos**
1. cantar	______	______	______	______	______
2. ______	pregunto	______	______	______	______
3. ______	______	contestas	______	______	______
4. ______	______	______	practica	______	______
5. ______	______	______	______	deseamos	______
6. ______	______	______	______	______	llevan

2 **Verbos** Complete each sentence with the correct verb form so that the sentence makes sense.

busco	esperan	toman
conversas	regresamos	trabaja

1. Nosotras ______________ a las seis de la tarde.
2. Muchos estudiantes ______________ el curso de periodismo.
3. Rosa y Laura no ______________ a Manuel.
4. Tú ______________ con (*with*) los chicos en la residencia estudiantil.
5. El compañero de cuarto de Jaime ______________ en el laboratorio.
6. Yo ______________ un libro en la biblioteca.

3 **Completar** Complete these sentences with the correct form of the verb in parentheses.

modelo

La estudiante <u>canta</u> (cantar) en el coro de la universidad.

1. Los turistas ______________ (viajar) en un autobús.
2. Elena y yo ______________ (hablar) español en clase.
3. Los estudiantes ______________ (llegar) a la residencia estudiantil.
4. Yo ______________ (dibujar) un reloj en la pizarra.
5. La señora García ______________ (comprar) libros en la librería de la universidad.
6. Francisco y tú ______________ (regresar) de la biblioteca.
7. El semestre ______________ (terminar) en mayo (*May*).
8. Tú ______________ (buscar) a tus (*your*) compañeros de clase en la cafetería.

4 **Oraciones** Form sentences using <u>only</u> the words provided. Use the correct present-tense or infinitive form of each verb.

1. una estudiante / desear / hablar / con su profesora de biología
2. los profesores / contestar / las preguntas (*questions*) de los estudiantes
3. (nosotros) / esperar / viajar / a Madrid
4. (yo) / necesitar / practicar / los verbos en español

5 **Me gusta** Form complete sentences, using one item from each box. Make any necessary changes.

me	gusta	bailar	las fiestas (*parties*)
te	gustan	la clase de español	leer
		la música clásica	sus estudiantes

1.
2.
3.
4.
5.
6.

6 **¿Y tú?** Use complete sentences to answer these yes or no questions.

modelo
¿Bailas tango?
No, no bailo tango.

1. ¿Estudias biología en la universidad?
2. ¿Conversas mucho con los compañeros de clase?
3. ¿Esperas estudiar administración de empresas?
4. ¿Te gustan las lenguas extranjeras?
5. ¿Te gusta escuchar música jazz?

Nombre ____________ Fecha ____________

Workbook

2.2 Forming questions in Spanish

1 **Preguntar** Make questions out of these statements by inverting the word order.

1. Ustedes son de Puerto Rico.
2. El estudiante dibuja un mapa.
3. Los turistas llegan en autobús.
4. La clase termina a las dos de la tarde.
5. Samuel trabaja en la biblioteca.
6. Los chicos miran un programa de televisión.
7. El profesor Miranda enseña sociología.
8. Isabel compra cinco libros de historia.
9. Mariana y Javier estudian para (*for*) el examen.
10. Ellas conversan en la cafetería de la universidad.

2 **Seleccionar** Choose an interrogative word from the list to write a question that corresponds with each response.

Adónde	Cuántos	Dónde	Qué
Cuándo	De dónde	Por qué	Quién

1. ____________
Paco y Rosa caminan a la biblioteca.
2. ____________
El profesor de español es de México.
3. ____________
Hay quince estudiantes en la clase.
4. ____________
El compañero de cuarto de Jaime es Manuel.
5. ____________
La clase de física es en el laboratorio.
6. ____________
Julia lleva una computadora portátil.
7. ____________
El programa de televisión termina a las diez.
8. ____________
Estudio biología porque (*because*) me gusta trabajar en el laboratorio.

Workbook

3

Muchas preguntas Form three different questions from each statement.

modelo

Ana habla por teléfono.
¿Habla Ana por teléfono?
Ana habla por teléfono, ¿no?
Ana habla por teléfono, ¿verdad?

1. Sara canta en el coro (*choir*) de la universidad.

______

______

______

2. Tú buscas el libro de arte.

______

______

______

3. El profesor Gutiérrez enseña contabilidad.

______

______

______

4. Ustedes necesitan hablar con el profesor de historia.

______

______

______

4

¿Qué palabra? Write the interrogative word or phrase that makes sense in each question.

1. ¿______ es la clase de administración de empresas?
   Es en la biblioteca.
2. ¿______ estudias para los exámenes de matemáticas?
   Estudio por la noche (*at night*).
3. ¿______ es el profesor de inglés?
   Es de los Estados Unidos.
4. ¿______ libros hay en la clase de biología?
   Hay diez libros.
5. ¿______ caminas con (*with*) Olga?
   Camino a la clase de biología con Olga.
6. ¿______ enseña el profesor Hernández en la universidad?
   Enseña matemáticas.
7. ¿______ llevas cinco libros en la mochila?
   Porque regreso de la biblioteca.
8. ¿______ es la profesora de física?
   Es la señora Caballero.

2.3 The present tense of estar

1 **Están en...** Answer the questions based on the pictures. Write complete sentences.

1. ¿Dónde están Cristina y Bruno?

2. ¿Dónde están la profesora y el estudiante?

3. ¿Dónde está la puerta?

4. ¿Dónde está la mochila?

5. ¿Dónde está el pasajero?

6. ¿Dónde está José Miguel?

2 **¿Dónde están?** Use these cues and the correct form of **estar** to write complete sentences. Add any missing words.

1. libros / cerca / escritorio
2. ustedes / al lado / puerta
3. diccionario / entre / computadoras
4. lápices / sobre / cuaderno
5. estadio / lejos / residencias
6. mochilas / debajo / mesa
7. tú / en / clase de psicología
8. reloj / a la derecha / ventana
9. Rita / a la izquierda / Julio

3 **¿Ser o estar?** Complete these sentences with the correct present-tense form of **ser** or **estar.**

1. Sonia ________________ muy bien hoy.
2. Las sillas ________________ delante del escritorio.
3. Ellos ________________ estudiantes de sociología.
4. Alma ________________ de un pueblo (*town*) de España.
5. ________________ las diez y media de la mañana.
6. Nosotras ________________ en la biblioteca.

4 **El libro** Complete this cell phone conversation with the correct forms of **estar.**

GUSTAVO Hola, Pablo. ¿________________ (1) en la residencia estudiantil?

PABLO Sí, ________________ (2) en la residencia.

GUSTAVO Necesito el libro de física.

PABLO ¿Dónde ________________ (3) el libro?

GUSTAVO El libro ________________ (4) en mi cuarto (*room*), al lado de la computadora.

PABLO ¿Dónde ________________ (5) la computadora?

GUSTAVO La computadora ________________ (6) encima del escritorio.

PABLO ¡Aquí (*Here*) ________________ (7) el libro de física!

5 **Conversación** Complete this conversation with the correct forms of **ser** and **estar**.

PILAR Hola, Irene. ¿Cómo ________________ (1)?

IRENE Muy bien, ¿y tú? ¿Qué tal?

PILAR Bien, gracias. Te presento a Pablo.

IRENE Encantada, Pablo.

PILAR Pablo ________________ (2) de México.

IRENE ¿De qué ciudad de México ________________ (3)?

PABLO ________________ (4) de Monterrey. ¿Y tú, de dónde ________________ (5)?

IRENE ________________ (6) de San Juan, Puerto Rico.

PILAR ¿Dónde ________________ (7) Claudia, tu (*your*) compañera de cuarto?

IRENE ________________ (8) en la residencia estudiantil.

PABLO Nosotros vamos a (*are going to*) la librería ahora.

PILAR Necesitamos comprar el manual del laboratorio de física.

IRENE ¿A qué hora ________________ (9) la clase de física?

PABLO ________________ (10) a las doce. ¿Qué hora ________________ (11) ahora?

PILAR ________________ (12) las once y media.

IRENE ¡Menos mal que (*Fortunately*) la librería ________________ (13) cerca del laboratorio!

PILAR Sí, no ________________ (14) lejos de la clase. Nos vemos.

IRENE Hasta luego.

PABLO Chau.

Nombre ______________________ Fecha ______________________

Workbook

2.4 Numbers 31–100

1 **Teléfonos** Write out each telephone number, following the grouping for numbers as shown in the model.

modelo

968-3659

nueve, sesenta y ocho, treinta y seis, cincuenta y nueve

1. 776-7799
2. 543-3162
3. 483-4745
4. 352-5073
5. 888-7540
6. 566-3857
7. 492-6033
8. 780-5770

2 **¿Cuántos hay?** Use the inventory list to answer these questions about the number of items in stock at the school bookstore. Use complete sentences and write out the Spanish numbers in words.

Inventario

lápices	91	mochilas	31
plumas	85	diccionarios	43
videos	72	computadoras	30
cuadernos	50	mapas	66

1. ¿Cuántos mapas hay? ______________________
2. ¿Cuántas mochilas hay? ______________________
3. ¿Cuántos diccionarios hay? ______________________
4. ¿Cuántos cuadernos hay? ______________________
5. ¿Cuántas plumas hay? ______________________
6. ¿Cuántos lápices hay? ______________________
7. ¿Cuántas computadoras hay? ______________________
8. ¿Cuántos videos hay? ______________________

Workbook

3 **Por ciento** Use the information from the pie chart to complete these sentences. Write out the Spanish numbers in words.

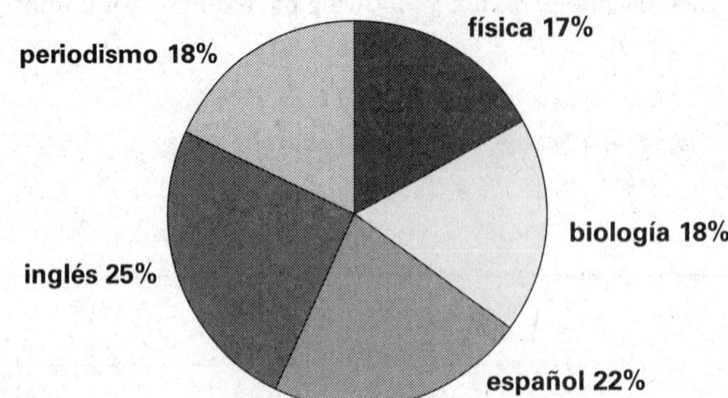

1. Un _______________ por ciento de los estudiantes estudian biología o física.
2. Un _______________ por ciento de los estudiantes estudian inglés o periodismo.
3. Un _______________ por ciento de los estudiantes no estudian ciencias (*sciences*).
4. Un _______________ por ciento de los estudiantes no estudian biología.
5. Un _______________ por ciento de los estudiantes estudian inglés o español.
6. Un _______________ por ciento de los estudiantes no estudian idiomas (*languages*).

4 **Síntesis** Imagine that a parent calls a college student during the second week of classes. Using the cues provided, write questions that the parent might ask about the son or daughter's schedule, classes, and campus life. Then, write possible answers to the questions, using complete sentences.

modelo

¿Cuándo termina la clase de español?
La clase de español termina a las tres.

- ¿A qué hora...?
- ¿Dónde está...?
- ¿Qué cursos...?
- ¿Trabajas...?
- ¿Estudias...?
- ¿Qué días de la semana...?
- ¿Hay...?
- ¿Cuántos...?

Nombre ______________________ Fecha ______________________

AVENTURAS EN LOS PAÍSES HISPANOS

Estados Unidos y Canadá

1 **Un mapa** Write each of these words in the appropriate country on the map.

Montreal	Sonia Sotomayor
53.070.000 hispanos	374.000 hispanos
dos lenguas oficiales	población total: 35.099.000
desfile de puertorriqueños	La Pequeña Habana

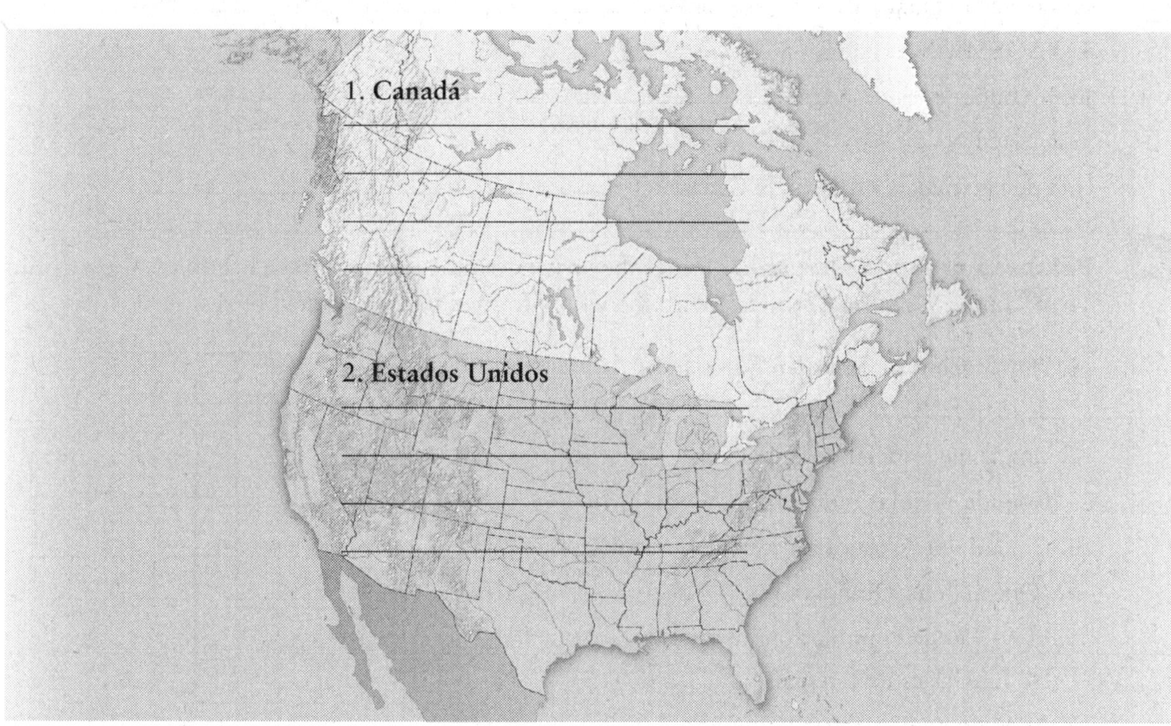

2 **Hispanos en los Estados Unidos y Canadá** Where do most Hispanics in the U.S. and Canada come from? Rank the regions and states from 1 (most) to 5 (least).

Hispanos en EE.UU.

______________ Cuba

______________ Puerto Rico

______________ México

______________ Centroamérica y Sudamérica

______________ Otros países

Hispanos en Canadá

______________ Colombia

______________ El Salvador

______________ México

______________ Otros países

Nombre ____________________ Fecha ____________________

Workbook

3 **Palabras** Unscramble the words about **Aventuras en los países hispanos** to complete the sentences.

modelo

MTXEEX
Una variación de la comida mexicana es el tex-mex.

1. QIRRTUPOESORÑEU
El desfile de junio en Nueva York celebra a los ____________________.
2. ÉXCOMI
Los tacos son platos de ____________________.
3. IMIMA
La Pequeña Habana es un barrio de ____________________.
4. XAOEMICN
John Quiñones es de origen ____________________.
5. RFSACÉN
Una de las lenguas oficiales de Canadá es el ____________________.

4 **Palabras cruzadas** (*crossed*) Enter the answers to the clues on the left into the crossword grid. Then, complete the final sentence with the words formed in the outlined boxes.

1. Hay muchos hispanos en este estado de los EE.UU.
2. Una lengua oficial de Canadá.
3. Comida popular mexicana
4. Ciudad donde está La Pequeña Habana
5. ¿Qué es John Quiñones?
6. El 64,1% de la población hispana en los EE.UU. es de este país.
7. Apellido de una actriz famosa de origen hispano
8. ¿Qué es Ellen Ochoa?
9. ¿Qué tipo de comida son las quesadillas?
10. El 16,2% de la población hispana en Canadá es de este país.
11. Todos los años hay uno en Nueva York.
12. ¿Qué es la Pequeña Habana?
13. Nivel de estudios de muchos hispanos en Canadá.

En los ____________________ y en Canadá viven muchos hispanos.

Nombre ______________________ Fecha ______________________

PREPARACIÓN

Lección 3

1 **La familia** Look at the family tree and describe the relationships between these people.

modelo

Eduardo / Concha
Eduardo es el padre de Concha.

1. Juan Carlos y Sofía / Pilar
____
2. Pilar / Ana María y Luis Miguel
____
3. Eduardo / Raquel
____
4. José Antonio y Ramón / Concha
____
5. Raquel / Pilar
____
6. Concha, José Antonio y Ramón / Pilar
____
7. Ana María / Raquel
____
8. Joaquín / Ana María y Luis Miguel
____

Workbook

2 **Diferente** Write the word that does not belong in each group.

1. ingeniera, médica, programadora, periodista, hijastra ______________________
2. cuñado, perro, yerno, suegra, nuera ______________________
3. sobrina, prima, artista, tía, hermana ______________________
4. padre, hermano, hijo, novio, abuelo ______________________
5. muchachos, tíos, niños, chicos, hijos ______________________
6. amiga, hermanastra, media hermana, madrastra ______________________

3 **Crucigrama** Complete this crossword puzzle.

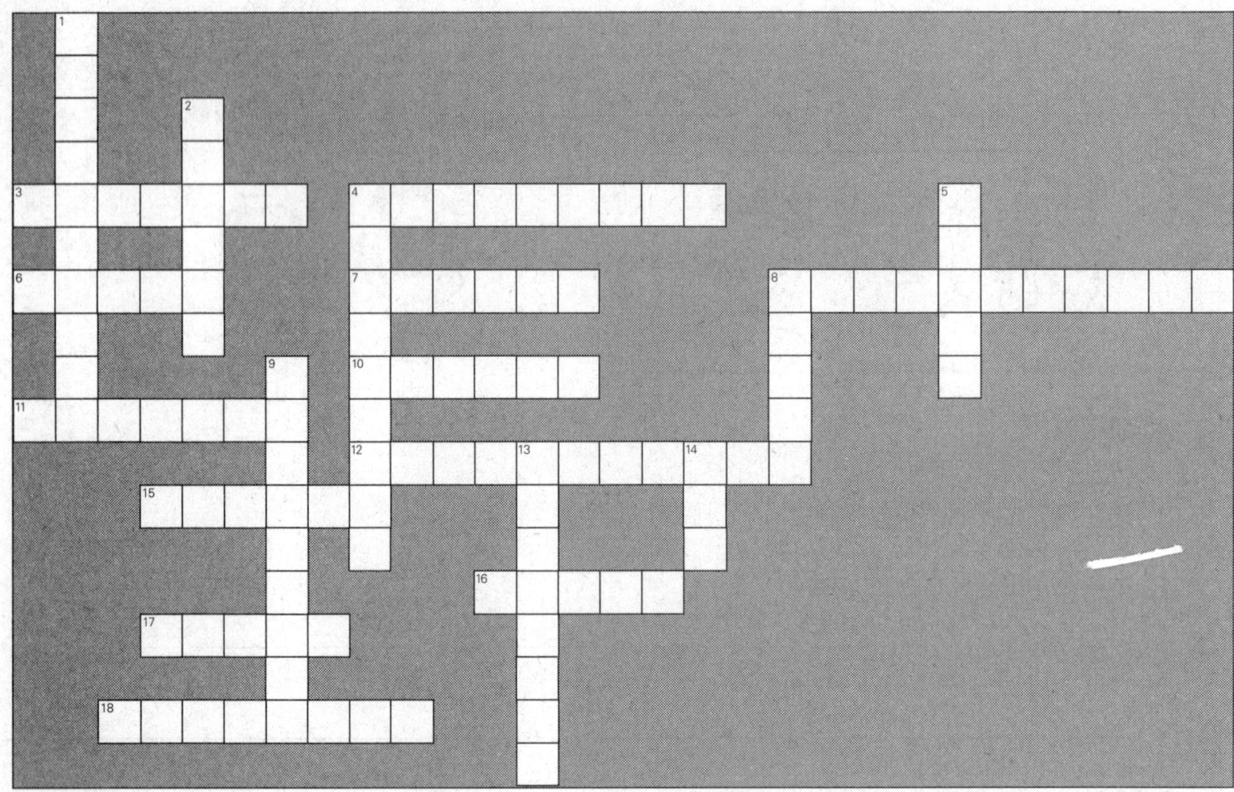

Horizontales

3. el hijo de mi hermano
4. la esposa de mi padre, pero no soy su hijo
6. el hijo de mi hija
7. el esposo de mi hermana
8. hombre que estudió (*studied*) computación
10. la madre de mi padre
11. padre, madre e (*and*) hijos
12. el hijo de mi madrastra, pero no de mi padre
15. doctor
16. tus nietos son los ______________ de tus hijos
17. personas en general
18. la hija de mi esposa, pero no es mi hija

Verticales

1. mujer que escribe (*writes*) para el *New York Times*
2. compañeros inseparables
4. chicos
5. el esposo de mi madre es el ______________ de mis abuelos
8. el hijo de mi tía
9. abuelos, primos, tíos, etc.
13. Pablo Picasso y Frida Kahlo
14. el hermano de mi madre

Workbook

GRAMÁTICA

3.1 Descriptive adjectives

1 **¿Cómo son?** Choose the adjective in parentheses that agrees with each subject, then use the adjective to write a descriptive sentence about that subject.

modelo

gordo, delgada

Lidia: *Lidia es delgada.*

El novio de Olga: *El novio de Olga es gordo.*

(simpático, guapos, alta, bonitas)

1. la profesora de historia: ______________________
2. David y Simón: ______________________
3. el artista: ______________________

(trabajadora, viejo, delgadas, rubios)

4. esas (*those*) muchachas: ______________________
5. el abuelo de Alberto: ______________________
6. la programadora: ______________________

2 **Descripciones** Complete each sentence with the correct forms of the adjectives in parentheses.

1. Lupe, Rosa y Tomás son ______________ (bueno) amigos.
2. Ignacio es ______________ (alto) y ______________ (guapo).
3. Lourdes y Virginia son ______________ (bajo) y ______________ (delgado).
4. Pedro y Vanesa son ______________ (moreno), pero Diana es ______________ (pelirrojo).
5. Nosotras somos ______________ (inteligente) y ______________ (trabajador).
6. Esos (*Those*) chicos son ______________ (simpático), pero son ______________ (tonto).

3 **No** Answer these questions using the adjective with the opposite meaning.

modelo

¿Es alta Rosa?

No, es baja.

1. ¿Es antipático el señor Lomas? ______________________
2. ¿Son morenas las hijas de Sara? ______________________
3. ¿Es fea la hermana de Eduardo? ______________________
4. ¿Son viejos los profesores de matemáticas? ______________________
5. ¿Son malos los nietos de la señora Sánchez? ______________________
6. ¿Es guapo el novio de Teresa? ______________________

Workbook

4 Adjetivos

Adjetivos Complete each sentence with the correct form of the adjective in parentheses.

(bueno)

1. La clase de matemáticas es muy ______________________.
2. Rogelio es un ______________________ compañero de cuarto.
3. Agustina compra una ______________________ mochila para los libros.
4. Andrés y Guillermo son muy ______________________ amigos.

(malo)

5. Federico es antipático y una ______________________ persona.
6. Ahora es un ______________________ momento para descansar.
7. La comida (*food*) de la cafetería es ______________________.
8. Son unas semanas ______________________ para viajar.

(grande)

9. Hay un ______________________ evento en el estadio hoy.
10. Los problemas en esa (*that*) familia son muy ______________________.
11. La biblioteca de la universidad es ______________________.
12. La prima de Irma es una ______________________ amiga.

5 Origen y nacionalidad

Origen y nacionalidad Read the names and origins of the people in this tour group. Then, create sentences saying what city they are from and what their nationalities are.

modelo

Álvaro Estrada / Miami, Estados Unidos
Álvaro Estrada es de Miami. Es estadounidense.

1. Keiko y Benkei Taguchi / Tokio, Japón ______________________
2. Pierre y Marie Lebrun / Montreal, Canadá ______________________
3. Carlos Aragón / Buenos Aires, Argentina ______________________
4. Elizabeth Mitchell / Londres, Inglaterra (*England*) ______________________
5. Roberto Morales / Madrid, España ______________________
6. Andrés y Patricia Padilla / Quito, Ecuador ______________________
7. Paula y Cecilia Robles / San Juan, Puerto Rico ______________________
8. Conrad Schmidt / Berlín, Alemania (*Germany*) ______________________
9. Antoinette y Marie Valois / París, Francia ______________________
10. Marta Zedillo / Guadalajara, México ______________________

Workbook

3.2 Possessive adjectives

1 **Familia** Write the appropriate forms of the possessive adjectives indicated in parentheses.

1. ______________ (*My*) cuñada, Isabella, es italiana.
2. ______________ (*Their*) parientes están en Ecuador.
3. ¿Quién es ______________ (*your* fam.) tío?
4. ______________ (*Our*) padres regresan a las diez.
5. Es ______________ (*his*) tarea de matemáticas.
6. Linda y María son ______________ (*my*) hijas.
7. ¿Dónde trabaja ______________ (*your* form.) esposa?
8. ______________ (*Our*) familia es grande.

2 **¿De quién es?** Answer each question affirmatively using the correct possessive adjective.

modelo
¿Es tu maleta?
Sí, es mi maleta.

1. ¿Es la mochila de Adela? ______________
2. ¿Es mi clase de español? ______________
3. ¿Son los papeles de la profesora? ______________
4. ¿Es el diccionario de tu compañera de cuarto? ______________
5. ¿Es tu novia? ______________
6. ¿Son los lápices de ustedes? ______________

3 **Clarificar** Add a prepositional phrase that clarifies to whom the items belong.

modelo
¿Es su libro? (ellos)
¿Es el libro de ellos?

1. ¿Cuál es su problema? (ella)
____
2. Trabajamos con (*with*) su madre. (ellos)
____
3. ¿Dónde están sus papeles? (ustedes)
____
4. ¿Son sus plumas? (ella)
____
5. ¿Quiénes son sus compañeros de cuarto? (él)
____
6. ¿Cómo se llaman sus sobrinos? (usted)
____

Workbook

4 **Posesiones** Write sentences using possessive adjectives to indicate who owns these items.

modelo
Yo compro un escritorio.
Es mi escritorio.

1. Ustedes compran cuatro sillas. ____________________
2. Tú compras una mochila. ____________________
3. Nosotros compramos una mesa. ____________________
4. Yo compro una maleta. ____________________
5. Él compra unos lápices. ____________________
6. Ellos compran una pizarra. ____________________

5 **Mi familia** Inés is talking about her family. Complete her description with the correct possessive adjectives.

Somos cinco hermanos. Graciela, Teresa y Carmen son ________(1) hermanas. Francesca es ________(2) cuñada. Es la esposa de ________(3) hermano mayor, Pablo. Francesca es italiana. ________(4) papás viven en Roma. Vicente es el hijo de ________(5) hermana mayor, Graciela. Él es ________(6) sobrino favorito. ________(7) papá se llama Marcos y es español. Ellos viven con ________(8) familia en Sevilla. Teresa estudia en Quito y vive con la tía Remedios y ________(9) dos hijos, Carlos y Raquel, ________(10) primos. Carmen y yo vivimos con ________(11) papás en Portoviejo. Los papás de ________(12) mamá viven también con nosotros. Nosotras compartimos ________(13) problemas con ________(14) abuelos. Ellos son muy buenos. Y tú, ¿cómo es ________(15) familia?

6 **Responder** Answer these questions, using possessive adjectives and the words in parentheses.

modelo
¿Dónde está tu amiga? (Quito)
Mi amiga está en Quito.

1. ¿Cómo es tu padre? (alto y moreno)

____

2. José, ¿dónde están mis papeles? (en el escritorio)

____

3. ¿Cómo es la escuela de Felipe? (pequeña y vieja)

____

4. ¿Son mexicanos los amigos de ustedes? (puertorriqueños)

____

5. Mami, ¿dónde está mi tarea? (en la mesa)

____

Nombre ______________________ Fecha ______________________

Workbook

3.3 Present tense of regular –er and –ir verbs

1 **¿Qué verbo es?** Choose the most logical verb to complete each sentence, using the correct form.

1. Tú ______________ (abrir, correr, decidir) en el parque (*park*), ¿no?
2. Yo ______________ (asistir, compartir, leer) a conciertos de Juanes.
3. ¿______________ (aprender, creer, deber) a leer tu sobrino?
4. Yo no ______________ (beber, vivir, comprender) la tarea de física.
5. Los estudiantes ______________ (escribir, beber, comer) hamburguesas en la cafetería.
6. Mi esposo y yo ______________ (decidir, leer, deber) el *Miami Herald*.

2 **Conversaciones** Complete these conversations with the correct forms of the verbs in parentheses.

(leer)

1. —¿Qué ______________, Ana?
2. —______________ un libro de historia.

(vivir)

3. —¿Dónde ______________ ustedes?
4. —Nosotros ______________ en Nueva York. ¿Y tú?

(comer)

5. —¿Qué ______________ ustedes?
6. —Yo ______________ un sándwich y Eduardo ______________ pizza.

(deber)

7. —Profesora, ¿______________ abrir nuestros libros ahora?
8. —Sí, ustedes ______________ abrir los libros en la página (*page*) 87.

(escribir)

9. —¿______________ un libro, Melinda?
10. —Sí, ______________ un libro para niños.

3 **Oraciones** Write complete sentences using the correct forms of the verbs in parentheses.

1. (Nosotros) (Escribir) muchas composiciones en la clase de inglés.

____

2. Esteban y Luisa (aprender) a bailar tango.

____

3. ¿Quién no (comprender) la lección de hoy?

____

4. (Tú) (Deber) comprar un mapa de Quito.

____

5. Ellos no (recibir) muchas cartas (*letters*) de sus padres.

____

6. (Yo) (Buscar) unas fotos de mis primos.

____

4 **Reescribir** Rewrite each sentence, using the subject in parentheses. Change the verb form and possessive adjectives as needed.

modelo

No asistimos a clase los domingos. (yo)
No asisto a clase los domingos.

1. Rubén cree que la lección 3 es fácil. (ellos)

   ____

2. Mis hermanos comen hamburguesas en la cafetería. (la gente)

   ____

3. Aprendemos a hablar, leer y escribir en la clase de español. (yo)

   ____

4. Sandra escribe en su diario todos los días (*every day*). (tú)

   ____

5. Comparto mis problemas con mis padres. (Víctor)

   ____

6. Vives en una residencia interesante y bonita. (nosotras)

   ____

5 **Descripciones** Look at the drawings and use these verbs to describe what the people are doing.

abrir aprender comer leer

1. Nosotros ______________________________

2. Yo ______________________________

3. Mirta ______________________________

4. Los estudiantes ______________________________

Nombre ______________________ Fecha ______________________

Workbook

3.4 Present tense of tener and venir

1 **Verbos** Complete these sentences with the correct forms of **tener** and **venir**.

1. ¿A qué hora ______________ ustedes al estadio?
2. ¿______________ tú a la universidad en autobús?
3. Nosotros ______________ una prueba de psicología mañana.
4. ¿Por qué no ______________ Juan a la clase de historia?
5. Yo ______________ dos hermanos y mi prima ______________ tres.
6. ¿______________ ustedes fotos de sus parientes?
7. Mis padres ______________ unos amigos japoneses.
8. Inés ______________ con su esposo y yo ______________ con Ernesto.
9. Marta y yo no ______________ al laboratorio los sábados.
10. ¿Cuántos nietos ______________ tú?
11. Yo ______________ una clase de contabilidad a las once de la mañana.
12. Mis amigos ______________ a comer a la cafetería hoy.

2 **¿Qué tienen?** Rewrite each sentence, using the logical expression with **tener**.

1. Los estudiantes (tienen hambre, tienen miedo de) tomar el examen de química.

   ____

2. Las turistas (tienen sueño, tienen prisa) por llegar al autobús.

   ____

3. Mi madre (tiene cincuenta años, tiene razón) siempre (*always*).

   ____

4. Vienes a la cafetería cuando (*when*) (tienes hambre, tienes frío).

   ____

5. (Tengo razón, Tengo frío) en la biblioteca porque (*because*) abren las ventanas.

   ____

6. Rosaura y María (tienen calor, tienen ganas) de mirar la televisión.

   ____

7. Nosotras (tenemos cuidado, no tenemos razón) con el sol (*sun*).

   ____

8. David toma mucha agua cuando (*when*) (tiene miedo, tiene sed).

   ____

3 **Expresiones con *tener*** Complete each sentence with the correct expression and the appropriate form of **tener**.

tener cuidado	tener miedo	tener mucha suerte	tener que
tener ganas	tener mucha hambre	tener prisa	tener razón

1. Mis sobrinos ________________ del perro de mis abuelos porque es muy grande.
2. Necesitas ________________ con la computadora portátil (*laptop*). Es muy frágil (*fragile*).
3. Yo ________________ practicar el vocabulario de español.
4. Lola y yo ________________ de escuchar música latina.
5. Anita cree que (*that*) dos más dos son cinco. Ella no ________________.
6. Ganas (*You win*) cien dólares en la lotería. Tú ________________.

4 **Síntesis** Choose an interesting relative of yours and write a description of that person. Answer these questions in your description.

1. ¿Quién es?
2. ¿Cómo es?
3. ¿De dónde es?
4. ¿Cuántos hermanos/primos/hijos tiene?
5. ¿Cómo es su familia?
6. ¿Dónde vive?
7. ¿Cuántos años tiene?
8. ¿De qué tiene miedo?

PREPARACIÓN

Lección 4

1 Una es diferente

Write the word that does not belong in each group.

1. pasatiempo, diversión, ratos libres, trabajar ______________________
2. patinar, descansar, esquiar, nadar, bucear ______________________
3. baloncesto, películas, fútbol, tenis, vóleibol ______________________
4. museo, equipo, jugador, partido, aficionados ______________________
5. correo electrónico, revista, periódico, tenis ______________________
6. cine, aficionado, gimnasio, piscina, restaurante ______________________

2 Los deportes

Name the sport associated with each object. Include the definite article.

modelo

el tenis

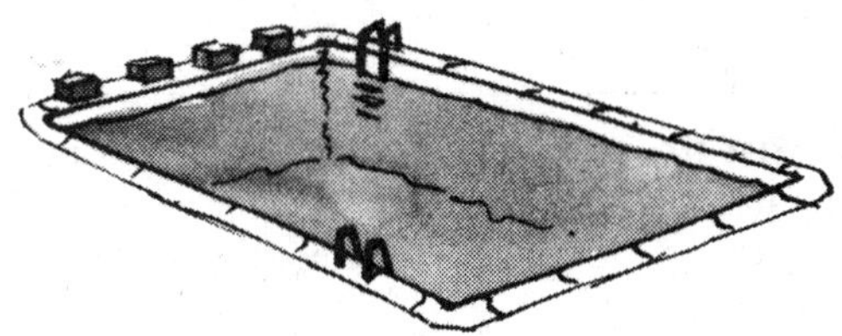

1. ______________________

2. ______________________

3. ______________________

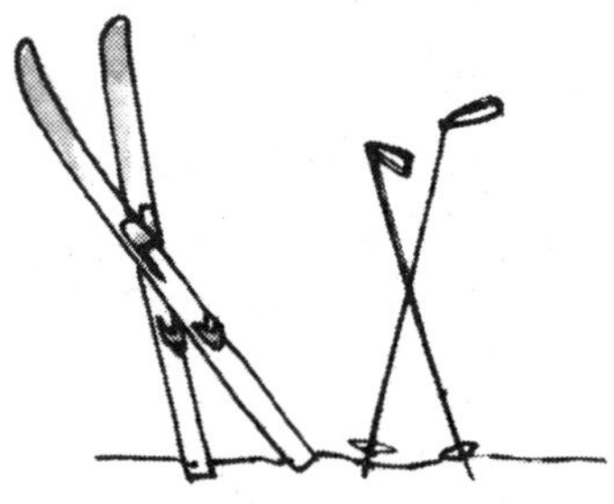

4. ______________________

5. ______________________

Nombre ____________________ Fecha ____________________

Workbook

3 **¿Qué son?** Write each of these words in the appropriate column in the chart.

aficionado/a	excursionista	jugador(a)
baloncesto	fútbol	montañas
béisbol	gimnasio	restaurante

Deportes	Lugares	Personas

4 **El fin de semana** Complete the paragraph about Álex's weekend with the appropriate words from the word bank.

Álex

el cine	el monumento	una pelota
la ciudad	un museo	el periódico
deportes	la natación	la piscina
el gimnasio	el partido	un restaurante

Siempre leo ______(1)______ los domingos por la mañana. Después, me gusta practicar ______(2)______. A veces, nado en ______(3)______ que hay en el parque. Cuando no nado, hago ejercicio (*exercise*) en ______(4)______. Cuando hay mucho tráfico en ______(5)______, voy al gimnasio en bicicleta. Cuando no como en casa, como en ______(6)______ con (*with*) mis amigos, y luego nosotros vemos ______(7)______ de béisbol. Algunos días, veo películas. Me gusta más ver películas en ______(8)______ que en mi casa.

Nombre ______________________ Fecha ______________________

Workbook

GRAMÁTICA

4.1 The present tense of ir

1 **Vamos a la universidad** Complete the paragraph with the correct forms of **ir.**

Alina, Cristina y yo somos buenas amigas. (Nosotras) _______(1)_______ a la universidad a las ocho de la mañana todos los días (*every day*). Ellas y yo _______(2)_______ al centro de computación y leemos el correo electrónico. A las nueve Alina y Cristina _______(3)_______ a su clase de psicología y yo _______(4)_______ a mi clase de historia. A las diez y media yo _______(5)_______ a la biblioteca a estudiar. A las doce (yo) _______(6)_______ a la cafetería y como con ellas. Luego (*Afterward*), Alina y yo _______(7)_______ a practicar deportes. Yo _______(8)_______ a practicar fútbol y Alina _______(9)_______ a la piscina. Cristina _______(10)_______ a trabajar en la librería. Los fines de semana Alina, Cristina y yo _______(11)_______ al cine.

2 **Sujetos diferentes** Rewrite each sentence using the subject in parentheses. Change the forms of **ir** as needed.

modelo

Yo voy a practicar fútbol. (Mis amigas y yo)
Mis amigas y yo vamos a practicar fútbol.

1. Sergio y yo vamos a casa de Pablo el viernes. (Tomás)

____

2. Ustedes van a la librería a comprar unos cuadernos. (Los estudiantes)

____

3. Voy a la residencia estudiantil a buscar la mochila. (Tú)

____

4. Susana va al estadio a practicar hockey. (Yo)

____

5. Vas al museo en autobús. (Nosotras)

____

6. El papá de Javier va mucho al cine. (Mario y tú)

____

Nombre ____________________ Fecha ____________________

Workbook

3 **Responder** Answer these questions in complete sentences, using the words in parentheses.

modelo
¿Adónde va Ana hoy? (al laboratorio)
Ana va al laboratorio hoy.

1. ¿Cuándo van a bailar tus amigos? (mañana)
____
2. ¿A qué hora vas a la clase de música? (a las 10:45)
____
3. ¿Cuándo va José a Boston? (en septiembre)
____
4. ¿Dónde vas a leer el correo electrónico? (en la residencia estudiantil)
____
5. ¿Dónde va a nadar el novio de Silvia? (en la piscina)
____
6. ¿Adónde va el autobús número diez? (al parque municipal)
____
7. ¿Dónde vas a trabajar los sábados? (en la biblioteca)
____

4 **Situaciones** Rewrite these sentences, using **ir a** + *infinitive* to say what activities these people are going to do tomorrow.

modelo
La familia García va al parque.
La familia García va a ir al parque.

1. Los jugadores ganan el partido.
____
2. Los excursionistas escalan montañas.
____
3. Gisela lee su correo electrónico.
____
4. Tú vas al laboratorio de química.
____
5. El profesor de historia prepara un examen difícil.
____
6. Escribo postales.
____

4.2 Stem-changing verbs: e→ie, o→ue

1 **Los verbos** Complete these sentences with the correct forms of the verbs in parentheses.

modelo

¿ Quieres (querer) (tú) ir a visitar los monumentos con nosotros?

1. Mi abuelo ____________________ (pensar) que la educación es muy importante.
2. El equipo de béisbol de mi residencia no ____________________ (perder) nunca (*never*).
3. Marcelo ____________________ (volver) a la universidad el lunes.
4. ¿A qué hora ____________________ (empezar) los partidos?
5. (Nosotros) ____________________ (dormir) en la montaña cuando vamos de excursión.
6. Mis padres ____________________ (cerrar) las ventanas porque tienen frío.
7. El ilustrador ____________________ (mostrar) sus dibujos en la galería.
8. (Yo) ____________________ (recordar) el primer (*first*) día de clases en la universidad.

2 **Oraciones** Write complete sentences using the cues provided.

modelo

Silvina y Carlos / no encontrar / el museo
Silvina y Carlos no encuentran el museo.

1. Vicente y Francisco / jugar / al vóleibol los domingos
____
2. Adela y yo / empezar / a tomar clases de tenis
____
3. ustedes / volver / de Cancún el viernes
____
4. los jugadores de béisbol / recordar / el partido importante
____
5. la profesora / querer / leer el periódico
____
6. el excursionista / preferir / escalar la montaña de noche
____
7. (yo) / dormir / ocho horas al día
____
8. Miguel / poder / salir / a las seis
____

3 **No, no quiero** Answer these questions negatively, using complete sentences.

modelo
¿Puedes ir a la biblioteca a las once?
No, no puedo ir a la biblioteca a las once.

1. ¿Quieren ustedes patinar en línea con nosotros?
____
2. ¿Empiezan ellas a practicar deportes mañana?
____
3. ¿Prefieres jugar al fútbol a nadar en la piscina?
____
4. ¿Duermen tus sobrinos en casa de tu abuela?
____
5. ¿Juegan ustedes al baloncesto en la universidad?
____
6. ¿Piensas que la clase de química orgánica es difícil?
____
7. ¿Encuentras el programa de computadoras en la librería?
____
8. ¿Vuelven ustedes a casa los fines de semana?
____
9. ¿Puedo tomar el autobús a las once de la noche?
____
10. ¿Entienden ustedes la tarea de psicología?
____

4 **Correo electrónico** Complete this e-mail message with the correct form of the appropriate verb. Use each verb once.

comprar
dormir
empezar
entender
jugar
pensar
poder
preferir
querer
volver

Para Daniel Moncada | De Raúl | Asunto Saludo

Daniel:
¿Qué tal? Estoy con Mario en el centro de computación de la universidad. Los exámenes (1) ______ mañana. Mario y yo no (2) ______ muchas horas por la noche porque tenemos que estudiar mucho. Tú (3) ______ cómo estamos, ¿no?
Yo (4) ______ que los exámenes serán (*will be*) muy difíciles. Tengo muchas ganas de volver al pueblo. Cuando (5) ______ al pueblo puedo descansar. Yo (6) ______ el pueblo a la ciudad. (7) ______ volver pronto.
Si (*If*) Mario y yo (8) ______ pasajes (*tickets*) de autobús el viernes, (9) ______ pasar el fin de semana contigo y con mi familia. En casa (*At home*) mis hermanos y yo (10) ______ al fútbol en nuestro tiempo libre.
Nos vemos,
Raúl

Nombre ______________________ Fecha ______________________

Workbook

4.3 Stem-changing verbs: e→i

1 **Oraciones** Complete these sentences, using the correct form of the verb provided.

modelo

Mis hermanos son pequeños y no ___siguen___ bien la película.

1. Mis hermanos siempre (*always*) ______________ (pedir) ver una película de acción.
2. Yo no ______________ (conseguir) películas de acción en la biblioteca.
3. Mis hermanos y yo ______________ (conseguir) entradas (*tickets*) al cine para estudiantes.
4. Al entrar al cine, mi hermano David ______________ (pedir) una soda.
5. Yo ______________ (repetir) el diálogo para mis hermanos.

2 **Conversaciones** Complete these conversations with the correct forms of the verb provided.

(pedir)

1. —¿Qué ______________ para comer, José?
2. —______________ pollo (*chicken*) con ensalada (*salad*).

(conseguir)

3. —¿Dónde ______________ ustedes entradas para estudiantes?
4. —Nosotros las ______________ en la oficina de la escuela.

(repetir)

5. —¿Quién ______________ el poema que voy a leer?
6. —Yo ______________ el poema, profesora.

(seguir)

7. —¿Qué equipo ______________ Manuel y Pedro?
8. —Pedro ______________ a los Red Sox y Manuel ______________ a los Yankees de Nueva York.

3 **¿Qué haces?** Imagine that you are writing in your diary. Choose at least five of these phrases and describe what you do on any given day. Add details you feel are necessary.

conseguir hablar español	pedir una pizza
conseguir el periódico	repetir una pregunta (*question*)
pedir un libro	seguir instrucciones

____

____

____

____

4 **Las películas** Read the paragraph, then answer the questions in complete sentences.

Gastón y Lucía leen el periódico y deciden ir al cine. Un crítico dice (*says*) que *El café en el centro* es buena. Ellos siguen la recomendación. Quieren conseguir entradas para estudiantes, que son más baratas. Para conseguir entradas para estudiantes, deben ir a la oficina de la escuela antes de (*before*) las seis de la tarde. La oficina cierra a las seis. Ellos corren para llegar a tiempo. Cuando (*When*) llegan, la oficina está cerrada y la secretaria está afuera (*outside*). Ellos le piden un favor a la secretaria. Explican que no tienen mucho dinero y necesitan entradas para estudiantes. La secretaria sonríe (*smiles*) y dice: "Está bien, pero es la última vez (*last time*)".

1. ¿Qué deciden hacer Gastón y Lucía?
   ____
2. ¿De quién siguen la recomendación?
   ____
3. ¿Por qué Gastón y Lucía quieren conseguir entradas para estudiantes?
   ____
4. ¿Cuándo y dónde pueden conseguir entradas para estudiantes?
   ____
5. ¿Qué ocurre cuando llegan a la oficina de la escuela?
   ____
   ____
6. ¿Qué le piden a la secretaria? ¿Consiguen las entradas?
   ____
   ____

5 **Contestar** Answer these questions using complete sentences.

1. ¿Cómo consigues buenas calificaciones (*grades*)?
   ____
2. ¿Dónde pides pizza?
   ____
3. ¿Sigues a algún (*any*) equipo deportivo?
   ____
4. ¿Consigues entender la televisión en español?
   ____
5. ¿Qué programas repiten en la televisión?
   ____

Nombre ______________________ Fecha ______________________

4.4 Verbs with irregular yo forms

1 **Hago muchas cosas** Complete each sentence by choosing the appropriate verb and writing its correct form.

1. (Yo) ________________ (oír, suponer, salir) un disco de música latina.
2. (Yo) ________________ (poner, oír, suponer) la hamburguesa y la soda sobre la mesa.
3. (Yo) ________________ (salir, hacer, suponer) la tarea porque hay un examen mañana.
4. (Yo) ________________ (traer, salir, hacer) a mi sobrina a mi clase de baile.
5. (Yo) ________________ (salir, suponer, ver) una película sobre un gran equipo de béisbol.
6. (Yo) ________________ (ver, salir, traer) a bailar los jueves por la noche.
7. (Yo) ____________ (hacer, poner, suponer) que la película es buena, pero no estoy seguro (*sure*).
8. (Yo) ________________ (traer, salir, hacer) mi computadora portátil (*laptop*) a clase en la mochila.

2 **Oraciones** Complete these sentences with the **yo** form of the correct verb.

hacer	oír	salir
suponer	traer	ver

1. __________________ para la clase a las dos.
2. Los fines de semana ________________ mi computadora a casa.
3. __________________ que tu novio es muy simpático, ¿no?
4. Por las mañanas __________________ música en la radio.
5. Cuando tengo hambre, ________________ un sándwich.
6. Para descansar, ____________ películas en la televisión.

3 **Preguntas** Answer these questions using complete sentences.

1. ¿Adónde sales a bailar con tus amigos?

____

2. ¿Ves partidos de béisbol todos los fines de semana?

____

3. ¿Oyes música clásica?

____

4. ¿Traes una computadora portátil (*laptop*) a clase?

____

5. ¿Cómo supones que va a ser el examen de español?

____

6. ¿Adónde sales a comer los sábados?

____

Workbook

4 **La descripción** Read this description of Marisol. Then imagine that you are Marisol, and rewrite the paragraph using the **yo** forms of the verbs. The first sentence has been done for you.

Marisol es estudiante de biología en la universidad. Hace sus tareas todas (*every*) las tardes y sale por las noches a bailar o a comer en un restaurante cerca de la universidad. Los fines de semana, Marisol va a su casa a descansar, pero (*but*) trae sus libros. En sus ratos libres, oye música o ve una película en el cine. Si hay un partido de fútbol, Marisol pone la televisión y ve los partidos con su papá. Hace algo (*something*) de comer y pone la mesa (*sets the table*).

Soy estudiante de biología en la universidad. ____________________

5 **Síntesis** Interview a classmate about his or her pastimes, weekend activities, and favorite sports. Use the questions below as a guideline, and prepare several more before the interview. Then, write up the interview in a question-and-answer format, using your subject's exact words.

- ¿Cuáles son tus pasatiempos? ¿Dónde los practicas?
- ¿Cuál es tu deporte favorito? ¿Practicas ese deporte? ¿Eres un(a) gran aficionado/a? ¿Tu equipo favorito pierde muchas veces? ¿Quién es tu jugador(a) favorito/a?
- ¿Adónde vas los fines de semana? ¿Qué piensas hacer el viernes?
- ¿Duermes mucho durante los fines de semana? ¿Vuelves a casa muy tarde (*late*)?

Nombre ______________________ Fecha ______________________

Workbook

AVENTURAS EN LOS PAÍSES HISPANOS

México

1 **Completar** Complete the following sentences using the correct words.

modelo

Zacatecas y Durango son dos estados que tienen yacimientos de plata.

1. El 16 de septiembre en México celebran ______________________.
2. A las celebraciones del 16 de septiembre se les llama ______________________.
3. Diego Rivera y Frida Kahlo son los ______________________ mexicanos más famosos.
4. Los pueblos mayas habitaron el ______________ de México y ______________.
5. Los mayas crearon templos religiosos en forma de ______________________.

2 **¿Qué hacen?** Write complete sentences using the cues and the information about **Aventuras en los países hispanos.**

modelo

la capital de México / tener una población

La capital de México tiene una población de 20.999.000.

1. la moneda mexicana / ser ______________________
2. los descendientes de los mayas / seguir ______________________
3. en el Museo de Arte Moderno de la Ciudad de México / tú / poder ______________________
4. en Acapulco miles de turistas / visitar ______________________
5. los mexicanos / celebrar ______________________

3 **Palabras** Using the clues, rearrange the letters to spell words from **Aventuras en los países hispanos.**

modelo

ALETAGAUM GUATEMALA

País que tiene frontera con México.

1. AL EUQDABAR ______________________
   Lugar de Acapulco donde saltan los clavadistas.
2. EMACONIX ______________________
   Un hombre nacido en México.
3. DACUDI ZÁUJER ______________________
   Ciudad que está en la frontera (*border*) entre México y los Estados Unidos.
4. MÁPEDIRI ______________________
   Forma de los templos religiosos mayas.
5. NGADORU ______________________
   Estado mexicano que produce mucha plata.

4 **Las fotos** Identify each photo.

1. ____________________

2. ____________________

3. ____________________

4. ____________________

5 **Preguntas** Answer the following questions in complete sentences.

1. ¿Cuáles son las cuatro ciudades principales de México?

2. ¿Qué países hacen frontera (*border*) con México?

3. ¿Cuál es un río importante de México?

4. ¿Qué ciudad mexicana importante está en la frontera con los Estados Unidos?

5. ¿En qué se interesaron Frida Kahlo y Diego Rivera?

6. ¿Dónde hay exhibiciones de algunas de las obras de Frida Kahlo y Diego Rivera?

7. ¿Cómo celebran los mexicanos la independencia de su país?

8. ¿Qué día celebran los mexicanos la independencia de su país?

Nombre ______________________ Fecha ______________________

REPASO

Lecciones 1–4

1 **¿Quiénes son?** Read the clues and complete the chart. Write out the numbers.

1. La persona de los Estados Unidos tiene treinta y dos años.
2. David es de Canadá.
3. La programadora no es la persona de Ecuador.
4. El conductor tiene cuarenta y cinco años.
5. Gloria es artista.
6. La médica tiene cincuenta y un años.
7. La persona de España tiene ocho años menos que el conductor.
8. Ana es programadora.

Nombre	Profesión	Edad (*Age*)	Nacionalidad
Raúl	estudiante	diecinueve	mexicano
Carmen			
			estadounidense
David			
	programadora		

2 **¿Ser o estar?** Complete each sentence with the correct form of **ser** or **estar**.

modelo
Los abuelos de Maricarmen son de España.

1. La cafetería de la universidad ______________ cerca del estadio.
2. Gerónimo y Daniel ______________ estudiantes de sociología.
3. —Hola, Gabriel. ______________ María. ¿Cómo ______________?
4. El cuaderno de español ______________ debajo del libro de química.
5. Victoria no viene a clase hoy porque ______________ enferma (*sick*).

3 **Oraciones** Form complete sentences using the words provided. Write out the words for numbers.

modelo
Juan Carlos y Beto / jugar / fútbol
Juan Carlos y Beto juegan al fútbol.

1. estudiante / llegar / grande / biblioteca / 5:30 p.m.
____
2. hay / 15 / cuadernos / sobre / escritorio
____
3. yo / aprender / español / escuela
____
4. Me / gustar / viajar en autobús
____
5. ¿te / gustar / las novelas de terror?
____

Workbook

4 **Conversación** Complete this conversación with the correct form of the verbs provided.

ALICIA ¿Qué ______________ (hacer) este fin de semana?
1

PACO No ______________ (tener) planes. ¿Y tú?
2

ALICIA El sábado ______________ (ir) al cine con David.
3

PACO ¿A qué hora ______________ (empezar) la película?
4

ALICIA ______________ (Suponer) que empieza a las nueve.
5

PACO ¿ ______________ (Querer) ir al restaurante El Dorado a las siete?
6

ALICIA No, gracias. No me ______________ (gustar) ese restaurante.
7

5 **Preguntas** Read the answers and ask the appropriate questions.

modelo

¿A qué hora quieres ir a la fiesta de Carla?
Quiero ir a la fiesta de Carla a las once.

1. ____

Vivo en la residencia estudiantil.

2. ____

Tomo cinco clases.

3. ____

Estudio periodismo.

4. ____

Mi profesor favorito es el señor Zamora.

6 **Tu familia** Imagine that these people are your relatives. Choose one and write several sentences about that person. First, say where the person is located in the photo. Include this information: name, relationship to you, profession, age, place of origin, likes and dislikes. Describe the person and his or her weekend activities using the adjectives and verbs you have learned.

____
____
____
____
____
____
____
____

Nombre ______________________ Fecha ______________________

PREPARACIÓN

Lección 5

1 **De vacaciones** Complete this conversation with the appropriate words.

aeropuerto	equipaje	llegada	playa
agente de viajes	habitación	pasajes	sacar fotos
cabaña	hotel	pasaportes	salida
confirmar	llave	pasear	taxi

ANTONIO ¿Llevas todo (*everything*) lo que vamos a necesitar para el viaje, Ana?

ANA Sí. Llevo los ______ (1) para subir (*get on*) al avión. También llevo los ______ (2) para entrar en Ecuador.

ANTONIO Y yo tengo el ______ (3) con todas (*all*) nuestras cosas.

ANA ¿Tienes la cámara para ______ (4)?

ANTONIO Sí, está en mi mochila.

ANA ¿Vamos al ______ (5) en metro?

ANTONIO No, vamos a llamar a un ______ (6). Nos lleva directamente al aeropuerto.

ANA Voy a llamar al aeropuerto para ______ (7) la reservación.

ANTONIO La ______ (8) dice que ya (*already*) está confirmada.

ANA Muy bien. Tengo muchas ganas de ______ (9) por Quito.

ANTONIO Yo también. Quiero ir a la ______ (10) y nadar en el mar.

ANA ¿Cuál es la hora de ______ (11) al aeropuerto de Quito?

ANTONIO Llegamos a las tres de la tarde y vamos directamente al ______ (12).

2 **Viajes** Complete these sentences with the appropriate words.

1. Una persona que tiene una habitación en un hotel es ______.
2. El lugar donde los pasajeros esperan el tren es ______.
3. Para viajar en avión, tienes que ir ______.
4. Antes de entrar en el avión, tienes que mostrar ______.
5. La persona que lleva el equipaje a la habitación del hotel es ______.
6. Para planear (*plan*) tus vacaciones, puedes ir a ______.
7. Cuando entras a un país diferente, tienes que pasar por ______.
8. Para abrir la puerta de la habitación, necesitas ______.
9. Hay habitaciones baratas (*cheap*) en ______.
10. Cuando una persona entra en un país, tiene que mostrar ______.

Workbook

3 **Los meses** Write the appropriate month next to each description or event.

1. el Día de San Valentín ______________
2. el tercer mes del año ______________
3. Hannukah ______________
4. el Día de las Madres ______________
5. el séptimo mes del año ______________
6. el Día de Año Nuevo (*New*) ______________

4 **Las estaciones** Answer these questions, using complete sentences.

1. ¿Qué estación sigue al invierno? ______________
2. ¿En qué estación va mucha gente a la playa? ______________
3. ¿En qué estación empiezan las clases? ______________

5 **El tiempo** Answer these questions, with complete sentences based on the weather map.

1. ¿Hace buen tiempo en Soria? ______________
2. ¿Llueve en Teruel? ______________
3. ¿Hace sol en Girona? ______________
4. ¿Está nublado en Murcia? ______________
5. ¿Nieva en Cáceres? ______________
6. ¿Qué tiempo hace en Salamanca? ______________
7. ¿Hace viento cerca de Castellón? ______________
8. ¿Qué tiempo hace en Almería? ______________
9. ¿Está nublado en Las Palmas? ______________
10. ¿Hace buen tiempo en Lleida? ______________

Nombre ______________________ Fecha ______________________

Workbook

GRAMÁTICA

5.1 Estar with conditions and emotions

1 **¿Por qué?** Choose the most appropriate phrase to complete each sentence.

1. José Miguel está cansado porque...
   a. trabaja mucho.
   b. su familia lo quiere.
   c. quiere ir al cine.
2. Los viajeros están preocupados porque...
   a. es la hora de comer.
   b. va a venir un huracán (*hurricane*).
   c. estudian matemáticas.
3. Maribel y Claudia están tristes porque...
   a. nieva mucho y no pueden salir.
   b. van a salir a bailar.
   c. sus amigos son simpáticos.
4. Los estudiantes están equivocados porque...
   a. estudian mucho.
   b. pasean en bicicleta.
   c. su respuesta es incorrecta.
5. Laura está enamorada porque...
   a. tiene que ir a la biblioteca.
   b. su novio es simpático, inteligente y guapo.
   c. sus amigas ven una película.
6. Mis abuelos están felices porque...
   a. vamos a pasar el verano con ellos.
   b. mucha gente toma el sol.
   c. el autobús no llega.

2 **Completar** Complete these sentences with the correct form of **estar** + condition or emotion.

modelo
No tenemos nada qué hacer; estamos muy aburridos.

1. Humberto ____________ muy ____________ en su gran cama nueva (*new*).
2. Los estudiantes de filosofía no ____________ ____________; ellos tienen razón.
3. Cuando Estela llega a casa a las tres de la mañana, ____________ muy ____________.
4. La habitación ____________ ____________ porque no tengo tiempo (*time*) de organizar los libros y papeles.
5. Son las once de la noche; no puedo ir a la biblioteca ahora porque ____________ ____________.
6. El auto de mi tío ____________ muy ____________ por la nieve y el lodo (*mud*) que hay esta semana.
7. Mi papá canta en la casa cuando ____________ ____________.
8. Alberto ____________ ____________ porque sus amigos están muy lejos.
9. Las ventanas ____________ ____________ porque hace calor.

Workbook

3 **Marta y Juan** Complete this e-mail using **estar** + the correct forms of the following emotions and conditions. Try to use each term once.

abierto	cómodo	enojado	ocupado
aburrido	contento	feliz	seguro
avergonzado	desordenado	limpio	triste
cansado	enamorado	nervioso	

Querida Marta:

¿Cómo estás? Yo ______ (1) porque mañana vuelvo a Puerto Rico y por fin te voy a ver. Sé (*I know*) que tú ______ (2) porque tenemos que estar separados durante el semestre, pero ______ (3) de que (*that*) te van a aceptar en la universidad y que vas a venir en septiembre. La habitación en la residencia estudiantil no es grande, pero mi compañero de cuarto y yo ______ (4) aquí. Las ventanas son grandes y ______ (5) siempre (*always*) porque el tiempo es muy bueno en California. El cuarto no ______ (6) porque mi compañero de cuarto es muy ordenado. En la semana mis amigos y yo ______ (7) porque trabajamos y estudiamos muchas horas al día. Cuando llego a la residencia estudiantil por la noche, ______ (8) y me voy a dormir. Los fines de semana no ______ (9) porque hay muchas cosas que hacer en San Diego. Ahora ______ (10) porque mañana tengo que llegar al aeropuerto a las cinco de la mañana y tengo miedo de quedarme dormido (*fall asleep*). Pero tengo ganas de estar contigo (*with you*) porque ______ (11) de ti (*you*) y ______ (12) porque te voy a ver mañana.

Te quiero mucho,

Juan

4 **¿Cómo están?** Read each sentence, then rewrite it using **estar** + an emotion or condition to tell how these people are doing or feeling.

modelo

Pepe tiene que trabajar muchas horas.
Pepe está ocupado.

1. Vicente y Mónica tienen sueño. ______
2. No tenemos razón. ______
3. El pasajero tiene miedo. ______
4. Paloma se quiere casar con (*marry*) su novio. ______
5. Los abuelos de Irene van de vacaciones a Puerto Rico. ______
6. No sé (*I don't know*) si el examen va a ser fácil o difícil. ______

Nombre _______________ Fecha _______________

Workbook

5.2 The present progressive

1 **Completar** Complete these sentences with the correct form of **estar** + the present participle of the verbs in parentheses.

modelo

Ana <u>*está buscando*</u> (buscar) un apartamento en el centro de la ciudad.

1. Mis primos _______________ (comer) en el café de la esquina.
2. (Yo) _______________ (empezar) a entender muy bien el español.
3. Miguel y Elena _______________ (vivir) en un apartamento en la playa.
4. El amigo de Antonio _______________ (trabajar) en la oficina hoy.
5. (Tú) _______________ (jugar) al Monopolio con tu sobrina y su amiga.
6. Muchas familias _______________ (tener) problemas con sus hijos adolescentes.
7. El inspector de aduanas _______________ (abrir) las maletas de Ramón.
8. (Nosotros) _______________ (pensar) en ir de vacaciones a Costa Rica.
9. Mi compañera de cuarto _______________ (estudiar) en la biblioteca esta tarde.

2 **Están haciendo muchas cosas** Look at the illustration and say what each person is doing. Use the present progressive.

1. El señor Rodríguez _______________
_______________.
2. Pepe y Martita _______________
_______________.
3. Paquito _______________
_______________.
4. Kim _______________
_______________.
5. Tus abuelos _______________
_______________.
6. (Yo) _______________
_______________.
7. La madre de David _______________
_______________.
8. (Tú) _______________
_______________.

Nombre _______________ Fecha _______________

5.3 Comparing ser and estar

1 **Usos de *ser* y *estar*** Complete these sentences with **ser** and **estar.** Then, write the letter that corresponds to the correct use of the verb in the blank at the end of each sentence.

Uses of *ser*	**Uses of *estar***
a. Nationality and place of origin	i. Location or spatial relationships
b. Profession or occupation	j. Health
c. Characteristics of people and things	k. Physical states or conditions
d. Generalizations	l. Emotional states
e. Possession	m. Certain weather expressions
f. What something is made of	n. Ongoing actions (progressive tenses)
g. Time and date	
h. Where or when an event occurs	

1. El concierto de jazz _______________ a las ocho de la noche. _____
2. Inés y Raúl _______________ preocupados porque el examen va a ser difícil. _____
3. La playa _______________ sucia porque hay muchos turistas. _____
4. No puedo salir a tomar el sol porque _______________ nublado. _____
5. En el verano, Tito _______________ botones del hotel Brisas de Loíza. _____
6. Rita no puede venir al trabajo hoy porque _______________ enferma. _____
7. La motocicleta nueva _______________ de David. _____
8. (Yo) _______________ estudiando en la biblioteca porque tengo un examen mañana. _____
9. La piscina del hotel _______________ grande y bonita. _____
10. _______________ importante estudiar, pero también tienes que descansar. _____

2 **Seleccionar** In each of the following pairs, complete one sentence with the correct form of **ser** and the other with the correct form of **estar.**

1. Irene todavía no _______________ lista para salir.

   Ricardo _______________ el chico más listo de la clase.
2. Tomás no es un buen amigo porque _______________ muy aburrido.

   Quiero ir al cine porque _______________ muy aburrida.
3. Mi mamá está en cama (*in bed*) porque _______________ mal del estómago (*stomach*).

   El restaurante que está cerca del laboratorio _______________ muy malo.
4. La mochila de Javier _______________ verde (*green*).

   No me gustan las bananas cuando _______________ verdes.
5. Elena _______________ más (*more*) rubia por tomar el sol.

   La hija de mi profesor _______________ rubia.
6. Gabriela _______________ muy delgada porque está enferma (*sick*).

   Mi hermano _______________ muy delgado.

3 **La familia Piñero** Complete this paragraph with the correct forms of **ser** and **estar.**

Los Piñero ________(1) de Nueva York pero ________(2) de vacaciones en Puerto Rico. ________(3) en un hotel grande en el pueblo de Dorado. Los padres ________(4) Elena y Manuel y, ahora, ________(5) comiendo en el restaurante del hotel. Los hijos ________(6) Cristina y Luis y ________(7) nadando en la piscina. Ahora mismo ________(8) lloviendo pero el sol va a salir muy pronto (*soon*). Hoy ________(9) lunes y la familia ________(10) muy contenta de poder descansar. El señor Piñero ________(11) profesor y la señora Piñero ________(12) médica. Los Piñero dicen: «¡Cuando no ________(13) de vacaciones, ________(14) todo el tiempo muy ocupados!»

4 **Escribir** Write sentences, using these cues and either **ser** or **estar** as appropriate.

1. el escritorio / limpio y ordenado
____
2. el restaurante japonés / excelente
____
3. la puerta del auto / abierta
____
4. Marc y Delphine / franceses
____
5. (yo) / cansada de trabajar
____
6. Paula y yo / buscando un apartamento
____
7. la novia de Guillermo / muy simpática
____
8. la empleada del hotel / ocupada
____
9. ustedes / en la ciudad de San Juan
____
10. (tú) / José Javier Fernández
____

Workbook

5.4 Direct object nouns and pronouns

1 **Oraciones** Complete these sentences with the correct direct object pronouns.

1. ¿Trae Daniel su pasaporte? No, Daniel no __________ trae.
2. ¿Confirma la reservación el agente de viajes? Sí, el agente de viajes __________ confirma.
3. ¿Hacen las maletas Adela y Juan José? Sí, Adela y Juan José __________ hacen.
4. ¿Buscas el pasaje en tu mochila? Sí, __________ busco en mi mochila.
5. ¿Compra Manuela una casa nueva (*new*)? Sí, Manuela __________ compra.
6. ¿Necesita lápices especiales el estudiante? No, el estudiante no __________ necesita.
7. ¿Cierran las puertas cuando empieza el examen? Sí, ________ cierran cuando empieza el examen.
8. ¿Ves mi computadora nueva? Sí, __________ veo.
9. ¿Escuchan el programa de radio David y Sonia? Sí, David y Sonia __________ escuchan.
10. ¿Oyen ustedes a los niños en el patio? No, no __________ oímos.

2 **Quiero verlo** Rewrite each of these sentences in two different ways, using direct object pronouns.

modelo

Quiero ver la película esta tarde.
La quiero ver esta tarde.
Quiero verla esta tarde.

1. Preferimos reservar una habitación hoy.

____

____

2. Ana y Alberto pueden pedir las llaves de la pensión.

____

____

3. Rosario tiene que conseguir un pasaje de ida y vuelta a Miami.

____

____

4. Vas a perder el tren si no terminas a las cinco.

____

____

5. Mis abuelos deben tener cuatro maletas en su casa.

____

____

6. La chica piensa tomar el metro por la mañana.

____

____

Nombre ______________________ Fecha ______________________

PREPARACIÓN

Lección 6

Workbook

1 **El almacén** Look at the department store directory, then complete the sentences with the appropriate words from the list.

Almacén Gema

PRIMER PISO	Departamento de caballeros
SEGUNDO PISO	Zapatos y ropa de invierno
TERCER PISO	Departamento de damas y óptica
CUARTO PISO	Ropa interior, ropa de verano y trajes de baño

abrigos	calcetines	gafas de sol	sandalias
blusas	cinturones	guantes	trajes de baño
bolsas	corbatas	medias	trajes de hombre
botas	faldas	pantalones de hombre	vestidos

1. En el primer piso puedes encontrar ______________________
2. En el segundo piso puedes encontrar ______________________
3. En el tercer piso puedes encontrar ______________________
4. En el cuarto piso puedes encontrar ______________________
5. Quiero unos pantalones cortos. Voy al ______________________ piso.
6. Buscas unas gafas. Vas al ______________________ piso.
7. Arturo ve una chaqueta en el ______________________ piso.
8. Ana ve los bluejeans en el ______________________ piso.

2 **Necesito muchas cosas** Complete these sentences with the correct terms.

1. Voy a nadar en la piscina. Necesito ______________________.
2. Está lloviendo mucho. Necesito ______________________.
3. No puedo ver bien porque hace sol. Necesito ______________________.
4. Voy a correr por el parque. Necesito ______________________.
5. Queremos entrar en muchas tiendas diferentes. Vamos al ______________________.
6. No tengo dinero en la cartera. Voy a pagar con la ______________________.

Workbook

3 **Los colores** Answer these questions in complete sentences.

1. ¿De qué color es el chocolate?
2. ¿De qué color son las bananas?
3. ¿De qué color son las naranjas (*oranges*)?
4. ¿De qué colores es la bandera (*flag*) de los Estados Unidos?
5. ¿De qué color son las nubes (*clouds*) cuando está nublado?
6. ¿De qué color son los bluejeans?
7. ¿De qué color es la nieve?
8. ¿De qué color son las palabras de los libros?

4 **¿Qué lleva?** Look at the illustration and identify the names of the numbered items.

GRAMÁTICA

6.1 Numbers 101 and higher

1 **La lotería** Read the following lottery winnings list. Then answer the questions, writing the Spanish words for numbers. Remember to use **de** after the number whenever necessary.

SORTEO° DEL DÍA 24 DE JUNIO

Diez series de 100.000 billetes° cada una

SORTEO 49 / 00

Lista acumulada° de las cantidades que han correspondido a los números premiados, clasificados por su cifra° final

Estos premios° podrán cobrarse hasta el día 25 de septiembre, INCLUSIVE

2		**3**		**4**		**5**		**6**		**7**	
Números	Pesos	Números	Pesos	Números	Pesos	Números	Pesos	Números	Pesos	Números	Pesos
43402	100.000	43403	110.000	43404	110.000	43405	100.000	43406	100.000	43407	100.000
43412	100.000	43413	110.000	43414	110.000	43415	100.000	43416	100.000	43417	100.000
43422	100.000	43423	110.000	43424	130.000	43425	100.000	43426	100.000	43427	100.000
43432	100.000	43433	110.000	43434	110.000	43435	100.000	43436	100.000	43437	100.000
43442	100.000	43443	110.000	43444	110.000	43445	100.000	43446	100.000	43447	100.000
43452	100.000	43453	110.000	43454	110.000	43455	100.000	43456	100.000	43457	100.000
43462	100.000	43463	110.000	43464	110.000	43465	100.000	43466	100.000	43467	100.000
43472	100.000	43473	110.000	43474	160.000	43475	100.000	43476	100.000	43477	100.000
43482	100.000	43483	110.000	43484	110.000	43485	100.000	43486	1.280.000	**43487 ...**	**20.000.000**
43492	100.000	43493	110.000	43494	110.000	43495	100.000	43496	100.000	43497	100.000
98302	100.000	98303	110.000	98304	110.000	98305	100.000	98306	100.000	98307	100.000
98312	100.000	98313	110.000	98314	110.000	98315	100.000	98316	100.000	98317	100.000
98322	100.000	98323	110.000	98324	130.000	98325	100.000	98326	100.000	98327	100.000
98332	100.000	98333	110.000	98334	110.000	98335	100.000	98336	100.000	98337	100.000
98342	100.000	98343	110.000	98344	110.000	98345	100.000	98346	100.000	98347	100.000
98352	100.000	98353	110.000	98354	110.000	98355	100.000	98356	100.000	98357	100.000
98362	100.000	98363	110.000	98364	110.000	98365	100.000	98366	100.000	98367	100.000
98372	100.000	98373	2.110.000	**98374 ...**	**100.110.000**	98375	2.100.000	98376	2.100.000	98377	2.100.000
98382	100.000	98383	110.000	98384	110.000	98385	100.000	98386	100.000	98387	100.000
98392	100.000	98393	110.000	98394	110.000	98395	100.000	98396	100.000	98397	100.000
		Terminaciones		**Terminaciones**		**Terminaciones**		**Terminaciones**		**Terminaciones**	
		4333	260.000	374	160.000	175	50.000	776	260.000	9957	250.000
		233	60.000	24	30.000	255	50.000			147	50.000
		733	60.000	74	60.000						
		3	10.000	4	10.000						

ESTE SORTEO ADJUDICA° 3.584.100 DÉCIMOS° PREMIADOS° POR UN IMPORTE° TOTAL DE 7.000.000.000 DE PESOS

PREMIO ESPECIAL 490.000.000 Pesos Núm. 98374 PRIMER PREMIO	FRACCIÓN	SERIE	PREMIO ACUMULADO
	6.ª	7.ª	500.000.000

sorteo *lottery drawing* acumulada *cumulative* premio *prize* cifra *figure* billetes *tickets* adjudica *awards* décimos *lottery tickets* premiados *awarded* importe *quantity*

1. El sorteo tiene diez series de ______ billetes cada una.
2. El número 43403 gana ______ pesos.
3. El número 98373 gana ______ pesos.
4. El número 98374 gana ______ pesos.
5. El número 43487 gana ______ pesos.
6. La terminación ______ gana ciento sesenta mil pesos.
7. El sorteo adjudica ______ décimos premiados.
8. El importe total es de ______ pesos.
9. El premio especial es de ______ pesos.
10. El premio acumulado es de ______ pesos.

2 **¿Cuántos hay?** Use **Hay** + the cues to write complete sentences.

modelo

450 / personas en la compañia

Hay cuatrocientas cincuenta personas en la compañía.

1. 275.000.000 / habitantes en mi país
2. 827 / pasajeros en el aeropuerto
3. 25.350 / estudiantes en la universidad
4. 3.930.000 / puertorriqueños en Puerto Rico
5. 56.460 / libros en la biblioteca de mi pueblo
6. 530.000 / turistas en la ciudad en el verano

3 **¿Cuánto cuesta?** Two friends are shopping in a very expensive store. Complete the questions with the name of each item and its definite article, then complete each response with the cost of the item, writing out the numbers.

1. $537

3. $169

5. $202

2. $123

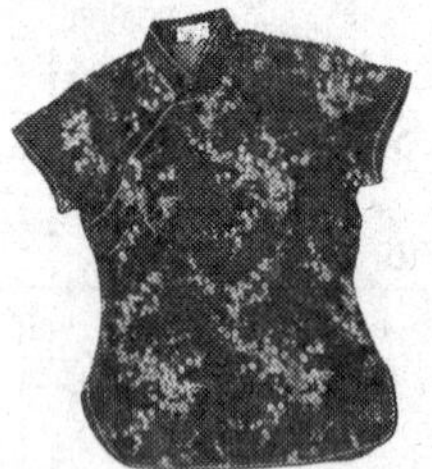

4. $312

6. $480

1. ¿Cuánto cuestan ____________?
   Cuestan ____________.
2. ¿Cuánto cuestan ____________?
   Cuestan ____________.
3. ¿Cuánto cuestan ____________?
   Cuestan ____________.
4. ¿Cuánto cuesta ____________?
   Cuesta ____________.
5. ¿Cuánto cuesta ____________?
   Cuesta ____________.
6. ¿Cuánto cuesta ____________?
   Cuesta ____________.

Nombre ____________________ Fecha ____________________

Workbook

6.2 The preterite tense of regular verbs

1 **El pretérito** Complete these sentences with the preterite tense of the indicated verb.

1. Marcela ________________ (encontrar) las sandalias debajo de la cama.
2. Gustavo ________________ (recibir) el dinero para comprar los libros.
3. Sara y Viviana ________________ (terminar) el libro al mismo (*same*) tiempo.
4. La agente de viajes ________________ (preparar) un itinerario muy interesante.
5. (Yo) ________________ (volver) de la ciudad en bicicleta.
6. Los dependientes ________________ (escuchar) el partido por la radio.
7. Patricia y tú ________________ (viajar) a México el verano pasado.
8. (Nosotras) ________________ (comprar) abrigos para el frío.
9. (Tú) ________________ (regresar) del centro comercial a las cinco de la tarde.
10. Ustedes ________________ (vivir) en casa de sus padres hasta el año pasado.

2 **Ahora y en el pasado** Rewrite these sentences in the preterite tense, changing only the verbs.

modelo

Corremos por el estadio antes (*before*) del partido.
Corrimos por el estadio antes del partido.

1. Ramón escribe una carta.

____

2. Mi tía trabaja de dependienta en un gran almacén.

____

3. Comprendo el trabajo de la clase de biología.

____

4. La familia de Daniel vive en Argentina.

____

5. Virginia y sus amigos comen en el café de la librería.

____

6. Los ingenieros terminan la construcción de la tienda en junio.

____

7. Llevas ropa muy elegante.

____

8. Los turistas caminan, compran y descansan.

____

Workbook

3 **Ya pasó** Answer these questions negatively, indicating that what is being asked has already happened.

modelo

¿Va a comprar ropa Silvia en el centro comercial?
No, Silvia ya compró ropa en el centro comercial.

1. ¿Va a viajar a Perú tu primo Andrés?

2. ¿Vas a buscar una tienda de computadoras?

3. ¿Vamos a encontrar muchas rebajas en el centro?

4. ¿Va a pagar las sandalias María en la caja?

5. ¿Van a regatear con el vendedor Mónica y Carlos?

6. ¿Va a pasear por la playa tu abuela?

4 **La semana pasada** Your friend asks you whether you did these activities last week. Write each question, then answer it affirmatively or negatively.

modelo

sacar fotos de amigos
—¿Sacaste fotos de amigos?
—Sí, saqué fotos de amigos./No, no saqué fotos de amigos.

1. pagar el abrigo con la tarjeta de crédito

2. jugar al tenis

3. buscar un libro en la biblioteca

4. llegar tarde (*late*) a clase

5. empezar a escribir una carta

Nombre ______________________ Fecha ______________________

6.3 Indirect object pronouns

1 **Oraciones** Complete these sentences with the correct indirect object pronouns.

1. ______________ doy a la profesora los libros.
2. Amelia ______________ pregunta a nosotras si (*if*) queremos ir al cine.
3. El empleado ______________ busca trabajo a sus primas en el almacén.
4. Julio ______________ quiere traer un televisor nuevo a sus padres.
5. Los clientes ______________ dicen a nosotros que todo está muy caro.
6. Tu hermano no ______________ presta la ropa a ti (*you*).
7. La empleada de la tienda ______________ cerró la puerta a mi tía.
8. La mamá no ______________ hace las tareas a sus hijos.
9. ______________ deben pagar mucho dinero porque llevas ropa muy cara.
10. Las dependientas ______________ dan el vestido rosado a mí.

2 **¿A quién?** Use the cues in parentheses to rewrite the sentences using indirect object pronouns.

modelo

Ustedes venden unos libros. (a mi compañero de cuarto)

Le venden unos libros.

1. Llevo unos zapatos de tenis. (a mi hermano)

____

2. Compré un impermeable. (a ella)

____

3. Ellos traen trajes de baño. (a nosotros)

____

4. No escribimos las cartas de recomendación. (a Gerardo y Marta)

____

5. Ustedes dan un vestido. (a Marisela)

____

6. Pides un descuento. (al dependiente)

____

7. Conseguimos unas gafas en rebaja. (a ustedes)

____

8. Hacemos muchas preguntas. (al vendedor)

____

9. Doy información. (a un amigo)

____

Workbook

3 **Escribir** Rewrite these sentences, using an alternate placement for the indirect object pronouns.

modelo

Me quiero comprar un coche nuevo.
Quiero comprarme un coche nuevo.

1. Les vas a dar muchos regalos a tus padres.

____

2. Quiero comprarles unos guantes a mis sobrinos.

____

3. Clara va a venderle sus libros de francés a su amiga.

____

4. Los clientes nos pueden pagar con tarjeta de crédito.

____

4 **De compras** Complete the paragraph with the correct indirect object pronouns.

Isabel y yo vamos de compras al centro comercial. Yo ________ (1) tengo que comprar unas cosas a mis parientes porque voy a viajar a mi ciudad este fin de semana. A mi hermana Laura ________ (2) quiero comprar unas gafas de sol, pero ella ________ (3) tiene que comprar un traje de baño a mí. A mis dos sobrinos ________ (4) voy a comprar una pelota de béisbol. A mi padre ________ (5) llevo un libro, y a mi madre ________ (6) quiero conseguir una blusa. ________ (7) quiero llevar camisas con el nombre de mi universidad a todos. ________ (8) quiero mostrar que pienso mucho en ellos.

5 **Respuestas** Answer these questions negatively. Use indirect object pronouns in the answer.

modelo

¿Le compraste una camisa al vendedor?
No, no le compré una camisa.

1. ¿Le escribió Rolando un correo electrónico a Miguel?

____

2. ¿Nos trae el botones las maletas a la habitación?

____

3. ¿Les venden gafas de sol los vendedores a los turistas?

____

4. ¿Te da regalos tu hermano?

____

5. ¿Les dicen mentiras sus amigos a ustedes?

____

6. ¿Me buscaste la revista en la librería?

____

Nombre ______________________ Fecha ______________________

6.4 Demonstrative adjectives and pronouns

1 **Completar** Complete these sentences with the correct form of the adjective in parentheses.

1. Me quiero comprar ____________ (*these*) zapatos porque me gustan mucho.
2. Comimos en ____________ (*that*) restaurante la semana pasada.
3. ____________ (*that over there*) tienda vende las gafas de sol a un precio muy alto.
4. Las rebajas en ____________ (*this*) almacén son legendarias.
5. ____________ (*those*) botas hacen juego con tus pantalones negros.
6. Voy a llevar ____________ (*these*) pantalones con la blusa roja.

2 **Responder** Answer these questions negatively, using the cues in parentheses and the corresponding demonstrative adjectives.

modelo
¿Compró esas medias Sonia? (cartera)
No, compró esa cartera.

1. ¿Va a comprar ese suéter Gloria? (pantalones)
____
2. ¿Llevaste estas sandalias? (zapatos de tenis)
____
3. ¿Quieres ver esta ropa interior? (medias)
____
4. ¿Usa aquel traje David? (chaqueta negra)
____
5. ¿Decidió Silvia comprar esas gafas de sol? (sombrero)
____
6. ¿Te mostró el vestido aquella vendedora? (dependiente)
____

3 **Ésos no** Complete these sentences with demonstrative pronouns. Choose a pronoun for each sentence, paying attention to agreement.

1. Aquellas sandalias son muy cómodas, pero ____________ son más elegantes.
2. Esos vestidos largos son muy caros; voy a comprar ____________.
3. No puedo usar esta tarjeta de crédito; tengo que usar ____________.
4. Esos zapatos tienen buen precio, pero ____________ no.
5. Prefiero este sombrero porque ____________ es muy grande.
6. Estas medias son buenas; las prefiero a ____________.

Workbook

Workbook

4 **Éstas y aquéllas** Look at the illustration and complete this conversation with the appropriate demonstrative adjectives and pronouns.

CLAUDIA ¿Te gusta ________(1)________ corbata, Gerardo?

GERARDO No, no me gusta ________(2)________. Prefiero ________(3)________ que está sobre el escaparate (*display case*).

CLAUDIA ________(4)________ es bonita, pero no hace juego con tu chaqueta.

GERARDO Mira ________(5)________ chaqueta. Me gusta y está a buen precio. Puedo usar ________(6)________ y darle ésta a mi hermano.

CLAUDIA ¿Y ________(7)________ cinturón?

GERARDO ________(8)________ es muy elegante. ¿Es caro?

CLAUDIA Es más barato que ________(9)________ tres del escaparate.

5 **Síntesis** Imagine that you went with your brother to an open-air market last weekend. This weekend, you take a friend there. Write a conversation between you and your friend, using as many of the verbs that you have learned as possible. Follow the guide.

- Indicate to your friend the items you liked and didn't like, the items that you bought, how much you paid for them, and for whom you bought them.
- Suggest items that your friend might buy and say for whom he or she might buy them.

____

____

____

____

____

____

Nombre ______________________ Fecha ______________________

AVENTURAS EN LOS PAÍSES HISPANOS

El Caribe

1 **El mapa** Match each word or phrase to the appropriate country.

La Habana Vieja	población: 11.061.000	El Morro
Fajardo	Pedro Martínez	Palacio de los Capitanes Generales
Mayagüez	Guantánamo	Santo Domingo
Santiago de los Caballeros	el merengue	la isla de Vieques

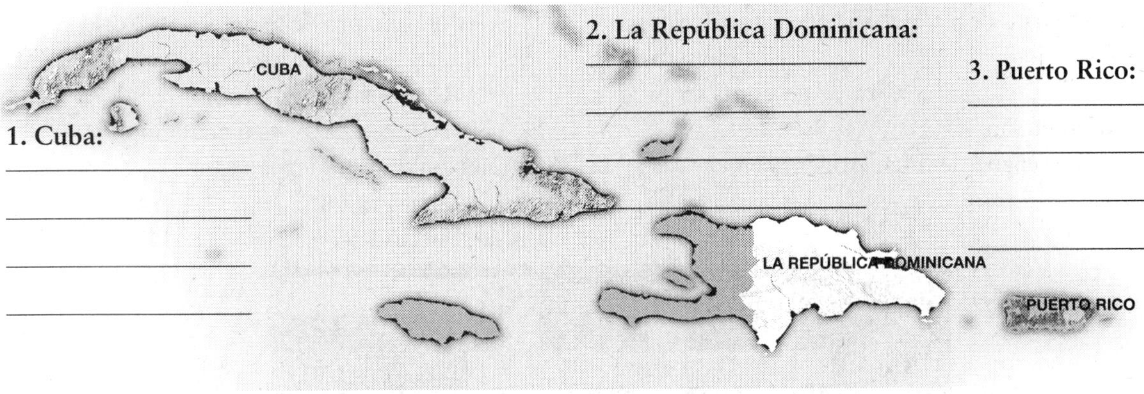

1. Cuba: ______ ______ ______ ______

2. La República Dominicana: ______ ______ ______ ______

3. Puerto Rico: ______ ______ ______ ______

2 **Completar** Select the option that best completes each sentence.

1. Tres de las ciudades principales de Puerto Rico son Mayagüez, Ponce y ______.
2. Las aguas del Caribe son ______.
3. Puerto Rico, Cuba y la República Dominicana están en ______.
4. La capital de Cuba es ______.
5. Juan Luis Guerra es un cantante de la ______.
6. El sitio más fotografiado de Puerto Rico es ______.
7. El Morro está en la Bahía de ______.
8. Una de las ciudades principales dominicanas es Santiago de los ______.
9. La Habana ______ fue (*was*) declarada Patrimonio de la Humanidad en 1982.
10. La moneda de Cuba es ______.

a. el Caribe
b. Caguas
c. El Morro
d. Camagüey
e. San Juan
f. cálidas y transparentes
g. el peso cubano
h. Caballeros
i. República Dominicana
j. Vieja
k. La Habana

Workbook

Nombre _______________ Fecha _______________

Workbook

3 **Crucigrama** Complete this crossword puzzle based on the clues provided.

Horizontales

1. El Caribe tiene una enorme variedad de _______________ y animales exóticos.
4. La salsa nació en _______________.
6. _______________ es una ciudad puertorriqueña que está entre Mayagüez y Fajardo.
8. _______________ y Santiago de los Caballeros son dos ciudades de la República Dominicana.
10. _______________ se construyó en el siglo XVI en San Juan.
11. El distrito de La Habana Vieja fue declarado Patrimonio _______________ de la Humanidad.
14. El _______________ goza de un clima tropical todo el año.
15. El merengue tiene sus orígenes en el _______________.

Verticales

1. El Morro fue construido por los españoles para defenderse de los _______________.
2. Actualmente, El Morro es un _______________ que atrae a miles de turistas.
3. La ciudad de Cuba que está cerca de la Sierra Maestra es _______________.
5. Antes las canciones del merengue hablaban de problemas _______________.
7. La _______________ es un género musical latino que proviene de Nueva York.
9. El _______________ es la música tradicional de República Dominicana.
12. El _______________ es una afición nacional dominicana.
13. El Morro es un _______________ que está en Puerto Rico.

4 **Las fotos** Write complete sentences in Spanish to describe the activities or places in the photos.

1. _______________

2. _______________

3. _______________

Nombre ______________________ Fecha ______________________

PREPARACIÓN

Lección 7

Workbook

1 **La palabra diferente** Fill in the blank with the word that doesn't belong in each group.

1. luego, después, más tarde, entonces, antes ______________
2. maquillarse, cepillarse el pelo, despertarse, peinarse, afeitarse ______________
3. bailar, despertarse, acostarse, levantarse, dormirse ______________
4. champú, despertador, jabón, maquillaje, crema de afeitar ______________
5. entonces, bañarse, lavarse las manos, cepillarse los dientes, ducharse ______________
6. pelo, vestirse, dientes, manos, cara ______________

2 **¿En el baño o en la habitación?** Write **en el baño** or **en la habitación** to indicate where each activity takes place.

1. bañarse ______________
2. levantarse ______________
3. ducharse ______________
4. lavarse la cara ______________
5. acostarse ______________
6. afeitarse ______________
7. cepillarse los dientes ______________
8. dormirse ______________

3 **Las rutinas** Complete each sentence with a word from **Preparación**.

1. Susana se lava el pelo con ______________.
2. Elena usa el ______________ para maquillarse.
3. Manuel se lava las manos con ______________.
4. Después de lavarse las manos, usa la ______________.
5. Luis tiene un ______________ para levantarse temprano.

Nombre ______________________ Fecha ______________________

4

Ángel y Lupe Look at the drawings and choose the appropriate phrase to describe what Ángel or Lupe is doing. Use complete sentences.

afeitarse por la mañana	**cepillarse los dientes después de comer**
bañarse por la tarde	**ducharse antes de salir**

1. ______________________________
____

2. ______________________________
____

3. ______________________________
____

4. ______________________________
____

5

La rutina de Silvia Rewrite this paragraph, selecting the correct sequencing words from the parentheses.

(Por la mañana, Durante el día) Silvia se prepara para salir. (Primero, Antes de) se levanta y se ducha. (Después, Antes) de ducharse, se viste. (Entonces, Durante) se maquilla. (Primero, Antes) de salir come algo y bebe un café. (Durante, Por último) se peina y se pone una chaqueta. (Durante el día, Antes de) Silvia no tiene tiempo (*time*) de volver a su casa. (Más tarde, Antes de) come algo en la cafetería de la universidad y estudia en la biblioteca. (Por la tarde, Por último), Silvia trabaja en el centro comercial. (Por la noche, Primero) llega a su casa y está cansada. (Más tarde, Después de) prepara algo de comer y mira la televisión un rato. (Antes de, Después de) acostarse a dormir siempre estudia un rato.

____
____
____
____
____
____
____
____

Workbook

GRAMÁTICA

7.1 Reflexive verbs

1 **Se hace** Complete each sentence with the correct present tense forms of the verb in parentheses.

1. Marcos y Gustavo ______________________ (enojarse) con Javier.
2. Mariela ______________________ (maquillarse) todas las mañanas después de ducharse.
3. (Yo) ______________________ (acostarse) temprano porque tengo clase por la mañana.
4. Los jugadores ______________________ (ducharse) en el baño después del partido.
5. Irma y yo ______________________ (ponerse) los vestidos nuevos.
6. (Tú) ______________________ (preocuparse) por tu novio porque siempre pierde las cosas.
7. Usted ______________________ (lavarse) la cara con un jabón especial.

2 **Terminar** Complete each sentence with the correct reflexive verbs. You may use some verbs more than once.

acordarse	**cepillarse**	**enojarse**	**maquillarse**
acostarse	**dormirse**	**levantarse**	**quedarse**

1. Mi mamá ________________ porque no queremos ________________ temprano.
2. La profesora ________________ con nosotros cuando no ________________ de los verbos.
3. Mi hermano ________________ los dientes cuando ________________.
4. Mis amigas y yo ________________ estudiando en la biblioteca por la noche y por la mañana ________________ muy cansadas.
5. Muchas noches ________________ delante del televisor, porque no quiero ________________.

3 **Lo hiciste** Answer the questions positively, using complete sentences.

1. ¿Te cepillaste los dientes después de comer?

____

2. ¿Se maquilla Julia antes de salir a bailar?

____

3. ¿Se duchan ustedes antes de entrar en la piscina?

____

4. ¿Se ponen sombreros los turistas cuando van a la playa?

____

5. ¿Nos ponemos los vestidos en la habitación del hotel?

____

Workbook

4 **Escoger** Complete the sentences with the correct form of the verbs in parentheses.

(lavar/lavarse)

1. Josefina ______________ las manos en el baño.

   Josefina ______________ la ropa en casa de su mamá.

(peinar/peinarse)

2. (Yo) ______________ a mi hermana todas las mañanas.

   (Yo) ______________ en el baño, delante del espejo.

(quitar/quitarse)

3. (Nosotros) ______________ los abrigos al entrar en casa.

   (Nosotros) ______________ los libros de la mesa para comer.

(levantar/levantarse)

4. Los estudiantes ______________ muy temprano.

   Los estudiantes ______________ la mano para hacer preguntas.

5 **El incidente** Complete the paragraph with reflexive verbs from the word bank. Use each verb only once.

acordarse	enojarse	levantarse	ponerse	quedarse
afeitarse	irse	llamarse	preocuparse	sentarse
despertarse	lavarse	maquillarse	probarse	vestirse

Luis ______________ (1) todos los días a las seis de la mañana. Luego entra en la ducha y ______________ (2) el pelo con champú. Cuando sale de la ducha usa la crema de afeitar para ______________ (3) delante del espejo. Come algo con su familia y él y sus hermanos ______________ (4) hablando un rato.

Cuando sale tarde, Luis ______________ (5) porque no quiere llegar tarde a la clase de español. Los estudiantes ______________ (6) nerviosos porque a veces (*sometimes*) tienen pruebas sorpresa en la clase.

Ayer por la mañana, Luis ______________ (7) con su hermana Marina porque ella ______________ (8) tarde y pasó mucho tiempo en el baño con la puerta cerrada.

—¿Cuándo sales, Marina? —le preguntó Luis.

—¡Tengo que ______________ (9) porque voy a salir con mi novio y quiero estar bonita! —dijo Marina.

—¡Tengo que ______________ (10) ya, Marina! ¿Cuándo terminas?

—Ahora salgo, Luis. Tengo que ______________ (11). Me voy a poner mi vestido favorito.

—Tienes que ______________ (12) de que viven muchas personas en esta casa, Marina.

7.2 Indefinite and negative words

1 **Alguno o ninguno** Complete the sentences with indefinite and negative words from the word bank.

alguien	algunas	ninguna
alguna	ningún	tampoco

1. No tengo ganas de ir a _______________ lugar hoy.
2. ¿Tienes _______________ ideas para el proyecto?
3. ¿Viene _______________ a la fiesta de mañana?
4. Nunca voy a _______________ estadio.
5. ¿Te gusta _______________ de estas corbatas?
6. Jorge, tú no eres el único. Yo _______________ puedo ir de vacaciones.

2 **Palabras negativas** Complete the sentences with negative words.

1. No me gustan estas gafas. _______________ quiero comprar _______________ de ellas.
2. Estoy muy cansado. _______________ quiero ir a _______________ restaurante.
3. No tengo hambre. _______________ quiero comer _______________.
4. A mí no me gusta la playa. _______________ quiero ir a la playa _______________.
5. Soy muy tímida. _______________ hablo _______________ con _______________.
6. No me gusta el color rojo, _______________ _______________ el color rosado.

3 **Lo contrario** Make each sentence negative.

modelo

Buscaste algunos vestidos en la tienda.

No buscaste ningún vestido en la tienda.

1. Las dependientas venden algunas blusas.

____

2. Alguien va de compras al centro comercial.

____

3. Siempre me cepillo los dientes antes de salir.

____

4. Te traigo algún programa de la computadora.

____

5. Mi hermano prepara algo de comer.

____

6. Quiero tomar algo en el café de la librería.

____

4 **No, no es cierto** Answer the questions negatively.

modelo

¿Comes siempre en casa?
No, nunca como en casa./No, no como en casa nunca.

1. ¿Tiene Alma alguna falda?
2. ¿Sales siempre los fines de semana?
3. ¿Quiere comer algo Gregorio?
4. ¿Le prestaste algunos discos de jazz a César?
5. ¿Podemos o ir a la playa o nadar en la piscina?
6. ¿Encontraste algún cinturón barato en la tienda?
7. ¿Buscaron ustedes a alguien en la playa?
8. ¿Te gusta alguno de estos trajes?

5 **Lo opuesto** Rewrite the paragraph, changing the indefinite words to negative ones.

Rodrigo siempre está leyendo algún libro. También le gusta leer el periódico. Siempre lee algo. Alguien le pregunta si leyó una novela de Mario Vargas Llosa. Leyó algunos libros de Vargas Llosa el año pasado. También leyó algunas novelas de Gabriel García Márquez. Algunos libros le encantan. Le gusta leer o libros de misterio o novelas fantásticas.

Nombre ______________________ Fecha ______________________

Workbook

7.3 Preterite of ser and ir

1 **¿Ser o ir?** Complete the sentences with the preterite of **ser** or **ir**, then write the infinitive form of the verb you used.

1. Ayer María y Javier ____________ a la playa con sus amigos. ____________
2. La película de ayer ____________ muy divertida. ____________
3. El fin de semana pasado (nosotros) ____________ al centro comercial. ____________
4. La abuela y la tía de Maricarmen ____________ doctoras. ____________
5. (Nosotros) ____________ muy simpáticos con la familia de Claribel. ____________
6. Manuel ____________ a la universidad en septiembre. ____________
7. Los vendedores ____________ al almacén muy temprano. ____________
8. Lima ____________ la primera ciudad que visitaron en el viaje. ____________
9. (Yo) ____________ a buscarte a la cafetería, pero no te encontré. ____________
10. Mi compañera de cuarto ____________ a la tienda a comprar champú. ____________

2 **Viaje a Perú** Complete the paragraph with the preterite of **ser** and **ir**, then fill in the chart with the infinitive form of the verbs you used.

El mes pasado mi amiga Clara y yo ____________ (1) de vacaciones a Perú. El vuelo (*flight*) ____________ (2) un miércoles por la mañana, y ____________ (3) cómodo. Primero Clara y yo ____________ (4) a Lima, y ____________ (5) a comer a un restaurante de comida peruana. La comida ____________ (6) muy buena. Luego ____________ (7) al hotel y nos ____________ (8) a dormir. El jueves ____________ (9) un día nublado. Nos ____________ (10) a Cuzco, y el viaje en autobús ____________ (11) largo. Yo ____________ (12) la primera en despertarme y ver la ciudad de Cuzco. La visita a la ciudad ____________ (13) impresionante. Luego Clara y yo ____________ (14) de excursión a Machu Picchu. El cuarto día nos levantamos muy temprano y nos ____________ (15) a la antigua ciudad inca. El amanecer sobre Machu Picchu ____________ (16) hermoso. La excursión ____________ (17) una experiencia inolvidable (*unforgettable*). ¿____________ (18) tú a Perú el año pasado?

1. ______	7. ______	13. ______
2. ______	8. ______	14. ______
3. ______	9. ______	15. ______
4. ______	10. ______	16. ______
5. ______	11. ______	17. ______
6. ______	12. ______	18. ______

7.4 Gustar and verbs like gustar

1 **¿Uno o varios?** Rewrite each sentence, choosing the correct form of the verb in parentheses.

1. Te (quedan, queda) bien las faldas y los vestidos.
2. No les (molesta, molestan) la lluvia.
3. No les (gusta, gustan) estar enojados.
4. Les (aburre, aburren) probarse ropa en las tiendas.
5. Le (fascina, fascinan) las tiendas y los almacenes.
6. Le (falta, faltan) dos años para terminar la carrera (*degree*).
7. Nos (encanta, encantan) pescar y nadar en el mar.
8. Me (interesan, interesa) las ruinas peruanas.

2 **Nos gusta el fútbol** Complete the paragraph with the correct forms of the verbs in parentheses.

A mi familia le ______ (1) (fascinar) el fútbol. A mis hermanas les ______ (2) (encantar) los jugadores porque son muy guapos. También les ______ (3) (gustar) la emoción (*excitement*) de los partidos. A mi papá le ______ (4) (interesar) mucho los partidos y cuando puede los sigue por Internet. A mi mamá le ______ (5) (molestar) nuestra afición porque no hacemos las tareas de la casa cuando hay un partido. A ella generalmente le ______ (6) (aburrir) los partidos. Pero cuando le ______ (7) (faltar) un gol al equipo argentino para ganar, le ______ (8) (encantar) los minutos finales del partido.

3 **¿Qué piensan?** Complete the sentences with the correct pronouns and forms of the verbs in parentheses.

1. A mí ______ (encantar) las películas de misterio.
2. A Gregorio ______ (molestar) mucho la nieve y el frío.
3. A mi sobrina ______ (gustar) leer y escribir.
4. A ustedes ______ (faltar) un libro de esa colección.

5. ¿______ (quedar) bien los sombreros a ti?

6. A nosotros ______ (fascinar) la historia peruana.

7. A ella no ______ (importar) las apariencias (*appearances*).

8. Los deportes por televisión a mí ______ (aburrir) mucho.

4 **Los otros** Rewrite each sentence, replacing the subject with the one in parentheses and making any necessary changes.

modelo
Les gusta el baloncesto. (los deportes)
Les gustan los deportes.

1. Le quedan bien los vestidos largos. (la blusa cara)
______

2. Les molesta la música moderna. (las canciones populares)
______

3. No te interesa bailar salsa. (caminar por la playa)
______

4. Me gusta esa toalla de playa. (aquellas gafas de sol)
______

5. Les encantan las tiendas. (el centro comercial)
______

6. Nos falta practicar el español. (unas semanas de clase)
______

7. No les gusta el ballet. (las películas)
______

8. No les importa esperar un rato. (buscar unos libros nuestros)
______

5 **Mi rutina diaria** Answer these questions about your daily routine, using verbs like **gustar** in complete sentences.

1. ¿Te molesta levantarte temprano durante la semana?
______

2. ¿Qué te interesa hacer por las mañanas?
______

3. ¿Te importa despertarte temprano los fines de semana?
______

4. ¿Qué te encanta hacer los domingos?
______

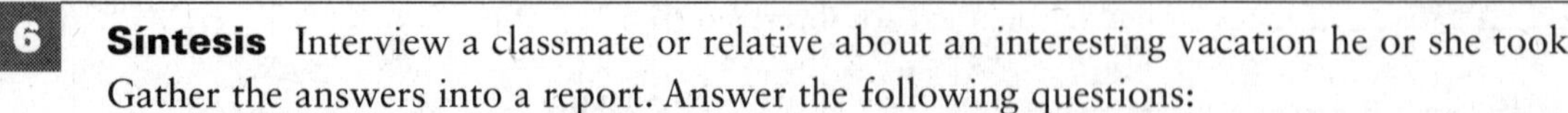

Workbook

6 **Síntesis** Interview a classmate or relative about an interesting vacation he or she took. Gather the answers into a report. Answer the following questions:

- Where did he or she go, what were the tours like, what were the tour guides like, and what were his or her traveling companions like?
- Where did he or she stay, what were the accommodations like, and what was his or her daily routine like during the trip?
- What did he or she like or love about the vacation? What interested him or her?
- What bothered or angered him or her? What bored him or her during the vacation?
- Be sure to address both the negative and positive aspects of the vacation.

Nombre ____________________ Fecha ____________________

PREPARACIÓN

Lección 8

Workbook

1

Categorías Categorize the foods listed in the word bank.

aceite	camarones	jamón	mantequilla	pimienta	tomates
arvejas	cebollas	langosta	manzanas	pollo	uvas
atún	champiñones	leche	margarina	queso	vinagre
azúcar	chuletas de cerdo	lechuga	naranjas	sal	zanahorias
bananas	hamburguesas	limones	papas	salchichas	
bistec		maíz	pavo	salmón	

Verduras y granos	Productos lácteos (*dairy*)	Condimentos	Carnes y aves (*poultry*)	Pescado y mariscos	Frutas

2

¿Cuándo lo comes? Read the description of each meal, then decide when it would be eaten.

1. un sándwich de jamón y queso, unas chuletas de cerdo con arroz y frijoles, fruta y un café

Desayuno ____________________

Almuerzo ____________________

Cena ____________________

2. una langosta con papas, huevos fritos y jugo de naranja, una hamburguesa y un refresco

Desayuno ____________________

Almuerzo ____________________

Cena ____________________

3. pan tostado con mantequilla, un sándwich de atún y té helado, un bistec con cebolla y arroz

Desayuno ____________________

Almuerzo ____________________

Cena ____________________

4. una sopa y una ensalada, cereales con leche, pollo asado y vino blanco

Desayuno ____________________

Almuerzo ____________________

Cena ____________________

Nombre ____________________ Fecha ____________________

Workbook

3 **¿Qué es?** Label the food item shown in each drawing.

1. ____________________ 2. ____________________

3. ____________________ 4. ____________________

4 **¿Qué comida es?** Read the descriptions and write the name of the food in the blank.

1. Son rojos y se sirven (*they are served*) en las ensaladas. ____________________
2. Se come (*It is eaten*) antes del plato principal; es líquida y caliente (*hot*). ____________________
3. Son unas verduras anaranjadas, largas y delgadas. ____________________
4. Hay de naranja y de manzana, entre otros sabores; se bebe en el desayuno. ____________________
5. Son dos rebanadas (*slices*) de pan con queso y jamón. ____________________
6. Son una comida rápida; se sirven con hamburguesas y se les pone sal. ____________________
7. Son pequeños y rosados; viven en el mar. ____________________
8. Son frutas amarillas; con agua y azúcar se hace una bebida de verano. ____________________

Nombre ______________________ Fecha ______________________

Workbook

GRAMÁTICA

8.1 Preterite of stem-changing verbs

1 **¿Qué hicieron?** For each sentence, choose the correct verb from those in the parentheses. Complete the sentence with the preterite form of the verb.

1. Rosana y Héctor ______________ las palabras del profesor. (repetir, dormir, morir)
2. El abuelo de Luis ______________ el año pasado. (sentirse, morir, servir)
3. (Yo) ______________ camarones y salmón para la cena. (morir, conseguir, servir)
4. Lisa y tú ______________ pan tostado con queso y huevo. (sentirse, seguir, pedir)
5. Ana y yo ______________ muy tarde los sábados. (dormirse, pedir, repetir)
6. Gilberto y su familia ______________ ir al restaurante de mariscos. (servir, preferir, vestirse)

2 **La planta de la abuela** Complete the letter with the preterite form of the verbs from the word bank. Use each verb only once.

conseguir	morir	preferir	seguir	servir
dormir	pedir	repetir	sentirse	vestirse

Querida mamá:

El fin de semana pasado fui a visitar a mi abuela Lilia en el campo. (Yo) Le ______ (1) *unos libros que ella me* ______ (2) *de la librería de la universidad. Cuando llegué, mi abuela me* ______ (3) *un plato sabroso de arroz con frijoles. La encontré triste porque la semana pasada su planta de tomates* ______ (4)*, y ahora tiene que comprar los tomates en el mercado. Me invitó a quedarme, y yo* ______ (5) *en su casa. Por la mañana, abuela Lilia se despertó temprano,* ______ (6) *y salió a comprar huevos para el desayuno. Me levanté inmediatamente y la* ______ (7) *para ir con ella al mercado. En el mercado, ella me* ______ (8) *que estaba triste por la planta de tomates. Le pregunté: ¿Debemos comprar otra planta de tomates?, pero ella* ______ (9) *esperar hasta el verano. Después del desayuno volví a la universidad.* ______ (10) *feliz después de ver a mi abuela. La quiero mucho. ¿Cuándo la vas a visitar?*

Chau,

Mónica

3

En el restaurante Create sentences from the elements provided. Use the preterite form of the verbs.

1. (nosotros) / preferir / este restaurante al restaurante italiano
____
2. mis amigos / seguir / a Gustavo para encontrar el restaurante
____
3. la camarera / servirte / huevos fritos y café con leche
____
4. ustedes / pedir / ensalada de mariscos y vino blanco
____
5. Carlos / preferir / las papas fritas
____
6. (yo) / conseguir / el menú del restaurante
____

4

En el pasado Rewrite each sentence, conjugating the verb in the preterite tense.

modelo
Juan duerme mal en la noche.
Juan durmió mal en la noche.

1. Ana y Enrique piden unos refrescos fríos.
____
2. Mi mamá nos sirve arroz con frijoles y carne.
____
3. Tina y yo dormimos en una pensión de Lima.
____
4. Las flores (*flowers*) de mi tía mueren durante el otoño.
____
5. Ustedes se sienten bien porque ayudan a esas personas.
____

5

Sujetos diferentes Rewrite each sentence, using the subject in parentheses.

modelo
Diana se sintió mal esta mañana. (tú)
Tú te sentiste mal esta mañana.

1. Anoche conseguimos los pasajes. (mis primos)
____
2. Melinda y Juan siguieron a Carmen por la ciudad en el auto. (yo)
____
3. Alejandro prefirió quedarse en casa. (ustedes)
____
4. Pedí un plato de langosta con salsa de mantequilla. (ellas)
____
5. Los camareros les sirvieron una ensalada con atún y tomate. (tu esposo)
____

8.2 Double object pronouns

1 **Buena gente** Rewrite each sentence, replacing the direct objects with direct object pronouns.

modelo
Javier te mostró el libro.
Javier te lo mostró.

1. La camarera te sirvió el plato de pasta con mariscos.
____
2. Isabel nos trajo (*brought*) la sal y la pimienta a la mesa.
____
3. Javier me pidió el aceite y el vinagre anoche.
____
4. El dueño nos busca una mesa para seis personas.
____
5. Tu madre me consigue unas uvas deliciosas.
____
6. ¿Te recomendaron este restaurante Lola y Paco?
____

2 **Pronombres** Rewrite each sentence, using double object pronouns.

1. Le pidieron los menús al camarero.
____
2. Nos buscaron un lugar cómodo para sentarnos.
____
3. Les sirven papas fritas con el pescado a los clientes.
____
4. Le llevan unos entremeses a la mesa a Marcos.
____
5. Me trajeron (*brought*) una ensalada de lechuga y tomate.
____
6. El dueño le compra la carne al señor Gutiérrez.
____
7. Ellos te muestran los vinos antes de servirlos.
____
8. La dueña nos abre la sección de no fumar.
____

Nombre ______________________ Fecha ______________________

Workbook

3 **¿Quiénes son?** Answer the questions, using double object pronouns.

modelo
¿A quién le pediste la cuenta? (al camarero)
Se la pedí al camarero.

1. ¿A quiénes les escribiste las cartas? (a ellos) ______________________
2. ¿Quién le recomendó ese plato? (su tío) ______________________
3. ¿Quién nos va a abrir la puerta a esta hora? (Sonia) ______________________
4. ¿Quién les sirvió el pescado asado? (Miguel) ______________________
5. ¿Quién te llevó los entremeses? (mis amigas) ______________________
6. ¿A quién le ofrece frutas Roberto? (a su familia) ______________________

4 **La cena** Read the two dialogues. Then answer the questions, using double object pronouns.

CELIA (*A Tito*) Rosalía me recomendó este restaurante.
DUEÑO Buenas noches, señores. Les traigo unos entremeses, cortesía del restaurante.
CAMARERO Buenas noches. ¿Quieren ver el menú?
TITO Sí, por favor. ¿Está buena la langosta?
CAMARERO Sí, es la especialidad del restaurante.
TITO Entonces queremos pedir dos langostas.
CELIA Y yo quiero una copa (*glass*) de vino tinto, por favor.

CAMARERO De postre (*for dessert*) tenemos flan y fruta.
CELIA Perdón, ¿me lo puede repetir?
CAMARERO Tenemos flan y fruta.
CELIA Yo no quiero nada de postre, gracias.
DUEÑO ¿Les gustó la cena?
TITO Sí, nos encantó. Muchas gracias. Fue una cena deliciosa.

1. ¿Quién le recomendó el restaurante a Celia? ______________________
2. ¿Quién les sirvió los entremeses a Celia y a Tito? ______________________
3. ¿Quién les trajo (*brought*) los menús a Celia y a Tito? ______________________
4. ¿Quién le recomendó a Tito la langosta? ______________________
5. ¿Quién le pidió las langostas al camarero? ______________________
6. ¿Quién le pidió un vino tinto al camarero? ______________________
7. ¿Quién le repitió a Celia la lista de postres (*desserts*)? ______________________
8. ¿A quién le dio (*gave*) las gracias Tito cuando se fueron? ______________________

Nombre ______________________ Fecha ______________________

Workbook

8.3 Saber and conocer

1 **Seleccionar** Complete the sentences, using **saber** and **conocer.**

1. (Yo) No ______________________ a los padres de Arturo y Gustavo.
2. Carolina ______________________ varias ciudades de Canadá.
3. ¿(Tú) ______________________ las preguntas que nos van a dar en el examen?
4. Jorge ______________________ preparar un pollo a la parmesana delicioso.
5. (Nosotros) ______________________ a la dueña del restaurante más caro de la ciudad.
6. Julio y tú ______________________ que estoy trabajando en mi casa hoy.

2 **¿Qué hacen?** Complete the sentences, using the verbs from the word bank. Use each verb only once.

conducir	ofrecer	saber
conocer	parecer	traducir

1. Gisela ______________________ una motocicleta por las calles (*streets*) de la ciudad.
2. Tú ______________________ servir el vino de una manera elegante.
3. El novio de Aurelia ______________________ ser inteligente y simpático.
4. En ese restaurante ya los ______________________ porque siempre van a comer allí (*there*).
5. Los vendedores del mercado al aire libre nos ______________________ rebajas.
6. (Yo) ______________________ libros de historia y de sociología al español.

3 **Oraciones completas** Create sentences, using the elements and **saber** or **conocer.**

modelo

Eugenia / mi amiga Alejandra

Eugenia conoce a mi amiga Alejandra.

1. tú / hablar español muy bien

____

2. el sobrino de Rosa / leer y escribir

____

3. José y Laura / la ciudad de Barcelona

____

4. nosotros no / cuántas manzanas debemos comprar

____

5. (yo) / al dueño del café La Paz

____

6. Elena y María Victoria / patinar en línea

____

Workbook

8.4 Comparatives and superlatives

1 **¿Cómo se comparan?** Complete the sentences with the Spanish of the comparatives in parentheses.

1. Puerto Rico es ______________________________ (*smaller than*) Guatemala.
2. Los limones son ______________________________ (*more sour than*) las naranjas.
3. Los champiñones son ______________________________ (*as tasty as*) las arvejas.
4. Los jugadores de baloncesto son ______________________ (*taller than*) los otros estudiantes.
5. Jimena es ______________________________ (*more hard-working than*) su novio Pablo.
6. Marisol es ________________________ (*less intelligent than*) su hermana mayor.
7. La nueva novela de ese escritor es ________________ (*as bad as*) su primera novela.
8. Agustín y Mario están ______________________________ (*less fat than*) antes.

2 **Es obvio** Write sentences that compare the two items, using the adjectives in parentheses.

modelo

(inteligente) Albert Einstein / Homer Simpson
Albert Einstein es más inteligente que Homer Simpson.

1. (famoso) Salma Hayek / mi hermana
____
2. (difícil) estudiar química orgánica / leer una novela
____
3. (malo) el tiempo en Boston / el tiempo en Florida
____
4. (barato) los restaurantes elegantes / los restaurantes de comida rápida
____
5. (grande) mi abuelo / mi sobrino
____

3 **¿Por qué?** Complete the sentences with the correct comparatives.

modelo

Darío juega mejor al fútbol que tú.
Es porque Darío practica más que tú.

1. Mi hermano es más gordo que mi padre. Es porque mi hermano come ______________.
2. Natalia conoce más países que tú. Es porque Natalia viaja ______________________.
3. Estoy menos cansado que David. Es porque duermo ____________________________.
4. Rolando tiene más hambre que yo. Va a comer ________________________________.
5. Mi vestido favorito es más barato que el tuyo (*yours*). Voy a pagar ______________.
6. Julia gana más dinero que Lorna. Es porque Julia trabaja ______________________.

Workbook

4 **Facilísimo** Rewrite each sentence, using absolute superlatives.

1. Javier y Esteban están muy cansados. ______________________
2. Tu padre es muy joven. ______________________
3. La profesora es muy inteligente. ______________________
4. Las clases son muy largas. ______________________
5. La madre de Irene está muy feliz. ______________________
6. Estoy muy aburrido. ______________________

5 **Más superlativos** Answer the questions affirmatively, using the superlative and the words in parentheses.

modelo
El auto está sucísimo, ¿no? (ciudad)
Sí, es el más sucio de la ciudad.

1. Esos vestidos son carísimos, ¿no? (tienda)
____
2. El almacén Velasco es buenísimo, ¿no? (centro comercial)
____
3. La cama de tu madre es comodísima, ¿no? (casa)
____
4. Ángel y Julio están nerviosísimos por el examen, ¿no? (clase)
____
5. Sara es jovencísima, ¿no? (mis amigas)
____

6 **¿Más o menos?** Read the pairs of sentences, then write a new sentence that compares them.

modelo
Ese hotel tiene cien habitaciones. El otro hotel tiene cuarenta habitaciones.
Ese hotel tiene más habitaciones que el otro.

1. La biblioteca tiene ciento cincuenta sillas. El laboratorio de lenguas tiene treinta sillas.
____
2. Ramón compró tres corbatas. Roberto compró tres corbatas.
____
3. Yo comí un plato de pasta. Mi hermano comió dos platos de pasta.
____
4. Anabel durmió ocho horas. Amelia durmió ocho horas.
____
5. Mi primo toma seis clases. Mi amiga Tere toma ocho clases.
____

Workbook

7 **Síntesis** Conduct a survey of several people about a recent experience they had at a restaurant.

- What did they order?
- Who served them?
- Did they prefer this restaurant to others they had eaten at before?
- What did their dining companions think?

Then, ask them to review the restaurant for you. Ask them to compare the service, the food, the prices, and the ambience of the restaurant to those of other restaurants they know.

- How does it compare to other restaurants in the city and to other restaurants of its type?
- Ask them about some restaurants you know. Do they know these restaurants? Do they know where they are located?

When you are finished with the survey, prepare a report of the restaurants in your area, comparing them on the basis of the data you collected. Use as many different types of comparatives and superlative phrases as possible in your report.

AVENTURAS EN LOS PAÍSES HISPANOS

Suramérica I

1 **El mapa** Fill in the blanks with the population and the name of the capital of each country.

2 **¿De qué país es?** Match the words and phrases in the word bank to the correct country.

bolívar	los Andes	El Salto Ángel	García Márquez
población indígena	Cartagena	tejidos	población: 29.275.000
área: 1.285.220 km^2	capital Bogotá	capital Lima	quechua
Canaima	lana de alpaca	dólar estadounidense	Barranquilla

Venezuela	Colombia	Ecuador	Perú
____________	____________	____________	____________
____________	____________	____________	____________
____________	____________	____________	____________
____________	____________	____________	____________

Nombre ______________________ Fecha ______________________

3 **Definiciones** Insert the answers to the questions into the crossword puzzle, then answer the final question with the word formed in the outlined boxes.

1. moneda de Perú
2. nombre que los indígenas le dan al Parque Nacional Canaima
3. Las alpacas viven en los Andes de este país.
4. país suramericano con un área de 912.050 km^2
5. estilo literario de Gabriel García Márquez
6. Las alpacas hacen ésto para defenderse.
7. capital de Venezuela
8. Son de Ecuador y son famosos en todo el mundo por sus colores vivos.
9. El Salto Ángel es una.
10. capital de Perú
11. Lima tiene playas en este océano.
12. el río más caudaloso del mundo
13. moneda de Colombia

Venezuela, Colombia, Ecuador y Perú son países ______________________.

4 **¡A viajar!** Imagine that you won a trip to South America. Choose one of the countries described: **Venezuela, Colombia, Ecuador,** or **Perú**. Write a paragraph explaining your reasons for choosing that country.

Quiero ir a ______________________ porque (*because*) ______________________

____

____

____

____

____

____

REPASO

Lecciones 5–8

1

¿Te importa? Complete the sentences with the correct pronoun and the form of the verb in parentheses.

1. A nosotros ______________________ (gustar) la comida cubana.
2. A mí ______________________ (encantar) los huevos fritos.
3. A mi hermano ______________________ (molestar) el olor a pescado.
4. A ustedes no ______________________ (importar) esperar un rato para sentarse, ¿no?
5. A ti ______________________ (fascinar) los restaurantes franceses.
6. A ellos ______________________ (faltar) tiempo para beber el café.

2

Las vacaciones Complete the paragraph with the correct preterite forms of the verbs in parentheses.

Ignacio y yo ___(1)___ (ir) de viaje a Viña del Mar, en Chile. Nosotros ___(2)___ (comprar) pasajes baratos el mes pasado. Yo ___(3)___ (buscar) precios de pasajes para Chile en Internet. Los padres de Ignacio ___(4)___ (llegar) la semana pasada a Viña del Mar. Su padre ___(5)___ (preferir) llegar antes que nosotros para regresar más temprano. El primer día, ellos ___(6)___ (dormir) hasta tarde. Ignacio ___(7)___ (ir) al hotel donde sus padres se ___(8)___ (quedar). Su madre se ___(9)___ (aburrir) un poco los primeros días. Pero después, ella se ___(10)___ (interesar) más en la cultura local. Los padres de Ignacio ___(11)___ (repetir) una y otra vez lo mucho que les ___(12)___ (gustar) Viña del Mar. Nosotros ___(13)___ (ir) a comer al restaurante del hotel y ___(14)___ (pedir) machas a la parmesana, un plato típico de Chile. El camarero ___(15)___ (servir) vino. La noche ___(16)___ (ser) muy divertida.

3

¿Son o están? Form complete sentences using the words provided and **ser** or **estar.**

1. Paloma y Carlos / en la agencia de viajes

____

2. sus padres / del Perú

____

3. nosotros / alegres por el viaje a Lima

____

4. su primo / esperándolos en el aeropuerto

____

5. Paloma / una turista amable

____

Workbook

4 **No son éstos** Answer these questions negatively using demonstrative pronouns.

modelo

¿Les vas a prestar esos programas a ellos? (*those over there*)
No, les voy a prestar aquéllos.

1. ¿Me vas a vender esa pelota de fútbol? (*this one*)
2. ¿Van ustedes a mostrarle ese traje al cliente? (*that one over there*)
3. ¿Va a llevarles estas bolsas Marisol? (*those ones*)
4. ¿Les van a vender esos guantes a los estudiantes? (*these ones*)

5 **No, nada, nunca** Answer the questions negatively, using negative words.

1. ¿Llegó José con alguna amiga a la cena?
2. ¿Te enojaste con alguien en el restaurante?
3. ¿Les gustó la comida a los otros invitados?
4. ¿Siempre se van tan tarde de las fiestas Raúl y su esposa?

6 **La compra** Look at the photo and imagine everything that led up to the woman's purchase. What did she need? Why did she need it? What kind of weather is it for? Where did she decide to buy it? Where did she look for it? Who helped her, and what did she ask them? Did she bargain with anyone? Was she undecided about anything? How did she pay for the purchase? Who did she pay? Answer these questions in a paragraph, using the preterite of the verbs that you know.

Nombre ______________________ Fecha ______________________

PREPARACIÓN

Lección 9

1 Identificar Label the following terms as **estado civil, fiesta,** or **etapa de la vida.**

1. casada ______________________
2. adolescencia ______________________
3. viudo ______________________
4. juventud ______________________
5. Navidad ______________________
6. niñez ______________________
7. vejez ______________________
8. aniversario de bodas ______________________
9. divorciado ______________________
10. madurez ______________________
11. cumpleaños ______________________
12. soltera ______________________

2 Las etapas de la vida Label the stages of life on the timeline.

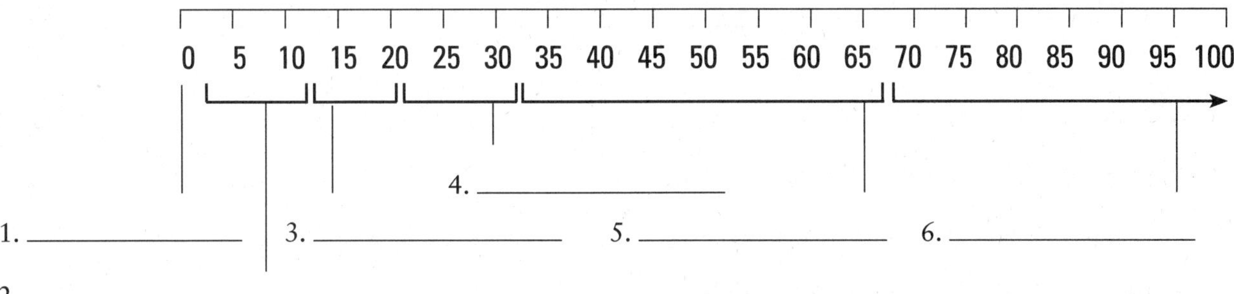

3 Escribir Label the stage of life in which these events would normally occur.

modelo
enamorarse (por primera vez)
la adolescencia

1. jubilarse ______________________
2. graduarse en la universidad ______________________
3. cumplir nueve años ______________________
4. conseguir el primer trabajo ______________________
5. graduarse en la escuela secundaria ______________________
6. morir o quedar viudo ______________________
7. casarse (por primera vez) ______________________
8. tener un hijo ______________________
9. celebrar el cincuenta aniversario de bodas ______________________
10. tener la primera cita ______________________

Workbook

4 **Información personal** Read the descriptions and answer the questions.

"Me llamo Jorge Rosas. Nací el 26 de enero de 1948. Mi esposa murió el año pasado. Tengo dos hijos: Marina y Daniel. Terminé mis estudios de sociología en la Universidad Interamericana en 1970. Me voy a jubilar este año. Voy a celebrar este evento con una botella de champán".

1. ¿Cuál es la fecha de nacimiento de Jorge? _______________
2. ¿Cuál es el estado civil de Jorge? _______________
3. ¿En qué etapa de la vida está Jorge? _______________
4. ¿Cuándo es el cumpleaños de Jorge? _______________
5. ¿Cuándo se graduó Jorge? _______________
6. ¿Cómo va a celebrar la jubilación (*retirement*) Jorge? _______________

"Soy Julia Jiménez. Nací en 1980. Me comprometí a los veinte años, pero rompí con mi novio antes de casarme. Ahora estoy saliendo con un músico cubano. Soy historiadora del arte desde que terminé mi carrera (*degree*) en la Universidad de Salamanca en 2002. Mi cumpleaños es el 11 de marzo. Mi postre favorito es el flan".

7. ¿Cuál es la fecha de nacimiento de Julia? _______________
8. ¿Cuál es el estado civil de Julia? _______________
9. ¿En qué etapa de la vida está Julia? _______________
10. ¿Cuándo es el cumpleaños de Julia? _______________
11. ¿Cuándo se graduó Julia? _______________
12. ¿Cuál es el postre favorito de Julia? _______________

"Me llamo Manuel Blanco y vivo en Caracas. Mi esposa y yo nos comprometimos a los veintiséis años, y la boda fue dos años después. Pasaron quince años y tuvimos tres hijos. Me gustan mucho los dulces".

13. ¿Dónde vive Manuel? _______________
14. ¿En qué etapa de la vida se comprometió Manuel? _______________
15. ¿Cuál es el estado civil de Manuel? _______________
16. ¿A qué edad se casó Manuel? _______________
17. ¿Cuántos hijos tiene Manuel? _______________
18. ¿Qué le gusta comer a Manuel? _______________

Workbook

GRAMÁTICA

9.1 Irregular preterites

1 **¿Hay o hubo?** Complete these sentences with the correct tense of **haber**.

1. Ahora ______________________ una fiesta de graduación en el patio de la universidad.
2. ______________________ muchos invitados en la fiesta de aniversario anoche.
3. Ya ______________________ una muerte en su familia el año pasado.
4. Siempre ______________________ galletas y dulces en esas conferencias.
5. ______________________ varias botellas de vino, pero los invitados se las tomaron.
6. Por las mañanas ______________________ unos postres deliciosos en esa tienda.

2 **¿Cómo fue?** Complete these sentences with the preterite of the verb in parentheses.

1. Cristina y Lara te ______________________ (estar) buscando en la fiesta anoche.
2. (Yo) ______________________ (Tener) un problema con mi pasaporte y lo pasé mal en la aduana.
3. Rafaela ______________________ (venir) temprano a la fiesta y conoció a Humberto.
4. El padre de la novia ______________________ (hacer) un brindis por los novios.
5. Tus padres ______________________ (tener) un divorcio relativamente amistoso (*friendly*).
6. Román ______________________ (poner) las maletas en el auto antes de salir.

3 **Verbos** Complete these sentences, using the preterite of **decir, conducir, traducir,** and **traer.**

1. Felipe y Silvia ______________________ que no les gusta ir a la playa.
2. Claudia le ______________________ unos papeles al inglés a su hermano.
3. David ______________________ su motocicleta nueva durante el fin de semana.
4. Rosario y Pepe me ______________________ un pastel de cumpleaños de regalo.
5. Cristina y yo les ______________________ a nuestras amigas que vamos a bailar.
6. Cuando fuiste a Guatemala, (tú) nos ______________________ regalos.

4 **Es mejor dar...** Rewrite these sentences in the preterite tense.

1. Antonio le da un beso a su madre.

____

2. Los invitados le dan las gracias a la familia.

____

3. Tú les das una sorpresa a tus padres.

____

4. Rosa y yo le damos una sorpresa al profesor.

____

5 **El pasado** Create sentences using the elements provided. Use the preterite tense of the verbs.

modelo
(Tú) / tener / un examen
Tuviste un examen.

1. Rosalía / hacer / galletas
2. mi tía / estar / en Perú
3. (yo) / venir / a este lugar
4. Rita y Sara / decir / la verdad
5. ustedes / poner / la televisión
6. ellos / traducir / el libro
7. (nosotras) / traer / una cámara

6 **Ya lo hizo** Answer the questions negatively, indicating that the action has already occurred. Use the words in parentheses.

modelo
¿Quiere Pepe cenar en el restaurante japonés? (restaurante mexicano)
No, Pepe ya cenó en el restaurante mexicano.

1. ¿Vas a estar en la biblioteca hoy? (ayer)
2. ¿Quieren dar una fiesta Elena y Miguel este fin de semana? (el sábado pasado)
3. ¿Debe la profesora traducir esa novela este semestre? (el año pasado)
4. ¿Va a haber un pastel de limón en la cena de hoy? (anoche)
5. ¿Deseas poner los abrigos en la silla? (sobre la cama)
6. ¿Van ustedes a tener un hijo? (tres hijos)

Nombre ______________________ Fecha ______________________

9.2 Verbs that change meaning in the preterite

1 **Verbos** Complete these sentences with the preterite tense of the verbs in parentheses.

1. Liliana no ______________ (poder) llegar a la fiesta de cumpleaños de Esteban.
2. Las chicas ______________ (conocer) a muchos estudiantes en la biblioteca.
3. Raúl y Marta no ______________ (querer) invitar al padre de Raúl a la boda.
4. Lina ______________ (saber) ayer que sus tíos se van a divorciar.
5. (Nosotros) ______________ (poder) regalarle una bicicleta a Marina.
6. María ______________ (querer) romper con su novio antes del verano.

2 **Traducir** Use these verbs to write sentences in Spanish.

conocer	querer
poder	saber

1. I failed to finish the book on Wednesday.

____

2. Inés found out last week that Vicente is divorced.

____

3. Her girlfriends tried to call her, but they failed to.

____

4. Susana met Alberto's parents last night.

____

5. The waiters managed to serve dinner at eight.

____

6. Your mother refused to go to your brother's house.

____

3 **Raquel y Ronaldo** Complete the paragraph with the preterite of the verbs in the word bank.

conocer	querer
poder	saber

El año pasado Raquel ______________ (1) al muchacho que ahora es su esposo, Ronaldo. Primero, Raquel no ______________ (2) salir con él porque él vivía (*was living*) en una ciudad muy lejos de ella. Ronaldo ______________ (3) convencerla durante muchos meses, pero no ______________ (4) hacerlo. Finalmente, Raquel decidió darle una oportunidad a Ronaldo. Cuando empezaron a salir, Raquel y Ronaldo ______________ (5) inmediatamente que eran el uno para el otro (*they were made for each other*). Raquel y Ronaldo ______________ (6) comprar una casa en la misma ciudad y se casaron ese verano.

Nombre ______________________ Fecha ______________________

Workbook

9.3 Relative pronouns

1 **Relativamente** Complete the sentences with **que, quien**, or **quienes**.

1. La chica con ______________ quiero ir a la fiesta se llama Luisa.
2. Julio es la persona ______________ está planeando la fiesta.
3. Los amigos de Juan, ______________ conozco de la escuela, van a ir a la fiesta.
4. María es la chica ______________ cumple quince años.
5. La fiesta ______________ está planeando Julio es un aniversario de bodas.
6. La ropa ______________ quiero usar en la fiesta es muy elegante.
7. Los amigos con ______________ voy a la fiesta son muy divertidos.
8. Luisa es la única amiga ______________ no sé si va a ir a la fiesta.

2 **¿Que o lo que?** Complete the sentences with **que** or **lo que**.

1. El pastel de cumpleaños ______________ me trajo mi abuela es delicioso.
2. ______________ más le gusta a mi abuela es celebrar los cumpleaños de sus nietos.
3. Las fiestas ______________ organiza mi abuela son muy divertidas.
4. ______________ nos encanta de sus fiestas es que nos reímos mucho.

3 **Celebración** Answer the questions, using the words in parentheses.

modelo

¿Qué es lo que está pasando aquí? (fiesta sorpresa)
Lo que está pasando aquí es una fiesta sorpresa.

1. ¿Qué es lo que celebramos? (el cumpleaños de tu hermana)

____

2. ¿Qué es lo que llevas de ropa? (vestido nuevo)

____

3. ¿Qué es lo que hay en esa caja grande? (un regalo para tu hermana)

____

4. ¿Qué es lo que estás comiendo? (pastel de chocolate)

____

5. ¿Qué es lo que bailan los invitados? (salsa)

____

6. ¿Qué es lo que beben los tíos Ana y Mauricio? (vino)

____

Nombre ______________________ Fecha ______________________

Workbook

4 **Pronombres relativos** Complete the sentences with **que, quien, quienes,** or **lo que**.

1. Los vecinos ______________ viven frente a mi casa nos invitaron a una fiesta en un salón de fiestas muy elegante.
2. ______________ están celebrando es su aniversario de bodas.
3. Aurora y Ana, ______________ son mis amigas de la escuela, van a ir también a la fiesta.
4. La fiesta ______________ están organizando va a ser muy divertida.
5. Marcela y Luis, ______________ son nuestros vecinos, están haciendo la comida.
6. Yo puedo usar el carro de mi hermano, a ______________ se lo regalaron en Navidad.

5 **Mi amiga Natalia** Complete the paragraph with **que, quien, quienes,** or **lo que**.

Natalia, ______(1)______ es mi amiga, tuvo una gran idea. Natalia es la amiga ______(2)______ más quiero de todas. ______(3)______ Natalia pensó es hacer una gran fiesta de Navidad con toda su familia. Su papá, a ______(4)______ ella quiere mucho, va a ayudarla con la fiesta. La fiesta ______(5)______ Natalia y su papá quieren hacer va a ser una fiesta muy especial. Natalia, ______(6)______ es muy organizada, ya tiene una lista de todas las cosas que tiene que hacer. Tiene dos amigas con ______(7)______ va a ir de compras. Ella también tiene que estudiar para sus exámenes finales, ______(8)______ es muy importante. Pero sus amigas, ______(9)______ no tenemos exámenes finales, la estamos ayudando. Además dos amigos de su padre, a ______(10)______ Natalia llama tíos, también la están ayudando. Todos los miembros de su familia, ______(11)______ son los invitados, van a pasarlo muy bien. ¡______(12)______ Natalia necesita de regalo de Navidad son unas vacaciones!

6 **Una fiesta** Write a paragraph about a party. Be sure to use **que, lo que, quien,** and **quienes**.

Nombre ______________________ Fecha ______________________

Workbook

9.4 ¿Qué? and ¿cuál?

1 **¿Qué o cuál?** Complete these sentences with **qué, cuál,** or **cuáles.**

1. ¿______________________ estás haciendo ahora?
2. ¿______________________ gafas te gustan más?
3. ¿______________________ prefieres, el vestido largo o el corto?
4. ¿Sabes ______________________ de éstos es mi disco favorito?
5. ¿______________________ es un departamento de hacienda?
6. ¿______________________ trajiste, las de banana o las de limón?
7. ¿______________________ auto compraste este año?
8. ¿______________________ es la tienda más elegante del centro?

2 **Muchas preguntas** Complete the sentences with interrogative words or phrases.

1. ¿______________________ de esas muchachas es tu novia?
2. ¿______________________ es una *vendetta*?
3. ¿______________________ años cumple tu mamá este año?
4. ¿______________________ pusiste las fotos de la boda?
5. ¿______________________ te dijo esa mentira?
6. ¿______________________ te regalaron ese vestido tan hermoso?
7. ¿______________________ empieza el partido de tenis?
8. ¿______________________ de estos dulces te gustan más?
9. ¿______________________ pudiste terminar la tarea esa noche?
10. ¿______________________ te llevó tu esposo para celebrar su aniversario?

3 **¿Cuál es la pregunta?** Write questions that correspond to these responses. Use each word or phrase from the word bank only once.

¿a qué hora?	¿cuál?	¿cuándo?	¿de dónde?	¿qué?
¿adónde?	¿cuáles?	¿cuántos?	¿dónde?	¿quién?

1. ____
La camisa que más me gusta es ésa.

2. ____
Hoy quiero descansar durante el día.

3. ____
Mi profesora de matemáticas es la señora Aponte.

4. ______
Soy de Buenos Aires, Argentina.

5. ______
Mis gafas favoritas son las azules.

6. ______
El pastel de cumpleaños está en el refrigerador.

7. ______
La fiesta sorpresa empieza a las ocho en punto de la noche.

8. ______
El restaurante cierra los lunes.

9. ______
Hay ciento cincuenta invitados en la lista.

10. ______
Vamos a la fiesta de cumpleaños de Inés.

4 **Síntesis** Research the life of a famous person who has had a stormy personal life, such as Elizabeth Taylor or Henry VIII. Write a brief biography of the person, including the following information:

- When was the person born?
- What was that person's childhood like?
- With whom did the person fall in love?
- Who did the person marry?
- Did he or she have children?
- Did the person get divorced?
- Did the person go to school, and did he or she graduate?
- How did his or her career or lifestyle vary as the person went through different stages in life?

______
______
______
______
______
______
______
______

Nombre ______________________ Fecha ______________________

PREPARACIÓN

Lección 10

1 **Las categorías** Match these terms with the appropriate category.

antibiótico	gripe	radiografía
aspirina	infección	receta
congestionado	operación	resfriado
dolor de cabeza	pastilla	tomar la temperatura
estornudos	poner una inyección	tos
fiebre		

Síntoma: ______________________

Enfermedad: ______________________

Diagnóstico: ______________________

Tratamiento (*Treatment*): ______________________

2 **¿Adónde vas?** Indicate where you would go in each of the following situations.

la clínica	el dentista	el hospital
el consultorio	la farmacia	la sala de emergencia

1. tienes que comprar aspirina ______________________
2. tienes un dolor de muelas ______________________
3. te rompes una pierna ______________________
4. te debes hacer un examen médico ______________________
5. te van a hacer una operación ______________________
6. te van a poner una inyección ______________________

3 **El cuerpo humano** Label the parts of the body. Remember to include the definite articles.

1. ______________________ 2. ______________________

3. ______________________ 4. ______________________

5. ______________________ 6. ______________________

7. ______________________ 8. ______________________

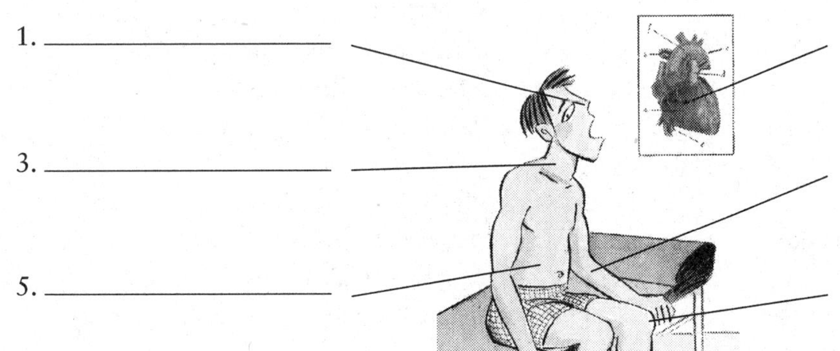

Workbook

4 Oraciones completas

Complete the sentences with the correct words.

alérgica	embarazada	hueso	receta
caerse	farmacia	inyección	salud
duele	fiebre	radiografía	síntomas

1. La señora Gómez va a tener un hijo en septiembre. Está ____________.
2. Manuel tiene la temperatura muy alta. Tiene ____________.
3. A Rosita le recetaron un antibiótico y le van a poner una ____________.
4. A Pedro le cayó una mesa en el pie. El pie le ____________ mucho.
5. Mi tía estornuda mucho durante la primavera. Es ____________ al polen.
6. Tienes que llevar la ____________ a la farmacia para que te vendan (*in order for them to sell you*) la medicina.
7. Le tomaron una ____________ de la pierna para ver si se le rompió.
8. Los ____________ de un resfriado son los estornudos y la tos.

5 Doctora y paciente

Choose the appropriate sentences to complete the dialogue.

DOCTORA ¿Qué síntomas tienes?

1. PACIENTE ____________
a. Tengo tos y me duele la cabeza.
b. Soy muy saludable.
c. Me recetaron un antibiótico.

2. DOCTORA ____________
a. ¿Cuándo fue el accidente?
b. ¿Te dio fiebre ayer?
c. ¿Dónde está la sala de emergencia?

3. PACIENTE ____________
a. Fue a la farmacia.
b. Me torcí el tobillo.
c. Sí, mi esposa me tomó la temperatura.

4. DOCTORA ____________
a. ¿Estás muy congestionado?
b. ¿Estás embarazada?
c. ¿Te duele una muela?

5. PACIENTE ____________
a. Sí, me hicieron una operación.
b. Sí, estoy mareado.
c. Sí, y también me duele la garganta.

6. DOCTORA ____________
a. Tienes que ir al consultorio.
b. Es una infección de garganta.
c. La farmacia está muy cerca.

7. PACIENTE ____________
a. ¿Tengo que tomar un antibiótico?
b. ¿Debo ir al dentista?
c. ¿Qué indican las radiografías?

8. DOCTORA ____________
a. Sí, eres alérgico.
b. Sí, te lastimaste el pie.
c. Sí, ahora te lo voy a recetar.

Nombre ______________________ Fecha ______________________

Workbook

GRAMÁTICA

10.1 The imperfect tense

1 **El imperfecto** Complete the sentences with the correct forms of the verbs in parentheses.

1. Antes, la familia Álvarez ______________ (cenar) a las ocho de la noche.
2. De niña, yo ______________ (cantar) en el Coro de Niños de San Juan.
3. Cuando vivían en la costa, ustedes ______________ (ser) muy felices.
4. Mis hermanas y yo ______________ (jugar) en un equipo de béisbol.
5. La novia de Raúl ______________ (tener) el pelo rubio en ese tiempo.
6. Antes de tener la computadora, (tú) ______________ (escribir) a mano (*by hand*).
7. (Nosotros) ______________ (creer) que el concierto era el miércoles.
8. Mientras ellos lo ______________ (buscar) en su casa, él se fue a la universidad.

2 **Oraciones imperfectas** Create sentences with the elements provided. Use the correct imperfect-tense forms of the verbs.

1. mi abuela / ser / muy trabajadora y amable

____

2. tú / ir / al teatro / cuando vivías en Nueva York

____

3. ayer / haber / muchísimos pacientes en el consultorio

____

4. (nosotros) / ver / tu casa desde allí

____

5. ser / las cinco de la tarde / cuando llegamos a San José

____

6. ella / estar / muy nerviosa durante la operación

____

3 **No, pero antes...** Answer the questions negatively, using the imperfect tense.

modelo

¿Juega Daniel al fútbol?

No, pero antes lo jugaba.

1. ¿Hablas por teléfono? ______________________________
2. ¿Fue a la playa Susana? ______________________________
3. ¿Come carne Benito? ______________________________
4. ¿Te trajo tu novio? ______________________________
5. ¿Conduce tu mamá? ______________________________

4 **¿Qué hacían?** Write sentences about what the people in the drawings were doing yesterday at three o'clock in the afternoon. Use the subjects provided and the imperfect tense.

1. tú

2. Rolando

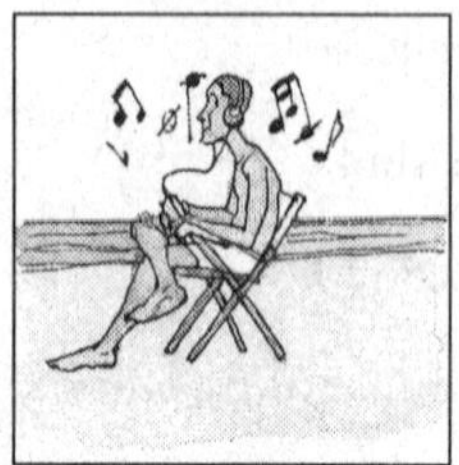

3. Pablo

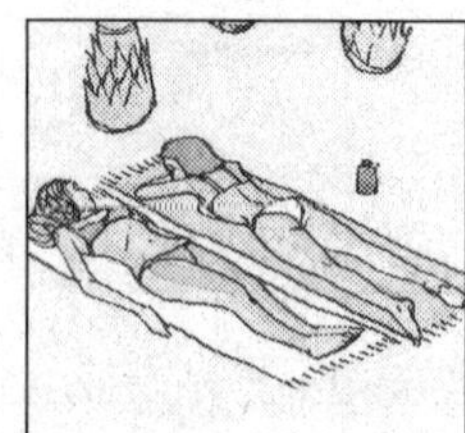

4. Lilia y yo

5 **Antes y ahora** Javier is thinking about his childhood—how things were then and how they are now. Write two sentences saying what Javier used to do and what he does now.

modelo

vivir en casa / vivir en la residencia estudiantil
Antes vivía en casa.
Ahora vivo en la residencia estudiantil.

1. jugar al fútbol con mis primos / jugar en el equipo de la universidad

2. escribir las cartas a mano / escribir mensajes electrónicos en la computadora

3. ser gordito (*chubby*) / ser delgado

4. tener a mi familia cerca / tener a mi familia lejos

5. estudiar en mi habitación / estudiar en la biblioteca

6. conocer personas de mi ciudad / conocer personas de todo (*the whole*) el país

Nombre ______________________ Fecha ______________________

Workbook

10.2 Constructions with se

1 **¿Qué se hace?** Complete the sentences with verbs from the word bank. Use impersonal constructions with **se**.

caer	hablar	recetar	vender
dañar	poder	servir	vivir

1. En Costa Rica ______________________ español.
2. En las librerías ______________________ libros y revistas.
3. En los restaurantes ______________________ comida.
4. En los consultorios ______________________ medicinas.
5. En el campo ______________________ muy bien.
6. En el mar ______________________ nadar y pescar.

2 **Los anuncios** Write advertisements or signs for the situations described. Use impersonal constructions with **se**.

1. "Está prohibido fumar".

2. "Vendemos periódicos".

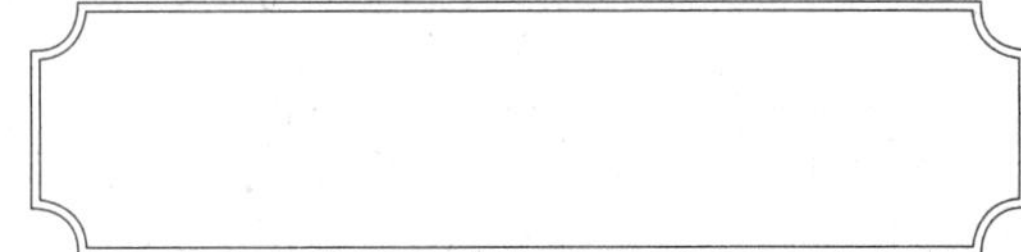

3. "Hablamos español".

4. "Necesitamos enfermeras".

5. "No debes nadar".

6. "Estamos buscando un auto usado".

3 **Pronombres** Complete the sentences with the correct indirect object pronouns.

1. Se ______________________ perdieron las maletas a Roberto.
2. A mis hermanas se ______________________ cayó la mesa.
3. A ti se ______________________ olvidó venir a buscarme ayer.
4. A mí se ______________________ quedó la ropa nueva en mi casa.
5. A las tías de Ana se ______________________ rompieron los vasos.
6. A Isabel y a mí se ______________________ dañó el auto.

Workbook

4

El verbo correcto Choose the correct form of the verb in parentheses, then rewrite each sentence.

1. A Marina se le (cayó, cayeron) la bolsa.
2. A ti se te (olvidó, olvidaron) comprarme la medicina.
3. A nosotros se nos (quedó, quedaron) los libros en el auto.
4. A Ramón y a Pedro se les (dañó, dañaron) el proyecto.

5

Eso pasó Create sentences using the elements provided and impersonal constructions with **se**. Use the preterite tense of the verbs.

modelo

(a Raquel) / olvidar / comer antes de salir

Se le olvidó comer antes de salir.

1. (a tu hermana) / perder / las llaves del auto
2. (a ustedes) / olvidar / ponerse las inyecciones
3. (a ti) / caer / los papeles del médico
4. (a Marcos) / romper / la pierna cuando esquiaba
5. (a mí) / dañar / la cámara durante el viaje

6

¿Qué pasó? Answer the questions, using the phrases in parentheses.

modelo

¿Qué le pasó a Roberto? (quedar los libros en casa)

Se le quedaron los libros en casa.

1. ¿Qué les pasó a Pilar y a Luis? (dañar el coche)
2. ¿Qué les pasó a los padres de Sara? (romper la botella de vino)
3. ¿Qué te pasó a ti? (perder las llaves de la casa)
4. ¿Qué les pasó a ustedes? (quedar las toallas en la playa)
5. ¿Qué le pasó a Hugo? (olvidar estudiar para el examen)

Workbook

10.3 Adverbs

1

Adjetivos y adverbios Complete the sentences by changing the adjectives in the first sentences into adverbs in the second.

modelo

Los estudiantes son rápidos.
Corren rápidamente.

1. Los conductores son lentos. Conducen ______________________.
2. Esa doctora es amable. Siempre nos saluda ______________________.
3. Los autobuses de mi ciudad son frecuentes. Pasan por la parada ______________________.
4. Rosa y Julia son chicas muy alegres. Les encanta bailar y cantar ______________________.
5. Mario y tú hablan un español perfecto. Hablan español ______________________.
6. Los pacientes visitan al doctor de manera constante. Lo visitan ______________________.
7. Llegar tarde es normal para David. Llega tarde ______________________.

2

Adverbios Complete the sentences with adverbs and adverbial expressions from the word bank. Use each term once.

a menudo	**casi**
a tiempo	**por lo menos**
bastante	**pronto**

1. Tito no es un niño muy sano. Se enferma ______________________.
2. El doctor Garrido es muy puntual. Siempre llega al consultorio ______________________.
3. Mi madre visita al doctor con frecuencia. Se chequea ______________________ una vez cada año.
4. Fui al doctor el año pasado. Tengo que volver ______________________.
5. Llegué tarde al autobús, y ______________________ tuve que ir al centro caminando.
6. El examen fue ______________________ difícil.

3

Más adverbios Complete the sentences with the adverbs or adverbial phrases that correspond to the words in parentheses.

1. Van a conciertos ______________________ (*frequently*) y consiguen asientos muy buenos.
2. El accidente fue ______________________ (*quite*) grave, pero al conductor no se le rompió ningún hueso.
3. Irene y Vicente van a comer ______________________ (*less*) porque quieren estar más delgados.
4. Silvia y David ______________________ (*almost*) se cayeron de la motocicleta cerca de su casa.
5. Para aprobar (*pass*) el examen, tienes que contestar ______________________ (*at least*) el 75% de las preguntas.
6. Mi mamá ______________________ (*sometimes*) se tuerce el tobillo cuando camina mucho.

Workbook

4 **Háblame de ti** Answer the questions, using the adverbs and adverbial phrases that you learned in this lesson. Do not repeat the adverb or adverbial phrase of the question. Then, say how long ago you last did each activity.

modelo
¿Vas siempre a la playa?
No, a veces voy a la playa. Hace cuatro meses que no voy a la playa.

1. ¿Tú y tus amigos van al cine con frecuencia?

2. ¿Comes comida japonesa a menudo?

3. ¿Llegas tarde a tu clase de español?

4. ¿Te enfermas con frecuencia?

5. ¿Comes carne?

5 **Síntesis** Think of a summer in which you did a lot of different things on vacation or at home. State the activities that you used to do during that summer; mention which of those things you still do in the present. How often did you do those activities then? How often do you do them now? How long ago did you do some of those things? Create a "photo album" of that summer, using actual photographs if you have them, or drawings that you make. Use your writing about the summer as captions for the photo album.

Workbook

AVENTURAS EN LOS PAÍSES HISPANOS

Suramérica II

1 **El mapa** Answer the questions in the map in complete sentences.

2 **Palabras desordenadas** Unscramble the words about Argentina, Chile, Uruguay, Paraguay, and Bolivia, using the clues.

modelo

YAGPUARA PARAGUAY
(río que divide el Gran Chaco)

1. ODNETOVEMI ______________
(capital de Uruguay)
2. ANACFIRA ______________
(una de las raíces del tango)
3. TOORVPOAVCI ______________
(una característica del tango en un principio)
4. ÚIAUZG ______________
(cataratas que se forman en la frontera entre Brasil, Argentina y Paraguay)
5. EPIIROM ______________
(lo que fundaron los hijos del dios Sol cuando emergieron del lago Titicaca, según la mitología inca)
6. ILRARADLAP ______________
(uno de los platos más conocidos en Uruguay y Argentina)
7. AGÍRNUA ______________
(la moneda que se usa en Paraguay)
8. AZALACBA ______________
(el material que se usa para hacer la taza en donde se bebe mate)
9. IOENVRNI ______________
(tipo de deportes que son el esquí y el snowboard)
10. YAGPUARA ______________
(río que divide el Gran Chaco)

Nombre ______________________ Fecha ______________________

3 **Palabras cruzadas** (*crossed*) Write a description of each of the words that are formed horizontally. Then, write a question that corresponds to the word that is formed vertically in bold letters.

1. ______________________
2. ______________________
3. ______________________
4. ______________________
5. ______________________
6. ______________________
7. ______________________
8. ______________________
9. ______________________
10. ______________________

¿______________________?

Mendoza
b**o**mbilla
Para**n**á
peso argen**t**ino
nav**e**gable
Boli**v**ia
Port**i**llo
asa**d**o
port**e**ño
Buen**o**s Aires

4 **¿Qué se hace?** Read each statement and choose the appropriate response.

____ 1. En Chile se practican
____ 2. El lago Titicaca está en
____ 3. En Argentina se baila
____ 4. La mitología inca cuenta que
____ 5. En Uruguay y en Argentina se come
____ 6. En Paraguay se visitan
____ 7. La moneda que se usa en Paraguay es
____ 8. En Uruguay y Argentina se bebe

a. su imperio surgió del lago Titicaca.
b. los Andes de Bolivia y Perú.
c. mate con una bombilla metálica.
d. las famosas cataratas de Iguazú.
e. el guaraní.
f. deportes de invierno.
g. tango, baile de raíces africanas y europeas.
h. asado, parrillada y chivito.

Nombre ____________________ Fecha ____________________

PREPARACIÓN

Lección 11

Workbook

1 **La tecnología** Complete the sentences with the correct terms.

1. Para multiplicar y dividir puedes usar ____________________.
2. Para hacer videos de tu familia puedes usar ____________________.
3. Cuando vas a un sitio web, lo primero (*the first thing*) que ves es ____________________.
4. Cuando alguien te llama, te deja un mensaje en ____________________.
5. La red de computadoras y servidores más importante del mundo es ____________________.
6. Para poder ver muchos programas de TV distintos, tienes que tener ____________________.

2 **Eso hacían** Match a subject from the word bank to each verb phrase. Then, write complete sentences for the pairs, using the imperfect.

algunos jóvenes estadounidenses	el conductor del autobús	el mecánico de Jorge
el auto viejo	la impresora nueva	el teléfono celular

1. manejar lentamente por la nieve
____
2. imprimir los documentos muy rápidamente
____
3. revisarle el aceite al auto todos los meses
____
4. sonar insistentemente, pero nadie contestarlo
____
5. no arrancar cuando llover
____
6. navegar en Internet cuando ser niños
____

3 **La computadora** Identify the items in the drawing, using the correct terms. Remember to use definite articles.

1. ____________________
2. ____________________
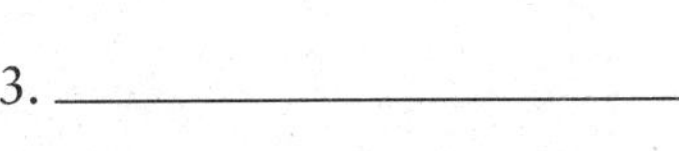
3. ____________________
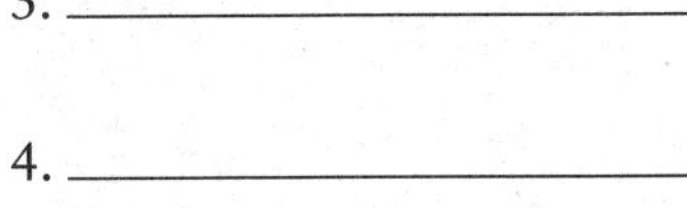
4. ____________________

5. ____________________
6. ____________________
7. ____________________

Nombre ______________________ Fecha ______________________

Workbook

4 **Preguntas** Answer the questions with complete sentences.

modelo

¿Para qué se usa el teléfono celular?
Se usa para hacer llamadas.

1. ¿Para qué se usa la impresora?

____

2. ¿Para qué se usan los frenos del coche?

____

3. ¿Qué se usa para enviar documentos?

____

4. ¿Qué se usa para manejar el carro?

____

5. ¿Qué se usa para cambiar los canales del televisor?

____

6. ¿Para qué se usan las llaves del carro?

____

5 **Mi primer día manejando** Complete the paragraph with terms from the word bank, conjugating verbs as appropriate.

accidente	camino	licencia de conducir	parar	taller mecánico
aceite	entré	llanta	policía	tráfico
arrancar	estacionar	lleno	revisar	velocidad máxima
calle	lento		subir	

Después de dos examenes, conseguí mi ____(1)____ para poder manejar legalmente por primera vez. Estaba muy emocionado cuando ____(2)____ al carro de mi papá. El tanque estaba ____(3)____, el ____(4)____ lo revisaron el día anterior *(previous)* en el ____(5)____. El carro y yo estábamos listos para ____(6)____. Primero salí por la ____(7)____ en donde está mi casa. Luego llegué a un área de la ciudad donde había mucha gente y también mucho ____(8)____. Se me olvidó ____(9)____ en el semáforo, que estaba amarillo, estuve cerca de tener un ____(10)____. Sin saberlo, ____(11)____ en la autopista *(highway)*. La ____(12)____era de 70 millas (*miles*) por hora, pero yo estaba tan nervioso que iba mucho más ____(13)____, a 10 millas por hora. Vi un carro de la ____(14)____ y tuve miedo. Por eso volví a casa y ____(15)____ el carro en la calle. ¡Qué aventura!

Nombre ______________________ Fecha ______________________

Workbook

GRAMÁTICA

11.1 The preterite and the imperfect

1 **¿Pretérito o imperfecto?** Complete the sentences correctly with imperfect or preterite forms of the verbs in parentheses.

1. Claudia ______________ (escribir) un mensaje por Internet cuando la llamó Miguel.
2. El conductor estacionaba su auto cuando ______________ (chocar) conmigo.
3. Mariela cruzaba la calle cuando el semáforo ______________ (cambiar) a verde.
4. (Yo) ______________ (estar) mirando la televisión cuando llegaron mis hermanos.
5. Mientras el mecánico ______________ (revisar) el aceite, yo entré a comprar una soda.
6. Tú ______________ (quedarse) en el auto mientras Rolando llenaba el tanque.
7. Cuando Sandra llegó al café, Luis ______________ (leer) el periódico.
8. Antes el auto no ______________ (funcionar), pero ayer el mecánico lo arregló.

2 **Antes y ayer** Complete each pair of sentences by using the imperfect and preterite forms of the verbs in parentheses.

(bailar)

1. Cuando era pequeña, Sara ______________ ballet todos los lunes y miércoles.
2. Ayer Sara ______________ ballet en el recital de la universidad.

(escribir)

3. El viernes pasado, (yo) le ______________ un mensaje de texto a mi papá.
4. Antes (yo) le ______________ mensajes por correo electrónico.

(ser)

5. El novio de María ______________ guapo, inteligente y simpático.
6. El viaje de novios ______________ una experiencia inolvidable (*unforgettable*).

(haber)

7. ______________ una fiesta en casa de Maritere el viernes pasado.
8. Cuando llegamos a la fiesta, ______________ mucha gente.

(ver)

9. El lunes ______________ a mi prima Lisa en el centro comercial.
10. De niña, yo ______________ a Lisa todos los días.

Workbook

3 **¿Qué pasaba?** Look at the drawings, then complete the sentences, using the preterite or imperfect.

1. Cuando llegué a casa anoche, las niñas _______________.

2. Cuando empezó a llover, Sara _______________.

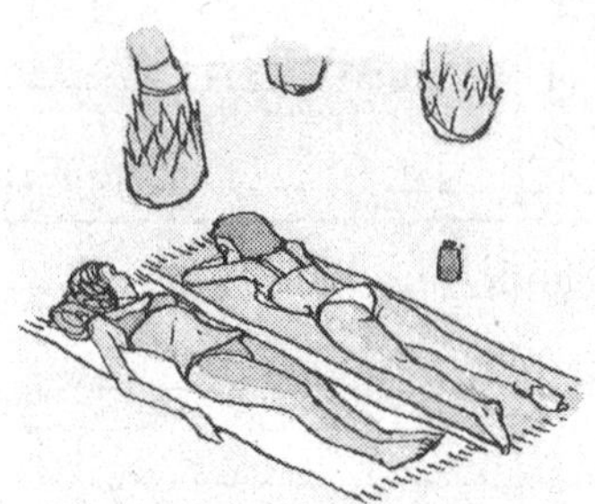

3. Antes de irse de vacaciones, la señora García _______________.

4. Cada verano, las chicas _______________.

4 **El pasado** Decide whether the verbs in parentheses should be in the preterite or the imperfect. Then, rewrite the sentences.

modelo

Elena estudiaba (estudiar) todas las mañanas, pero ayer no fue (ir) a clase.

1. Ayer Clara (ir) a casa de sus primos, (saludar) a su tía y (comer) con ellos.
____
2. Cuando Manuel (vivir) en Buenos Aires, (conducir) mucho todos los días.
____
3. Mientras Carlos (leer) las traducciones (*translations*), Blanca (traducir) otros textos.
____
4. El doctor (terminar) el examen médico y me (recetar) un antibiótico.
____
5. La niña (tener) ocho años y (ser) inteligente y alegre.
____
6. Rafael (cerrar) todos los programas, (apagar) la computadora y (irse).
____

Nombre ______________________ Fecha ______________________

Workbook

5 **¡Qué diferencia!** Complete this paragraph with the preterite or the imperfect of the verbs in parentheses.

La semana pasada (yo) _____(1)_____ (llegar) a la universidad y me di cuenta (*realized*) de que este año va a ser muy diferente a los anteriores. Laura y yo _____(2)_____ (vivir) con Regina, pero la semana pasada (nosotras) _____(3)_____ (conocer) a nuestra nueva compañera de cuarto, Gisela. Antes Laura, Regina y yo _____(4)_____ (tener) un apartamento muy pequeño, pero la semana pasada, (nosotras) _____(5)_____ (ver) el apartamento nuevo: es enorme y tiene mucha luz. Antes de vivir con Gisela, Laura y yo no _____(6)_____ (poder) leer el correo electrónico desde la casa, pero ayer Gisela _____(7)_____ (conectar) su computadora a Internet y todas _____(8)_____ (leer) nuestros mensajes. Antes (nosotras) siempre _____(9)_____ (caminar) hasta la biblioteca para ver el correo, pero anoche Gisela nos _____(10)_____ (decir) que podemos compartir su computadora. ¡Qué diferencia!

6 **¿Dónde estabas?** Write questions and answers with the words provided. Ask where these people were when something happened.

modelo

Elena ⟶ Ricardo / salir a bailar // cuarto / dormir la siesta

¿Dónde estaba Elena cuando Ricardo salió a bailar?

Elena estaba en el cuarto. Dormía la siesta.

1. María ⟶ (yo) / llamar por teléfono // cocina / lavar los platos

____

____

2. (tú) ⟶ Teresa y yo / ir al cine // casa / leer una revista

____

____

3. tu hermano ⟶ empezar a llover // calle / pasear en bicicleta

____

____

4. ustedes ⟶ Luisa / venir a casa // estadio / jugar al fútbol

____

____

5. Ana y Pepe ⟶ (tú) / saludarlos // supermercado / hacer las compras

____

____

7 **El diario de Laura** Laura has just found a page from her old diary. Rewrite the page in the past tense, using the preterite and imperfect forms of the verbs as appropriate.

Querido diario:

Estoy pasando el verano en Córdoba; es un lugar muy divertido. Salgo con mis amigas todas las noches hasta tarde. Bailo con nuestros amigos y nos divertimos mucho. Durante la semana trabajo: doy clases de inglés. Los estudiantes son alegres y se interesan mucho por aprender. El día de Navidad conocí a un chico muy simpático que se llama Francisco. Me llamó al día siguiente (*next*) y nos vemos todos los días. Me siento enamorada de él. Creo que va a venir a Boston para estar conmigo. Tenemos que buscar trabajo allí, pero estamos muy emocionados.

Laura

8 **Pretérito e imperfecto** Rewrite the paragraph, using the preterite or imperfect forms of the verbs in parentheses as appropriate.

Ayer mi hermana y yo (ir) a la playa. Cuando llegamos, el día (estar) despejado con mucho sol, y nosotras (estar) muy contentas. A las doce (comer) unos sándwiches de almuerzo. Los sándwiches (ser) de jamón y queso. Luego (descansar) y (nadar) en el mar. Mientras (nadar), (ver) a las personas que (practicar) el esquí acuático. (Parecer) muy divertido, así que (decidir) probarlo. Mi hermana (ir) primero, mientras yo la (mirar). Luego (ser) mi turno. Las dos (divertirse) mucho esa tarde.

Nombre ______________________ Fecha ______________________

Workbook

11.2 Por and para

1 **Para éste o por aquello** Complete the sentences with **por** or **para** as appropriate.

1. Pudieron terminar el trabajo ______________ haber empezado (*having begun*) a tiempo.
2. Ese fax es ______________ enviar y recibir documentos de la compañía.
3. Elsa vivió en esa ciudad ______________ algunos meses hace diez años.
4. Mi mamá compró esta computadora portátil ______________ mi papá.
5. Sales ______________ Argentina mañana a las ocho y media.
6. Rosaura cambió la blusa blanca ______________ la blusa rosada.
7. El señor López necesita el informe ______________ el 2 de agosto.
8. Estuve estudiando toda la noche ______________ el examen.
9. Los turistas fueron de excursión ______________ las montañas.
10. Mis amigos siempre me escriben ______________ correo electrónico.

2 **Por muchas razones** Complete the sentences with the expressions in the word bank. Two of the expressions will be used twice.

por aquí	por eso
por ejemplo	por fin

1. Ramón y Sara no pudieron ir a la fiesta anoche; ______________ no los viste.
2. Buscaron el vestido perfecto por mucho tiempo, y ______________ lo encontraron en esa tienda.
3. Creo que va a ser difícil encontrar un navegador GPS ______________.
4. Pídele ayuda a uno de tus amigos, ______________, a Miguel, a Carlos o a Francisco.
5. Miguel y David no saben si podemos pasar ______________ en bicicleta.
6. El reproductor de DVD no está conectado, y ______________ no funciona.

3 **Por y para** Complete the sentences with **por** or **para**.

1. Fui a comprar frutas ______________ (*instead of*) mi madre.
2. Fui a comprar frutas ______________ (*to give to*) mi madre.
3. Rita le dio dinero ______________ (*in order to buy*) la cámara digital.
4. Rita le dio dinero ______________ (*in exchange for*) la cámara digital.
5. La familia los llevó ______________ (*through*) los Andes.
6. La familia los llevó ______________ (*to*) los Andes.

Workbook

4 **Para Silvia** Complete the paragraph with **por** and **para**.

Fui a la agencia de viajes porque quería ir ______(1) Mendoza ______(2) visitar a mi novia, Silvia. Entré ______(3) la puerta y Marta, la agente de viajes, me dijo: "¡Tengo una oferta excelente ______(4) ti!" Me explicó que podía viajar en avión ______(5) Buenos Aires ______(6) seiscientos dólares. Podía salir un día entre semana, ______(7) ejemplo, lunes o martes. Me podía quedar en una pensión en Buenos Aires ______(8) quince dólares ______(9) noche. Luego viajaría ______(10) tren a Mendoza ______(11) encontrarme con Silvia. "Debes comprar el pasaje ______(12) el fin de mes", me recomendó Marta. Fue la oferta perfecta ______(13) mí. Llegué a Mendoza y Silvia vino a la estación ______(14) mí. Traje unas flores ______(15) ella. Estuve en Mendoza ______(16) un mes y ______(17) fin Silvia y yo nos comprometimos. Estoy loco ______(18) ella.

5 **Escribir oraciones** Write sentences in the preterite, using the elements provided and **por** or **para**.

modelo

(tú) / salir en el auto / ¿? / Córdoba

Saliste en el auto para Córdoba.

1. Ricardo y Emilia / traer un pastel / ¿? / su prima

____

2. los turistas / llegar a las ruinas / ¿? / barco

____

3. (yo) / tener resfriado / ¿? / el frío

____

4. mis amigas / ganar dinero / ¿? / viajar a Suramérica

____

5. ustedes / buscar a Teresa / ¿? / toda la playa

____

6. el avión / salir a las doce / ¿? / Buenos Aires

____

Nombre ______________________ Fecha ______________________

11.3 Stressed possesive adjectives and pronouns

1 **Esas cosas tuyas** Complete the sentences with the Spanish version of the possessive adjectives in parentheses.

1. Ana nos quiere mostrar unas fotos ______________ (*of hers*).
2. A Lorena le encanta la ropa ______________ (*of ours*).
3. Los turistas traen las toallas ______________ (*of theirs*).
4. El mecánico te muestra unos autos ______________ (*of his*).
5. El sitio web ______________ (*of his*) es espectacular.
6. ¿Quieres probar el programa de computación ______________ (*of ours*)?
7. Roberto prefiere usar la computadora ______________ (*of mine*).
8. Ese ratón ______________ (*of yours*) es el más moderno que existe.

2 **¿De quién es?** Complete the sentences with possessive adjectives.

modelo

El coche me pertenece a mí. El coche es mío.

1. Ésa es mi computadora. Es la computadora ______________.
2. Vamos a ver su sitio web. Vamos a ver el sitio web ______________.
3. Aquéllos son mis archivos. Son los archivos ______________.
4. Quiero usar el programa de él. Quiero usar el programa ______________.
5. Buscamos nuestra impresora. Buscamos la impresora ______________.
6. Ésos son los discos compactos de ella. Son los discos compactos ______________.
7. Tienen que arreglar tu teclado. Tienen que arreglar el teclado ______________.
8. Voy a usar el teléfono celular de ustedes. Voy a usar el teléfono celular ______________.

3 **Los suyos** Answer the questions. Follow the model.

modelo

¿Vas a llevar tu cámara de video?
Sí, voy a llevar la mía.

1. ¿Prefieres usar tu calculadora? ______________
2. ¿Quieres usar nuestro navegador GPS? ______________
3. ¿Guardaste los archivos míos? ______________
4. ¿Llenaste el tanque de su auto? ______________
5. ¿Manejó Sonia nuestro auto? ______________
6. ¿Vas a comprar mi televisor? ______________

4 **Los pronombres posesivos** Rewrite each question, using **de** to clarify possession. Then, use a stressed possessive pronoun to answer the new question affirmatively.

modelo

¿Es suyo el teléfono celular? (de ella)

¿Es de ella el teléfono celular? Sí, es suyo.

1. ¿Son suyas las gafas? (de usted)

2. ¿Es suyo el estéreo? (de Joaquín)

3. ¿Es suya la impresora? (de ellos)

4. ¿Son suyos esos reproductores de MP3? (de Susana)

5. ¿Es suyo el coche? (de tu mamá)

6. ¿Son suyas estas calculadoras? (de ustedes)

5 **Síntesis** Tell the story of a romantic couple you know. Use the preterite and the imperfect to tell their story, what happened between them, and when. Use stressed possessive adjectives and pronouns as needed to talk about their families and their difficulties.

Nombre ______________________ Fecha ______________________

PREPARACIÓN

Lección 12

1 ¿En qué habitación?

¿En qué habitación? Label these items as belonging to **la cocina, la sala,** or **la alcoba**.

1. el lavaplatos ______________________
2. el sillón ______________________
3. la cama ______________________
4. el horno ______________________
5. la almohada ______________________
6. el refrigerador ______________________
7. la mesita de noche ______________________
8. el sofá ______________________

2 Los aparatos domésticos

Los aparatos domésticos Answer the questions with complete sentences.

modelo

Julieta quiere calentar comida rápidamente. ¿Qué tiene que usar Julieta?
Julieta tiene que usar el horno de microondas.

1. La ropa de Joaquín está sucia. ¿Qué necesita Joaquín?

____

2. Clara lavó la ropa. ¿Qué necesita Clara ahora?

____

3. Los platos de la cena están sucios. ¿Qué se necesita?

____

4. Rita quiere hacer hielo (*ice*). ¿Dónde debe poner el agua?

____

3 ¿Qué hacían?

¿Qué hacían? Complete the sentences, describing the domestic activity in each drawing. Use the imperfect tense.

1. Ramón ______________________

2. Rebeca ______________________

3. Mi tío Juan ______________________

4. Isabel ______________________

Nombre ______________________ Fecha ______________________

Workbook

4 **Una es diferente** Fill in the blank with the word that doesn't belong in each group.

1. sala, plato, copa, vaso, taza ______________________
2. cuchillo, altillo, plato, copa, tenedor ______________________
3. horno, balcón, patio, jardín, garaje ______________________
4. pared, estante, pintura, vecino, cuadro ______________________
5. alcoba, sala, comedor, estufa, oficina ______________________
6. lavadora, escalera, secadora, lavaplatos, refrigerador ______________________

5 **Definir** Complete the crossword puzzle.

Horizontales

4. el hombre que vive al lado de tu casa
5. Julieta habló con Romeo desde su ________.
6. sillón, mesa, cama o silla
8. lo que pones cuando necesitas luz
10. lo que usas para tomar vino
11. Usas estas cosas para tomar agua o soda.
14. lo que usas cuando hace frío de noche

Verticales

1. lo que usas para ir de un piso a otro
2. Obras (*works*) de Picasso, de Goya, etc.
3. pagar dinero cada mes por vivir en un lugar
7. ____________ de microondas
9. Si vas a vivir en otro lugar, vas a ________.
12. donde se pueden sentar tres o cuatros personas
13. lo que usas para tomar el café

Nombre ____________________ Fecha ____________________

Workbook

GRAMÁTICA

12.1 Usted and ustedes commands

1 **Háganlo así** Complete the formal commands, using the verbs in parentheses.

Usted

1. (lavar) ____________ la ropa con el nuevo detergente.
2. (salir) ____________ de su casa y disfrute del aire libre.
3. (decir) ____________ todo lo que piensa hacer hoy.
4. (beber) No ____________ demasiado en la fiesta.
5. (venir) ____________ preparado para pasarlo bien.
6. (volver) No ____________ sin probar la langosta de Maine.

Ustedes

7. (comer) No ____________ con la boca abierta.
8. (oír) ____________ música clásica en casa.
9. (poner) No ____________ los codos (*elbows*) en la mesa.
10. (traer) ____________ un regalo a la fiesta de cumpleaños.
11. (ver) ____________ programas de televisión educativos.
12. (conducir) ____________ con precaución (*caution*) por la ciudad.

2 **Por favor** Give instructions to a person cleaning a house by changing the verb phrases into **usted** commands.

modelo
sacudir la alfombra
Sacuda la alfombra, por favor.

1. venir a la casa
____
2. traer la aspiradora
____
3. arreglar el coche
____
4. bajar al sótano
____
5. apagar la estufa
____

Workbook

3 **Para emergencias** Rewrite the paragraph, replacing **debe** + *verb* with **usted** commands.

Querido huésped:

Debe leer estas instrucciones para casos de emergencia. En caso de emergencia, debe tocar la puerta antes de abrirla. Si la puerta no está caliente, debe salir de la habitación con cuidado (*carefully*). Al salir, debe doblar a la derecha por el pasillo y debe bajar por la escalera de emergencia. Debe mantener la calma y debe caminar lentamente. No debe usar el ascensor durante una emergencia. Debe dejar su equipaje en la habitación en caso de emergencia. Al llegar a la planta baja, debe salir al patio o a la calle. Luego debe pedir ayuda a un empleado del hotel.

Querido huésped:

____

____

____

____

____

____

____

____

____

____

4 **Lo opuesto** Change each command to say the opposite.

modelo

Recéteselo a mi hija.
No se lo recete a mi hija.

1. Siéntense en la cama. ____________________
2. No lo limpie ahora. ____________________
3. Lávenmelas mañana. ____________________
4. No nos los sirva. ____________________
5. Sacúdalas antes de ponerlas. ____________________
6. No se las busquen. ____________________
7. Despiértenlo a las ocho. ____________________
8. Cámbiesela por otra. ____________________
9. Pídanselos a Martín. ____________________
10. No se lo digan hoy. ____________________

Nombre ______________________ Fecha ______________________

12.2 The present subjunctive

1 **Completar** Complete the sentences with the present subjunctive of the verb in parentheses.

1. Es bueno que ustedes ______________ (comer) frutas, verduras y pescado.
2. Es importante que Laura y yo ______________ (estudiar) para el examen de física.
3. Es urgente que el doctor te ______________ (mirar) la rodilla y la pierna.
4. Es malo que los niños no ______________ (leer) mucho de pequeños (*when they are little*).
5. Es mejor que (tú) les ______________ (escribir) un mensaje antes de llamarlos.
6. Es necesario que (yo) ______________ (pasar) por la casa de Mario por la mañana.

2 **El verbo correcto** Complete the sentences with the present subjunctive of the verbs provided.

almorzar	hacer	poner	traducir	venir
conducir	ofrecer	sacar	traer	ver

1. Es necesario que (yo) ______________ a casa temprano para ayudar a mi mamá.
2. Es bueno que (la universidad) ______________ muchos cursos por semestre.
3. Es malo que (ellos) ______________ justo antes de ir a nadar a la piscina.
4. Es urgente que (Lara) ______________ estos documentos legales.
5. Es mejor que (tú) ______________ más lento para evitar (*avoid*) accidentes.
6. Es importante que (ella) no ______________ la pintura en la mesa.
7. Es bueno que (tú) ______________ las fotos para verlas en la fiesta.
8. Es necesario que (él) ______________ la casa antes de comprarla.
9. Es malo que (nosotros) no ______________ la basura todas las noches.
10. Es importante que (ustedes) ______________ los quehaceres domésticos.

3 **El subjuntivo en las oraciones** Rewrite these sentences, using the present subjunctive of the verbs in parentheses.

1. Mi padre dice que es importante que yo (estar) contenta con mi trabajo.

____

2. Rosario cree que es bueno que la gente (irse) de vacaciones más a menudo.

____

3. Creo que es mejor que Elsa (ser) la encargada del proyecto.

____

4. Es importante que les (dar) las gracias por el favor que te hicieron.

____

5. Él piensa que es malo que muchos estudiantes no (saber) otras lenguas.

____

6. El director dice que es necesario que (haber) una reunión de la facultad.

____

Nombre ____________________ Fecha ____________________

Workbook

4 **Es necesario** Write sentences using the elements provided and the present subjunctive of the verbs.

modelo

malo / Roberto / no poder / irse de vacaciones

Es malo que Roberto no pueda irse de vacaciones.

1. importante / Nora / pensar / las cosas antes de tomar la decisión

____

2. necesario / (tú) / entender / la situación de esas personas

____

3. bueno / Clara / sentirse / cómoda en el apartamento nuevo

____

4. urgente / mi madre / mostrarme / los papeles que llegaron

____

5. mejor / David / dormir / antes de conducir la motocicleta

____

6. malo / los niños / pedirles / tantos regalos a sus abuelos

____

5 **Sí, es bueno** Answer the questions, using the words in parentheses and the present subjunctive.

modelo

¿Tiene Marcia que terminar ese trabajo hoy? (urgente)

Sí, es urgente que Marcia termine ese trabajo hoy.

1. ¿Debemos traer el pasaporte al aeropuerto? (necesario)

____

2. ¿Tienes que hablar con la dueña del apartamento? (urgente)

____

3. ¿Debe Manuel ir a visitar a su abuela todas las semanas? (bueno)

____

4. ¿Puede Ana llamar a Cristina para darle las gracias? (importante)

____

5. ¿Va Clara a saber lo que le van a preguntar en el examen? (mejor)

____

Nombre ______________________ Fecha ______________________

Workbook

12.3 Subjunctive with verbs of will and influence

1 **Preferencias** Complete the sentences with the present subjuntive of the verbs in parentheses.

1. Rosa quiere que tú ______________ (llevar) el sofá para la sala.
2. La mamá de Susana prefiere que ella ______________ (estudiar) medicina.
3. Miranda insiste en que Luisa ______________ (ser) la candidata a vicepresidenta.
4. Rita y yo deseamos que nuestros padres ______________ (viajar) a Panamá.
5. A Eduardo no le importa que nosotros ______________ (salir) esta noche.
6. La agente de viajes nos recomienda que ______________ (quedarnos) en ese hotel.

2 **Compra una casa** Read the following suggestions for buying a house. Then, write a note to a friend, repeating the advice and using the present subjunctive of the verbs.

Antes de comprar una casa:

- Se aconseja tener un agente inmobiliario (*real estate*).
- Se sugiere buscar una casa en un barrio seguro.
- Se insiste en mirar los baños, la cocina y el sótano.
- Se recomienda comparar precios de varias casas antes de decidir.
- Se aconseja hablar con los vecinos del barrio.

Te aconsejo que tengas un agente inmobiliario. ______________

3 **Instrucciones** Write sentences using the elements provided and the present subjunctive. Replace the indirect objects with indirect object pronouns.

modelo

(a ti) / Simón / sugerir / terminar la tarea luego

Simón te sugiere que termines la tarea luego.

1. (a Daniela) / José / rogar / escribir esa carta de recomendación

____

2. (a ustedes) / (yo) / aconsejar / vivir en las afueras de la ciudad

____

3. (a ellos) / la directora / prohibir / estacionar su carro frente a la escuela

____

4. (a mí) / (tú) / sugerir / alquilar un apartamento en el barrio

____

Workbook

4 **¿Subjuntivo o infinitivo?** Write sentences, using the elements provided. Use the subjunctive of the verbs when required.

modelo
Juan / querer / yo / traer / los refrescos para la fiesta
Juan quiere que yo traiga los refrescos para la fiesta.

1. Marina / querer / yo / traer / la compra a casa

2. Sonia y yo / preferir / buscar / la información en Internet

3. el profesor / desear / nosotros / usar / el diccionario

4. ustedes / necesitar / escribir / una carta al consulado

5. (yo) / preferir / Manuel / ir / al apartamento por mí

6. Ramón / insistir en / buscar / las alfombras de la casa

5 **Síntesis** Imagine that you are going away for the weekend and you are letting some of your friends stay in your house. Write instructions for your houseguests, asking them to take care of the house. Use formal commands, the phrases **Es bueno, Es mejor, Es importante, Es necesario,** and **Es malo**, and the verbs **aconsejar, pedir, necesitar, prohibir, recomendar, rogar**, and **sugerir** to make sure that your house is in perfect shape when you get home.

Nombre ____________________ Fecha ____________________

Workbook

AVENTURAS EN LOS PAÍSES HISPANOS

América Central I

1 **El mapa** Identify on the map the names of the principal cities, rivers, lakes, and mountains of Guatemala, Honduras, and El Salvador.

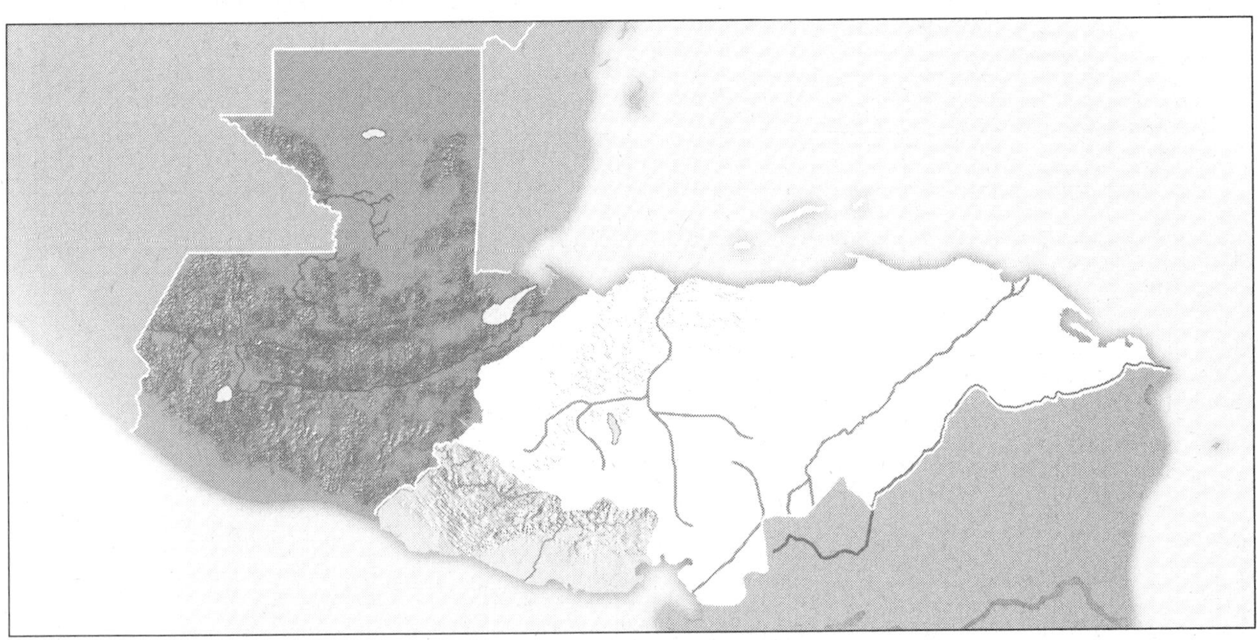

2 **Definiciones** Find terms about Guatemala, Honduras, or El Salvador in the grid. Circle them in the puzzle, and write the words in the blanks to complete these sentences.

1. Moneda de Honduras: ____________________
2. La Libertad es una ____________________ de El Salvador.
3. Ropa tradicional de los guatemaltecos: ____________________
4. Antigua Guatemala es famosa por su ____________________ colonial hermosa.
5. La capital de Honduras es ____________________.
6. En el Parque Nacional Montecristo hay muchas especies de plantas y animales como las orquídeas y los ____________________ araña.

E	R	G	F	I	O	W	T
S	P	L	A	Y	A	D	E
L	O	L	E	N	R	Q	G
F	C	X	Z	B	Q	A	U
T	L	B	V	A	U	D	C
E	H	U	I	P	I	L	I
G	M	B	N	O	T	P	G
U	O	J	K	P	E	Q	A
C	N	D	L	A	C	W	L
I	O	K	L	R	T	X	P
L	S	E	H	T	U	F	A
L	E	M	P	I	R	A	A
R	A	P	O	N	A	M	R

Nombre _______________ Fecha _______________

3 **Describir** Write a description of each of the words that are formed horizontally. Then, write a sentence describing the word that is formed vertically in bold.

1. ____________________
2. ____________________
3. ____________________
4. ____________________
5. ____________________
6. ____________________
7. ____________________
8. ____________________
9. ____________________
10. ____________________
11. ____________________

____________________.

1 **M**ontecristo
2 **a**stronomía
3 quet**z**al
4 m**a**yas
5 **t**erremoto
6 guat**e**maltecos
7 Ho**n**duras
8 Rosalil**a**
9 Sema**n**a Santa
10 El Pro**g**reso
11 Trifini**o**

4 **Las fotos** Label the photos. Specify the location.

1. ______________ 2. ______________ 3. ______________

Nombre ______________________ Fecha ______________________

REPASO

Lecciones 9–12

1 **¿Por o para?** Complete the answers with **por** or **para**. Then write questions that correspond to the answers.

1. ______________________

   Trabajo ______________ mi padre en la tienda.

2. ______________________

   Pasamos ______________ la casa de Javier y Olga.

3. ______________________

   Ayer compré una blusa ______________ mi hermana.

4. ______________________

   Ana estudia italiano ______________ Internet.

2 **¿Pretérito o imperfecto?** Complete the sentences with the preterite or imperfect of the verbs in parentheses as appropriate.

1. Todos los años Mariana ______________ (viajar) a San Francisco con sus padres.
2. El año pasado, ella ______________ (enfermarse) durante el viaje.
3. Sus padres no ______________ (saber) qué hacer. Entonces se detuvieron en un hospital público para ver qué enfermedad ______________ (tener) ella.
4. Ese día, el doctor ______________ (estar) almorzando cuando ellos ______________ (llegar) a la sala de emergencias.
5. "Es apenas un resfriado", ______________ (decir) el médico mientras la enfermera ______________ (ir) por la medicina para Mariana.

3 **Hágalo ahora** Write sentences using the words provided. Use **usted** and **ustedes** commands and the subjects indicated.

modelo

(usted) / lavar los platos

Lave los platos.

1. (ustedes) / ayudarlos a traer las compras ______________________
2. (usted) / poner la mesa ______________________
3. (ustedes) / sacudir las mantas ______________________
4. (usted) / limpiar la cocina y el baño ______________________
5. (ustedes) / barrer la sala ______________________
6. (usted) / no ensuciar los sillones ______________________

Workbook

4 **El subjuntivo** Rewrite the sentences using the words in parentheses. Use the subjunctive of the verbs.

modelo

Ellos tienen muchos problemas. (ser malo)
Es malo que ellos tengan muchos problemas.

1. Toma la medicina para sus alergias. (ser necesario / María) ______
2. Las mujeres ven al doctor todos los años. (ser importante) ______
3. Los pacientes hacen ejercicio. (la enfermera / sugerir) ______
4. El paciente entra al consultorio. (el doctor / esperar) ______

5 **¿Qué o cuál?** Complete these sentences with **qué**, **cuál**, or **cuáles**.

1. ¿______ es tu celebración favorita?
2. ¿______ le vas a regalar a Patricia para su cumpleaños?
3. Para la fiesta de año nuevo, ¿______ vestido debo llevar: el blanco o el rojo?
4. Mañana hay dos fiestas. ¿A ______ vas a ir?
5. ¿______ sorpresa le tienen preparada a Martín para su graduación?
6. ¿______ tipo de pastel tuvieron en la boda?
7. ¿______ son nuestros asientos en la fiesta de fin de año?
8. ¿______ quieres hacer para tu despedida de soltera (*bachelorette party*)?

6 **La vida de ayer y de hoy** Describe what people's lives were like in the early 1800s and what they are like now. Mention the things that people used to do and the things they do now (you may want to use adverbs like **siempre, nunca,** and **a veces**). Then mention the things that people should do to ensure quality of life in the future (you may want to use phrases like **es importante que**... and **es necesario que**...).

Nombre ______________________ Fecha ______________________

PREPARACIÓN

Lección 13

Workbook

1 **Sinónimos y antónimos** Match the verbs in the word bank to their opposites.

conservar	dejar de	mejorar
contaminar	evitar	reducir

1. gastar ≠ ______________
2. permitir ≠ ______________
3. hacerse mejor = ______________
4. usar más ≠ ______________
5. continuar ≠ ______________
6. limpiar ≠ ______________

2 **Oraciones** Complete the sentences with the appropriate nature-related words.

1. La luna, las estrellas, el sol y las nubes están en el ______________.
2. El ______________ es un lugar donde no llueve y hace mucho calor.
3. Una montaña que tiene un cráter es un ______________.
4. La región llana (*flat*) que hay entre dos montañas es un ______________.
5. La ______________ es un bosque tropical, lo que significa que está cerca del ecuador.
6. Para ir de excursión por las montañas, es importante seguir un ______________.

3 **Problema y solución** Match each problem with its solution. Then write a sentence with each pair, saying how we can solve the problem.

Problemas	**Soluciones**
1. la deforestación de los bosques	controlar las emisiones de los coches
2. la erosión de las montañas	plantar árboles y plantas
3. la falta (*lack*) de recursos naturales	reciclar los envases y las latas
4. la contaminación del aire en las ciudades	prohibir que se corten (*cut*) los árboles en algunas regiones

modelo

la extinción de plantas y animales / proteger las especies en peligro

Para resolver el problema de la extinción de plantas y animales, tenemos que proteger las especies en peligro.

1. ______________
2. ______________
3. ______________
4. ______________

Workbook

4 **Nuestra madre** Fill in the blanks with the correct terms. Then, use the word formed vertically to complete the final sentence.

1. El lugar donde vivimos es nuestro medio ______________.
2. Un bosque tiene muchos tipos de árboles y ______________.
3. Un volcán tiene un ______________ en la parte de arriba.
4. Cuando el cielo está despejado, no hay ni una ______________.
5. Las ______________ son rocas (*rocks*) más pequeñas.
6. Un ______________ es un animal que vuela (*flies*).
7. La ______________ es el estudio de los animales y plantas en su medio ambiente.
8. Por la noche se ven las ______________.
9. El salmón es un tipo de ______________.
10. El satélite que se ve desde la Tierra es la ______________.

Todas estas cosas forman parte de la ______________.

5 **Carta al editor** Complete the letter to the editor with items from the word bank.

árboles	**deforestación**	**mejorar**	**reducir**
conservar	**dejar de**	**población**	**resolver**
contaminación	**evitar**	**recurso natural**	**respiramos**

Creo que la ______(1)______ del aire en nuestra ciudad es un problema que se tiene que ______(2)______ muy pronto. Cada día hay más carros que contaminan el aire que nosotros ______(3)______. Además, la ______(4)______ en las regiones cerca de la ciudad elimina una gran parte del oxígeno que los ______(5)______ le proveían (*provided*) a la ______(6)______ de la ciudad. Creo que es importante ______(7)______ las condiciones de las calles para que las personas puedan montar en bicicleta para ir al trabajo. Así, todos pueden ______(8)______ el petróleo, que es un ______(9)______ que no va a durar (*last*) para siempre. El uso de bicicletas en la ciudad es una de las mejores ideas para ______(10)______ el uso de los carros. Debemos ______(11)______ pensar que el carro es un objeto absolutamente necesario, y buscar otras maneras de transportarnos. Quizás algún día podamos ______(12)______ los problemas que nos causa la contaminación.

Nombre ______________________ Fecha ______________________

GRAMÁTICA

13.1 The subjunctive with verbs of emotion

1 **Completar** Complete the sentences with the subjunctive of the verbs in parentheses.

1. A mis padres les molesta que los vecinos (quitar) ______________ los árboles.
2. Julio se alegra de que (haber) ______________ muchos pájaros en el jardín de su casa.
3. Siento que Teresa y Lola (estar) ______________ enfermas de gripe.
4. Liliana tiene miedo de que sus padres (decidir) ______________ mudarse a otra ciudad.
5. A ti te sorprende que la deforestación (ser) ______________ un problema tan grande.
6. Rubén espera que el gobierno (mejorar) ______________ las leyes que protegen la naturaleza.

2 **Es así** Combine each pair of sentences, using the subjunctive.

modelo

Los gobiernos no se preocupan por el calentamiento global. Es terrible.
Es terrible que los gobiernos no se preocupen por el calentamiento global.

1. Muchos ríos están contaminados. Es triste.
____
2. Algunas personas evitan reciclar. Es ridículo.
____
3. Los turistas no recogen la basura. Es una lástima.
____
4. La gente destruye el medio ambiente. Es extraño.
____

3 **Ojalá...** Form sentences, using the elements provided. Start the sentences with **Ojalá que**.

1. los países / conservar sus recursos naturales
____
2. este sendero / llevarnos al cráter del volcán
____
3. la población / querer cambiar las leyes de deforestación
____
4. mi perro / gustarle ir de paseo por el bosque
____
5. las personas / reducir el uso de los carros en las ciudades
____
6. los científicos (*scientists*) / saber resolver el problema de la contaminación
____

Workbook

Nombre ______________________ Fecha ______________________

Workbook

4 **Lo que sea** Change the subject of each second verb to the subject in parentheses. Then complete the new sentence with the new subject, using the subjunctive.

modelo
Pablo se alegra de ver a Ricardo. (su madre)
Pablo se alegra de que *su madre vea a Ricardo.*

1. Me gusta salir los fines de semana. (mi hermana)
Me gusta que ______________________.
2. José y tú esperan salir bien en el examen. (yo)
José y tú esperan que ______________________.
3. Es ridículo contaminar el mundo en que vivimos. (la gente)
Es ridículo que ______________________.
4. Carla y Patricia temen separarse por el sendero. (sus amigos)
Carla y Patricia temen que ______________________.
5. Te molesta esperar mucho al ir de compras. (tu novio)
Te molesta que ______________________.
6. Es terrible usar más agua de la necesaria. (las personas)
Es terrible que ______________________.
7. Es triste no saber leer. (Roberto)
Es triste que ______________________.
8. Es una lástima encontrar animales abandonados. (los vecinos)
Es una lástima que ______________________.

5 **Emociones** Form sentences using the elements provided and the present subjunctive.

modelo
Yo / temer / la deforestación de la zona / ser / extrema
Yo temo que la deforestación de la zona sea extrema.

1. Rosa / alegrarse / sus amigos / reciclar los periódicos y los envases
____
2. los turistas / sorprenderse / el país / proteger tanto los parques naturales
____
3. (nosotros) / temer / la caza / poner en peligro de extinción a muchos animales
____
4. la población / sentir / las playas de la ciudad / estar contaminadas
____
5. las personas / esperar / el gobierno / desarrollar nuevos sistemas de energía
____
6. a mi tía / gustar / mi primo / recoger y cuidar animales abandonados
____

Nombre ______________________ Fecha ______________________

Workbook

13.2 The subjunctive with doubt, disbelief, and denial

1 **No es probable** Complete the sentences with the subjunctive of the verbs in parentheses.

1. No es verdad que Raúl ________________ (ser) un mal excursionista.
2. Es probable que Tito y yo ________________ (ir) a caminar en el bosque nacional.
3. Claudia no está segura de que Eduardo ________________ (saber) dónde estamos.
4. No es seguro que el trabajo nos ________________ (llegar) antes del viernes.
5. Es posible que Miguel y Antonio ________________ (venir) a visitarnos hoy.
6. No es probable que esa compañía les ________________ (pagar) bien a sus empleados.

2 **¿Estás seguro?** Complete the sentences with the indicative or subjunctive form of the verbs in parentheses.

1. No dudo que Manuel ________________ (ser) la mejor persona para hacer el trabajo.
2. El conductor no niega que ________________ (tener) poca experiencia por estas calles.
3. Ricardo duda que Mirella ________________ (decir) siempre toda la verdad.
4. Sé que es verdad que nosotros ________________ (deber) cuidar el medio ambiente.
5. Lina no está segura de que sus amigos ________________ (poder) venir a la fiesta.
6. Claudia y Julio niegan que tú ________________ (querer) mudarte a otro barrio.
7. No es probable que ella ________________ (buscar) un trabajo de secretaria.

3 **Es posible que pase** Rewrite the sentences, using the words in parentheses.

modelo

Hay mucha contaminación en las ciudades. (probable)

Es probable que haya mucha contaminación en las ciudades.

1. Hay muchos monos en las selvas de la región. (probable)

   ____

2. El agua de esos ríos está contaminada. (posible)

   ____

3. Ese sendero nos lleva al lago. (quizás)

   ____

4. El gobierno protege todos los peces del océano. (imposible)

   ____

5. La población reduce el uso de envases. (improbable)

   ____

6. El desierto es un lugar mejor para visitar en invierno. (tal vez)

   ____

Nombre ______________________ Fecha ______________________

Workbook

4 **¿Es o no es?** Decide which of the phrases in parentheses correctly completes each sentence, then write the full sentence.

1. (Estoy seguro, No estoy seguro) de que a Mónica le gusten los perros.

____

2. (Es verdad, No es verdad) que Ramón duerme muchas horas todos los días.

____

3. Rita y Rosa (niegan, no niegan) que gaste mucho cuando voy de compras.

____

4. (No cabe duda de, Dudas) que el aire que respiramos está contaminado.

____

5. (No es cierto, Es obvio) que a Martín y a Viviana les encanta viajar.

____

6. (Es probable, No hay duda de) que tengamos que reciclar todos los envases.

____

5 **Oraciones nuevas** Rewrite the sentences, using the words in parentheses. Use the indicative or subjunctive form as appropriate.

1. Las matemáticas son muy difíciles. (no es cierto)

____

2. El problema de la contaminación es bastante complicado. (el presidente no niega)

____

3. Él va a terminar el trabajo a tiempo. (Ana duda)

____

4. Esa película es excelente. (mis amigos están seguros)

____

5. El español se usa más y más cada día. (no cabe duda)

____

6. Lourdes y yo podemos ir a ayudarte esta tarde. (no es seguro)

____

7. Marcos escribe muy bien en francés. (el maestro no cree)

____

8. Pedro y Virginia nunca comen carne. (no es verdad)

____

Nombre ____________________ Fecha ____________________

Workbook

13.3 The subjunctive with conjunctions

1 **Las conjunciones** Complete the sentences with the subjunctive form of the verbs in parentheses.

1. Lucas debe terminar el trabajo antes de que su jefe (*boss*) ____________ (llegar).
2. ¿Qué tenemos que hacer en caso de que ____________ (haber) una emergencia?
3. Ellos van a limpiar su casa con tal de que (tú) ____________ (quedarse).
4. No puedo ir al museo a menos que Juan ____________ (venir) por mí.
5. Alejandro siempre va a casa de Carmen sin que ella lo ____________ (invitar).
6. Tu madre te va a prestar dinero para que te ____________ (comprar) un coche usado.
7. No quiero que ustedes se vayan sin que tu esposo ____________ (ver) mi computadora nueva.
8. Pilar no puede irse de vacaciones a menos que (ellos) le ____________ (dar) más días en el trabajo.
9. Andrés va a llegar antes de que Rocío y yo ____________ (leer) el correo electrónico.
10. Miguel lo va a hacer con tal que tú se lo ____________ (revisar).

2 **¿Hasta cuándo?** Your gossipy coworker is always in everyone else's business. Answer his questions in complete sentences, using the words in parentheses.

modelo

¿Hasta cuándo van a jugar fútbol? (hasta que / nosotros / estar cansados)
Vamos a jugar fútbol hasta que nosotros estemos cansados.

1. ¿Hasta cuándo vas a ponerte ese abrigo? (hasta que / el jefe / decirme algo)

   ____

2. ¿Cuándo va Rubén a buscar a Marta? (tan pronto como / salir de clase)

   ____

3. ¿Cuándo se van de viaje Juan y Susana? (en cuanto / tener vacaciones)

   ____

4. ¿Cuándo van ellos a invitarnos a su casa? (después de que / nosotros / invitarlos)

   ____

5. ¿Hasta cuándo va a trabajar aquí Ramón? (hasta que / su esposa / graduarse)

   ____

6. ¿Cuándo puede mi hermana pasar por tu casa? (cuando / querer)

   ____

7. ¿Hasta cuándo vas a tomar las pastillas? (hasta que / yo / sentirme mejor)

   ____

3 **Siempre llegas tarde** Complete this conversation, using the subjunctive and the indicative as appropriate.

MARIO Hola, Lilia. Ven a buscarme en cuanto (yo) ______(1)______ (salir) de clase.

LILIA Voy a buscarte tan pronto como la clase ______(2)______ (terminar), pero no quiero esperar como ayer.

MARIO Cuando iba a salir, (yo) me ______(3)______ (encontrar) con mi profesora de química, y hablé con ella del examen.

LILIA No quiero esperarte hasta que ______(4)______ (ser) demasiado tarde para almorzar otra vez.

MARIO Hoy voy a estar esperándote en cuanto (tú) ______(5)______ (llegar) a buscarme.

LILIA Después de que (yo) te ______(6)______ (recoger), podemos ir a comer a la cafetería.

MARIO En cuanto (tú) ______(7)______ (entrar) en el estacionamiento, me vas a ver allí, esperándote.

LILIA No lo voy a creer hasta que (yo) lo ______(8)______ (ver).

MARIO Recuerda que cuando (yo) te ______(9)______ (ir) a buscar al laboratorio la semana pasada, te tuve que esperar media hora.

LILIA Tienes razón. ¡Pero llega allí tan pronto como (tú) ______(10)______ (poder)!

4 **Síntesis** Write an opinion article about oil spills (**los derrames de petróleo**) and their impact on the environment. Use verbs and expressions of emotion, doubt, disbelief, denial, and certainty that you learned in this lesson to describe your own and other people's opinions about the effects of oil spills on the environment.

Nombre ______________________ Fecha ______________________

PREPARACIÓN

Lección 14

Workbook

1 **El dinero** Complete the sentences with the correct banking-related words.

1. Necesito sacar dinero. Voy al ______________________.
2. Quiero ahorrar para comprar una casa. Pongo el dinero en una ______________________.
3. Voy a pagar, pero no quiero pagar al contado ni con tarjeta de crédito. Voy a usar un ____________.
4. Cuando uso un cheque, el dinero sale de mi ______________________.
5. Para cobrar un cheque a mi nombre, lo tengo que ______________________ por detrás.
6. Para ahorrar, pienso ______________________ $200 en mi cuenta de ahorros todos los meses.

2 **¿Qué clase (*kind*) de tienda es ésta?** You are running errands, and you can't find the things you need. Fill in the blanks with the names of the places that should carry these items.

modelo

¿No tienen sandalias? ¿Qué clase de zapatería es ésta?

1. ¿No tienen manzanas? ¿Qué clase de ______________________ es ésta?
2. ¿No tienen una chuleta de cerdo? ¿Qué clase de ______________________ es ésta?
3. ¿No tienen detergente? ¿Qué clase de ______________________ es ésta?
4. ¿No tienen dinero? ¿Qué clase de ______________________ es éste?
5. ¿No tienen diamantes (*diamonds*)? ¿Qué clase de ______________________ es ésta?
6. ¿No tienen estampillas? ¿Qué clase de ______________________ es éste?
7. ¿No tienen botas? ¿Qué clase de ______________________ es ésta?
8. ¿No tienen aceite vegetal? ¿Qué clase de ______________________ es éste?

3 **¿Cómo pagas?** Fill in the blanks with the most likely form of payment for each item.

al contado	a plazos
gratis	con un préstamo

1. un refrigerador ______________________
2. una camisa ______________________
3. un coche nuevo ______________________
4. las servilletas en un restaurante ______________________
5. una computadora ______________________
6. un vaso de agua ______________________
7. una hamburguesa ______________________
8. una cámara digital ______________________
9. la universidad ______________________
10. unos sellos ______________________

Nombre ______________________ Fecha ______________________

Workbook

4 **Tu empresa** Fill in the blanks with the type of store each slogan would promote.

1. "Compre aquí para toda la semana y ahorre en alimentos para toda la familia". ______________________
2. "Deliciosos filetes de salmón en oferta especial". ______________________
3. "Recién (*Just*) salido del horno". ______________________
4. "Naranjas y manzanas a dos dólares el kilo". ______________________
5. "Tráiganos su ropa más fina. ¡Va a quedar como nueva!" ______________________
6. "51 sabrosas variedades para el calor del verano". ______________________
7. "¡Reserva el pastel de cumpleaños de tu hijo hoy!" ______________________
8. "Un diamante es para siempre". ______________________
9. "Salchichas, jamón y chuletas de cerdo". ______________________
10. "Arréglese las uñas y péinese hoy por un precio económico". ______________________

5 **Cómo llegar** Identify the final destination for each set of directions.

1. De la Plaza Sucre, camine derecho en dirección oeste por la calle Comercio. Doble a la derecha en la calle La Paz hasta la calle Escalona. Doble a la izquierda y al final de la calle va a verlo.

____

2. Del banco, camine en dirección este por la calle Escalona. Cuando llegue a la calle Sucre, doble a la derecha. Siga dos cuadras hasta la calle Comercio. Doble a la izquierda. El lugar queda al cruzar la calle Bella Vista.

____

3. Del estacionamiento de la calle Bella Vista, camine derecho por la calle Sta. Rosalía hasta la calle Bolívar. Cruce la calle Bolívar, y a la derecha en esa cuadra la va a encontrar.

____

4. De la joyería, camine por la calle Comercio hasta la calle Bolívar. Doble a la derecha y cruce la calle Sta. Rosalía, la calle Escalona y la calle 2 de Mayo. Al norte en esa esquina la va a ver.

____

Nombre ______________________ Fecha ______________________

Workbook

GRAMÁTICA

14.1 The subjunctive in adjective clauses

1 **El futuro de las computadoras** Complete the paragraph with the subjunctive of the verbs in parentheses.

¿Alguna vez ha pensado en un programa de computadora que ______ (1) (escribir) las palabras que usted le ______ (2) (decir)? En nuestra compañía queremos desarrollar un programa que ______ (3) (poder) reconocer la voz (*voice*) de las personas en varias lenguas. Así, todos van a poder escribir con la computadora ¡sin tocar el teclado! Para desarrollar un programa de reconocimiento (*recognition*) del habla, primero hay que enseñarle algunas palabras que se ______ (4) (decir) con mucha frecuencia en esa lengua. Luego el programa tiene que "aprender" a reconocer cualquier (*any*) tipo de pronunciación que ______ (5) (tener) las personas que ______ (6) (usar) el programa. En el futuro, va a ser normal tener una computadora que ______ (7) (reconocer) el habla de su usuario. Es posible que hasta (*even*) algunos aparatos domésticos ______ (8) (funcionar) con la voz de su dueño.

2 **¿Esté o está?** Complete the sentences with the indicative or the subjunctive of the verbs in parentheses.

(ser)

1. Quiero comprar una falda que ______ larga y elegante.
2. A Sonia le gusta la falda que ______ verde y negra.

(estar)

3. Nunca visitaron el hotel que ______ en el aeropuerto.
4. No conocemos ningún hotel que ______ cerca de su casa.

(quedar)

5. Hay un banco en el edificio que ______ en la esquina.
6. Deben poner un banco en un edificio que ______ más cerca.

(tener)

7. Silvia quiere un apartamento que ______ balcón y piscina.
8. Ayer ellos vieron un apartamento que ______ tres baños.

(ir)

9. Hay muchas personas que ______ a Venezuela de vacaciones.
10. Raúl no conoce a nadie que ______ a Venezuela este verano.

Workbook

3 **No es cierto** Rewrite the sentences to make them negative, using the subjuntive where appropriate.

1. Ricardo conoce a un chico que estudia medicina.

____

2. Laura y Diego cuidan a un perro que protege su casa.

____

3. Maribel y Lina tienen un pariente que escribe poemas.

____

4. Los González usan coches que son baratos.

____

5. Mi prima trabaja con unas personas que conocen a su padre.

____

6. Gregorio hace un plato venezolano que es delicioso.

____

4 **¿Hay alguno que sea así?** Answer these questions positively or negatively, as indicated. Use the subjunctive where appropriate.

1. ¿Hay algún buzón que esté en la calle Bolívar?

   Sí, ______________________.

2. ¿Conoces a alguien que sea abogado de inmigración?

   No, ______________________.

3. ¿Ves a alguien aquí que estudie contigo en la universidad?

   Sí, ______________________.

4. ¿Hay alguna panadería que venda pan caliente (*hot*) cerca de aquí?

   No, ______________________.

5. ¿Tienes alguna compañera que vaya a ese gimnasio?

   Sí, ______________________.

6. ¿Conoces a alguien en la oficina que haga envíos a otros países?

   No, ______________________.

5 **Une las frases** Complete the sentences with the most logical endings from the word bank. Use the indicative or subjunctive forms of the infinitive verbs as appropriate.

abrir hasta las doce de la noche	quererlo mucho	siempre decirnos la verdad
no dar direcciones	ser cómoda y barata	tener muchos museos

1. Rolando tiene una novia que ______________________.
2. Todos buscamos amigos que ______________________.
3. Irene y José viven en una ciudad que ______________________.
4. ¿Hay una farmacia que ______________________?

Nombre ______________________ Fecha ______________________

Workbook

14.2 Familiar (tú) commands

1 **Díselo** Your friends are traveling to Costa Rica. Give them advice based on the cues provided, using familiar commands.

modelo
Ramón / comprarte una camiseta en Costa Rica
Ramón, cómprame una camiseta en Costa Rica.

1. David / quedarse unos días en San José
____
2. Laura / no salir muy tarde
____
3. Patricia / probar la comida típica de Costa Rica
____
4. Isabel / no olvidar comer un helado en el parque del centro
____
5. Cecilia / tener cuidado al cruzar las calles
____
6. Simón / aprender a bailar en Costa Rica
____

2 **¿Te ayudo?** Imagine that you are a child asking one of your parents these questions. Write his or her positive and negative answers in the form of familiar commands.

modelo
¿Tengo que traer leche y pan?
Sí, trae leche y pan. / No, no traigas leche y pan.

1. ¿Puedo pedir una pizza en el restaurante?
____
2. ¿Debo ir a la panadería a comprar pan?
____
3. ¿Tengo que hacer las diligencias?
____
4. ¿Debo buscar a mi hermano después de la escuela?
____
5. ¿Tengo que venir a casa después de clase el viernes?
____
6. ¿Puedo cuidar al perro este fin de semana?
____

Workbook

3 **Planes para el verano** Rewrite this paragraph from a travel website. Replace the **usted** commands with familiar commands.

Este verano, descubra la Ciudad de Panamá. Camine por las calles y observe la arquitectura de la ciudad. La catedral es un edificio que no puede dejar de visitar. Visite las ruinas en Panamá Viejo y compre artesanías *(crafts)* del país. Vaya a un restaurante de comida panameña y no se olvide de probar un plato popular. Conozca el malecón (*seafront*) y respire el aire puro del mar. Explore el canal de Panamá y aprenda cómo funciona. Súbase a un autobús colorido y vea cómo vive la gente local. ¡Disfrute Panamá!

Verano en la ciudad de Panamá

____

____

____

____

____

____

____

4 **Haz papel** Read the instructions for making recycled paper from newspaper. Then, use familiar commands to finish the e-mail in which Paco explains the process to Marisol.

hacer un molde con madera y tela (*fabric*)
romper el papel de periódico en trozos (*pieces*) pequeños
poner el papel en un envase con agua caliente
preparar la pulpa con una licuadora (*blender*)
volver a poner la pulpa en agua caliente
empezar a poner la pulpa en un molde que deje (*lets*) salir el agua
quitar el molde y dejar (*leave*) el papel sobre la mesa
poner una tela encima del papel
planchar el papel
usar el papel

A Marisol	De Paco	Asunto Cómo reciclar papel

Para reciclar papel de periódico, _______________

____

____

____

____

____

____

¡Ya sabes cómo reciclar!
Hasta luego, Paco

14.3 Nosotros/as commands

1 **Hagamos eso** Rewrite these sentences, using the **nosotros/as** command forms of the verbs in italics.

modelo

Tenemos que *terminar* el trabajo antes de las cinco.
Terminemos el trabajo antes de las cinco.

1. Hay que *recoger* a los niños hoy.

   ____

2. Tenemos que *ir* al dentista esta semana.

   ____

3. Debemos *depositar* el dinero en el banco.

   ____

4. Podemos *viajar* a Perú este invierno.

   ____

5. Queremos *salir* a bailar este sábado.

   ____

6. Deseamos *invitar* a los amigos de Ana.

   ____

2 **¡Sí! ¡No!** You and your roommate disagree about everything. Write affirmative and negative **nosotros/as** commands for these actions.

modelo

abrir las ventanas
tú: *Abramos las ventanas.*
tu compañero/a: *No abramos las ventanas.*

1. pasar la aspiradora hoy

   tú: ______________________________

   tu compañero/a: ______________________________

2. poner la televisión

   tú: ______________________________

   tu compañero/a: ______________________________

3. compartir la comida

   tú: ______________________________

   tu compañero/a: ______________________________

4. hacer las camas todos los días

   tú: ______________________________

   tu compañero/a: ______________________________

3 **Como Lina** Everyone likes Lina and wants to be like her. Using **nosotros/as** commands, write sentences saying what you and your friends should do to follow her lead.

1. Lina compra zapatos italianos en el centro.
2. Lina conoce la historia del jazz.
3. Lina se va de vacaciones a las montañas.
4. Lina se corta el pelo en la peluquería de la calle Central.
5. Lina hace pasteles para los cumpleaños de sus amigas.
6. Lina no sale de fiesta todas las noches.
7. Lina corre al lado del río todas las mañanas.
8. Lina no gasta demasiado dinero en ropa.

4 **El préstamo** Claudia is thinking of everything that she and her fiancé, Ramón, should do to buy an apartment. Write what she will tell Ramón, using **nosotros/as** commands for verbs in the infinitive. The first sentence is done for you.

Podemos pedir un préstamo para comprar un apartamento. Debemos llenar este formulario cuando solicitemos el préstamo. Tenemos que ahorrar dinero todos los meses hasta que paguemos el préstamo. No debemos cobrar los cheques que nos lleguen; debemos depositarlos en la cuenta corriente. Podemos depositar el dinero que nos regalen cuando nos casemos. Le debemos pedir prestado a mi padre un libro sobre cómo comprar una vivienda. Queremos buscar un apartamento que esté cerca de nuestros trabajos. No debemos ir al trabajo mañana por la mañana; debemos ir al banco a hablar con un empleado.

Pidamos un préstamo para comprar un apartamento.

Nombre ______________________ Fecha ______________________

AVENTURAS EN LOS PAÍSES HISPANOS

América Central II

1 **El mapa** Write three features of each country in the blanks provided.

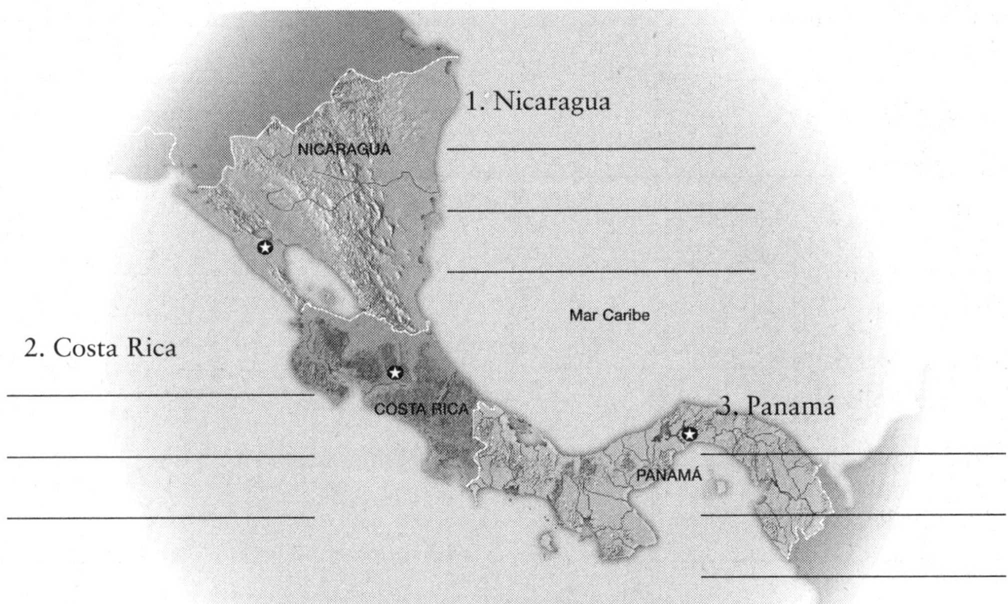

2 **Palabras desordenadas** Unscramble the words about places in Nicaragua, Costa Rica, or Panamá, using the clues.

1. STARPNANEU ______________________ (ciudad de Costa Rica)
2. VZNEANRTEÓ ______________________ (río en Costa Rica que está cerca de San José)
3. EATAPARZ ______________________ (isla en el lago de Nicaragua)
4. ASARTBÁA ______________________ (serranía en Panamá)
5. ARANADG ______________________ (ciudad de Nicaragua)
6. ONLCAITÁT ______________________ (uno de los océanos que conecta el canal de Panamá)
7. AGAMUNA ______________________ (capital de Nicaragua)
8. AUSCTNEAGA ______________________ (cordillera que está en Costa Rica)

3 **Las fotos** Write a complete sentence about each photo. Identify each person and their country of origin.

1. ______________________

2. ______________________

3. ______________________

Nombre ______________________ Fecha ______________________

Workbook

4 **Definiciones** Complete this crossword puzzle based on the clues provided.

Horizontales

3. En 1948 en Costa Rica se disolvió el ______________.
6. Costa Rica es una nación ______________.
7. ______________ es un país con un área de 130.370 km².
11. Costa Rica abolió la ______________ de muerte en 1970.
12. El ______________ de Panamá se construyó en 1903.
13. Ernesto Cardenal es poeta, ______________ y sacerdote católico.
14. La capital de Nicaragua es ______________ .
15. Ernesto Cardenal cree en el poder de la ______________ .

Verticales

1. Nicaragua, Costa Rica y Panamá están en ______________.
2. La isla de ______________ es de Panamá.
4. Las ______________ tradicionales tienen dibujos geométricos.
5. Óscar ______________ fue presidente de su país.
7. Arias ganó el Premio ______________ de la Paz en 1987.
8. ______________ es una ciudad de Costa Rica.
9. Los kunas viven en las islas ______________ de Panamá.
10. La moneda de Panamá es el ______________ .

5 **El canal de Panamá** Write why you think the *canal de Panamá* is important.

El canal de Panamá es importante porque… ______________________________

____

____

____

____

Nombre _______________ Fecha _______________

PREPARACIÓN

Lección 15

1 **Lo opuesto** Fill in the blanks with the terms that mean the opposite of the descriptions.

1. sedentario _______________
2. con cafeína _______________
3. fuerte _______________
4. adelgazar _______________
5. comer en exceso _______________
6. con estrés _______________
7. con (*with*) _______________
8. fuera (*out*) de forma _______________

2 **Vida sana** Complete the sentences with the correct terms.

1. Antes de correr, es importante hacer ejercicios de _______________ para calentarse.
2. Para dormir bien por las noches, es importante tomar bebidas _______________.
3. Para desarrollar músculos fuertes, es necesario _______________.
4. Una persona que es muy sedentaria y ve mucha televisión es un _______________.
5. _______________ es bueno porque reduce la temperatura del cuerpo.
6. Para aliviar el estrés, es bueno hacer las cosas tranquilamente y sin _______________.
7. Cuando tienes los músculos tensos, lo mejor es que te den un _______________.
8. Las personas que dependen de las drogas son _______________.

3 **Completar** Look at the drawings. Complete the sentences with the correct forms of the verbs from the word bank.

(no) apurarse	(no) hacer ejercicios de estiramiento
(no) consumir bebidas alcohólicas	(no) llevar una vida sana

1. Isabel debió _______________.

2. Mi prima prefiere _______________.

3. A Roberto no le gusta _______________.

4. Ana va a llegar tarde y tiene que _______________.

4 **¿Negativo o positivo?** Categorize the terms in the word bank according to whether they are good or bad for one's health.

buena nutrición	entrenarse	llevar vida sedentaria
colesterol	fumar	ser un drogadicto
comer comida sin grasa	hacer ejercicios de estiramiento	ser un teleadicto
comer en exceso	hacer gimnasia	sufrir muchas presiones
consumir mucho alcohol	levantar pesas	tomar vitaminas
dieta equilibrada	llevar vida sana	

Positivo para la salud	**Negativo para la salud**
____________	____________
____________	____________
____________	____________
____________	____________
____________	____________
____________	____________
____________	____________
____________	____________

5 **El/La instructor(a)** You are a personal trainer, and your clients' goals are listed below. Give each one a different piece of advice, using familiar commands and expressions from **Preparación**.

modelo

"Quiero tener más energía".
Haz ejercicio todos los días.

1. "Quiero adelgazar". ____________
2. "Quiero tener músculos bien definidos". ____________
3. "Quiero quemar grasa". ____________
4. "Quiero respirar sin problemas". ____________
5. "Quiero correr una maratón". ____________
6. "Quiero engordar un poco". ____________

6 **Los alimentos** Write whether these food categories are rich in **vitaminas, minerales, proteínas,** or **grasas.**

1. carnes ____________
2. agua mineral ____________
3. mantequilla ____________
4. frutas ____________
5. huevos ____________
6. aceite ____________
7. vegetales ____________
8. cereales enriquecidos (*fortified*) ____________

Nombre ______________________ Fecha ______________________

Workbook

GRAMÁTICA

15.1 Past participles used as adjectives

1 **Oraciones** Complete the sentences with the correct past participle forms of these verbs.

1. Estoy haciendo ejercicio en una bicicleta ______________ (prestar).
2. Dame la botella ______________ (abrir) de vitaminas.
3. La comida está ______________ (hacer) con mucha grasa.
4. Lee la tabla de nutrición ______________ (escribir) en los alimentos.
5. ¿Está la mesa ______________ (poner) para la cena?
6. Voy a pagar el gimnasio con el dinero que tengo ______________ (ahorrar).
7. Porque estoy a dieta tengo muchos dulces ______________ (guardar).
8. Estoy muy contenta con mis kilos ______________ (perder).
9. Todos los días hago mis ejercicios ______________ (preferir).
10. No puedo caminar porque tengo el tobillo ______________ (torcer).

2 **Las consecuencias** Complete the sentences with **estar** and the correct past participle.

modelo

La señora Gómez cerró la farmacia.
La farmacia *está cerrada*.

1. Julia resolvió sus problemas de nutrición. Sus problemas ______________.
2. Antonio preparó su bolsa del gimnasio. Su bolsa ______________.
3. Le vendimos las vitaminas a José. Las vitaminas ______________.
4. El doctor le prohibió comida con grasa. La comida con grasa ______________.
5. El maestro habló para confirmar la clase de ejercicios. La clase de ejercicios ______________.
6. Carlos y Luis se aburrieron de ir al gimnasio. Carlos y Luis ______________.

3 **¿Cómo están?** Label each drawing with a complete sentence, using the nouns provided with **estar** and the past participle of the verbs.

1. pavo / servir ______________

2. cuarto / desordenar ______________

3. cama / hacer ______________________ 4. niñas / dormir ______________________

4 **El misterio** Complete this paragraph with the correct past participle forms of the verbs in the word bank. Use each verb only once.

abrir	desordenar	hacer	poner	romper
cubrir	escribir	morir	resolver	sorprender

El detective llegó al hotel con el número de la habitación ______(1) en un papel. Entró en la habitación. La cama estaba ______(2) y la puerta del baño estaba ______(3). Vio a un hombre que parecía estar ______(4) porque no movía ni un dedo. El hombre tenía la cara ______(5) con un periódico y no tenía zapatos ______(6). El espejo estaba ______(7) y el baño estaba ______(8). De repente, el hombre se levantó y salió corriendo sin sus zapatos. El detective se quedó muy ______(9) y el misterio nunca fue ______(10).

5 **Preguntas personales** Write short paragraphs answering these two questions. Use past participles as often as possible.

1. ¿Estás preocupado/a por estar en buena forma?

____

____

____

____

2. ¿Estás interesado/a en seguir una dieta equilibrada?

____

____

____

____

15.2 The present perfect

1 **¿Qué han hecho?** Complete each sentence with the present perfect of the verb in parentheses.

modelo

Marcos y Felipe **han hecho** (hacer) sus tareas de contabilidad.

1. Gloria y Samuel ______________________ (comer) comida francesa.
2. (Yo) ______________________ (ver) la última película de ese director.
3. Pablo y tú ______________________ (leer) novelas de García Márquez.
4. Liliana ______________________ (tomar) la clase de química.
5. (Nosotros) ______________________ (ir) a esa lavandería antes.
6. Tú le ______________________ (escribir) un mensaje electrónico al profesor.

2 **¿Qué han hecho esta tarde?** Write sentences that say what these people have done this afternoon. Use the present perfect.

1. Ricardo

____

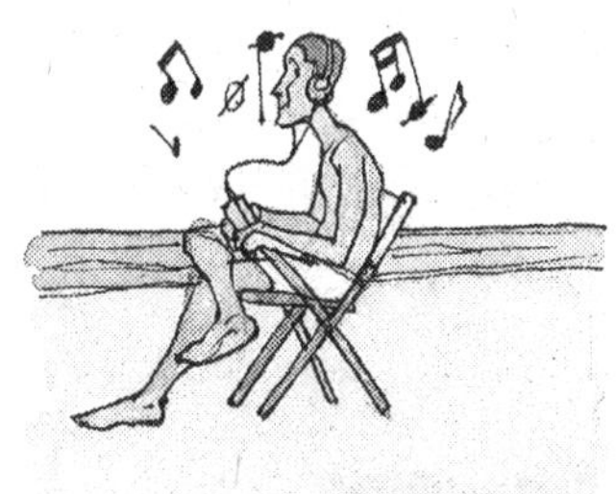

2. Víctor

____

3. (tú)

____

4. (yo)

____

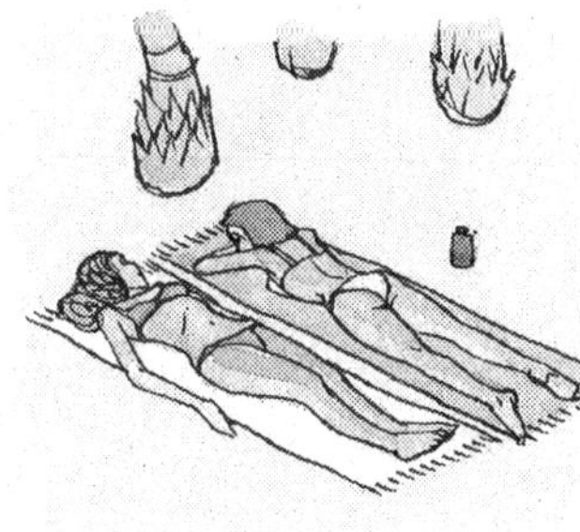

5. Claudia y yo

____

Nombre ______________________ Fecha ______________________

Workbook

3 **Ha sido así** Rewrite the sentences, replacing the subject with the one in parentheses.

modelo
He ido a muchos países. (nosotros)
Nosotros hemos ido a muchos países.

1. Hemos conocido a varios venezolanos este año. (tú)

____

2. Gilberto ha viajado por todos los Estados Unidos. (yo)

____

3. ¿Has ido al museo de arte de Boston? (ustedes)

____

4. Paula y Sonia han hecho trabajos muy buenos. (Virginia)

____

5. He asistido a tres conferencias de ese autor. (los estudiantes)

____

6. Mi hermano ha puesto la mesa todos los días. (mi madre y yo)

____

4 **Todavía no** Rewrite the sentences to say that these things have not yet been done. Use the present perfect.

modelo
Su prima no va al gimasio.
Su prima todavía no ha ido al gimnasio.

1. Pedro y Natalia no nos dan las gracias.

____

2. Los estudiantes no contestan la pregunta.

____

3. Mi amigo Pablo no hace ejercicio.

____

4. Esas chicas no levantan pesas.

____

5. Tú no estás a dieta.

____

6. Rosa y yo no sufrimos muchas presiones.

____

Workbook

15.3 The past perfect

1 **Vida nueva** Complete this paragraph with the past perfect forms of the verbs in parentheses.

Antes del accidente, mi vida ______(1) (ser) tranquila y sedentaria. (Yo) Nunca antes ______(2) (mirar) tanto la televisión y ______(3) (comer) en exceso. Nunca me ______(4) (pasar) nada malo. El día en que pasó el accidente, mis amigos y yo nos ______(5) (encontrar) para ir a nadar en un río. (Nosotros) Nunca antes ______(6) (ir) a ese río. Cuando llegamos, entré de cabeza al río. (Yo) No ______(7) (ver) las rocas que estaban debajo del agua. Me di con las rocas en la cabeza. Mi hermana, que ______(8) (ir) con nosotros al río, me sacó del agua. Todos mis amigos se ______(9) (quedar) fuera del agua. Entre todos me llevaron al hospital. En el hospital, los médicos me dijeron que yo ______(10) (tener) mucha suerte. (Yo) No me ______(11) (lastimar) la espalda demasiado, pero tuve que hacer terapia (*therapy*) física por muchos meses. (Yo) Nunca antes ______(12) (preocuparse) por estar en buena forma, ni por ser fuerte. Ahora hago gimnasia y soy una persona activa, flexible y fuerte.

2 **Nunca antes** Rewrite the sentences to say that these people had never done these things before.

modelo
Julián se compró un coche nuevo.
Julián nunca antes se había comprado un coche nuevo.

1. Tu novia fue al gimnasio por la mañana.
____
2. Carmen corrió en la maratón de la ciudad.
____
3. Visité los países de Suramérica.
____
4. Los estudiantes escribieron trabajos de veinte páginas.
____
5. Armando y Cecilia esquiaron en los Andes.
____
6. Luis y yo tenemos un perro en casa.
____
7. Condujiste el coche de tu papá.
____
8. Ramón y tú nos prepararon la cena.
____

Workbook

3 **Ya había pasado** Combine the sentences, using the preterite and the past perfect.

modelo
Elisa pone la televisión. Jorge ya se ha despertado.
Cuando Elisa puso la televisión, Jorge ya se había despertado.

1. Lourdes llama a Carla. Carla ya ha salido.
____
2. Tu hermano vuelve a casa. Ya has terminado de cenar.
____
3. Llego a la escuela. La clase ya ha empezado.
____
4. Ustedes nos buscan en casa. Ya hemos salido.
____
5. Salimos a la calle. Ya ha empezado a nevar.
____
6. Ellos van a las tiendas. Las tiendas ya han cerrado.
____
7. Lilia y Juan encuentran las llaves. Raúl ya se ha ido.
____
8. Preparas el almuerzo. Yo ya he comido.
____

4 **Rafael Nadal** Write a paragraph about the things that Rafael Nadal had achieved by age 18. Use the phrases from the word bank with the past perfect. Start each sentence with **Ya.** The first one has been done for you.

empezar a jugar al tenis profesionalmente	jugar en torneos del Grand Slam
ganar un torneo Masters Series	recibir miles de dólares
ingresar a la lista de los 100 mejores jugadores de la ATP	ser el campeón (*champion*) de la Copa Davis

Cuando tenía 18 años, Rafael Nadal ya había empezado a jugar al tenis profesionalmente. _______________
____
____
____
____
____
____

Nombre ______________________ Fecha ______________________

PREPARACIÓN

Lección 16

Workbook

1 **Una es diferente** Fill in each blank with the word that doesn't belong in the group.

1. ocupación, reunión, oficio, profesión, trabajo ______________________
2. pintor, psicólogo, maestro, consejero ______________________
3. arquitecta, diseñadora, pintora, bombera ______________________
4. invertir, currículum, corredor de bolsa, negocios ______________________
5. sueldo, beneficios, aumento, renunciar, ascenso ______________________
6. puesto, reunión, entrevista, videoconferencia ______________________

2 **¿Quién lo usa?** Label each drawing with the profession associated with the objects.

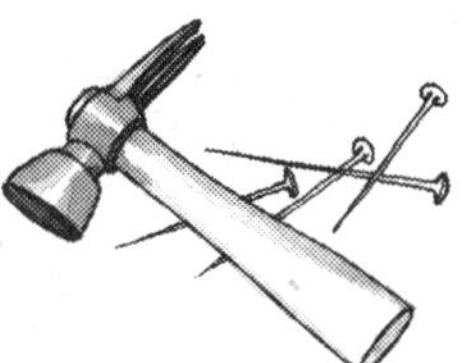

1. ______________________

2. ______________________

3. ______________________

4. ______________________

3 **Las ocupaciones** Fill in the blanks with the profession of the person who would make each statement.

1. "Decido dónde poner los elementos gráficos de las páginas de una revista".
____
2. "Ayudo a las personas a resolver sus problemas. Hablan conmigo y buscamos soluciones".
____
3. "Defiendo a mis clientes y les doy consejos legales".
____
4. "Investigo las cosas que pasan y escribo artículos sobre los eventos".
____
5. "Les doy clases a los niños en la escuela".
____
6. "Hago experimentos y publico los resultados en una revista".
____

Workbook

4 **Vida profesional** Complete the paragraph with items from the word bank.

anuncio	aspirante	currículum	entrevista	éxito	profesión	renunciar
ascenso	beneficios	empresa	entrevistadora	obtener	puesto	salario

Vi el ________(1) en el periódico. Se necesitaban personas que hablaran español e inglés para un ________(2) de editor en una pequeña ________(3) que se encontraba en el centro de la ciudad. Preparé mi ________(4) con mucha atención y lo envié por fax. Esa tarde me llamó la ________(5), que se llamaba Patricia Pineda. Me dijo que el ________(6) que ofrecían no era demasiado alto, pero que los ________(7), como el seguro de salud y el plan de jubilación, eran excelentes. Era una buena oportunidad para ________(8) experiencia. Me pidió que fuera a la oficina al día siguiente para hacerme una ________(9). Había otro ________(10) en la sala de espera cuando llegué. Me puse un poco nerviosa. Ese día decidí ________(11) a mi trabajo anterior (*previous*) y desde entonces ejerzo (*I practice*) la ________(12) de editora. ¡He tenido mucho ________(13)!

5 **El anuncio** Answer the questions about this help-wanted ad, using complete sentences.

EMPRESA MULTINACIONAL BUSCA:
• Contador • Gerente • Secretario

Salarios varían según la experiencia. Seguro (*Insurance*) de salud, plan de jubilación 401(k), dos semanas de vacaciones.

Enviar currículum y carta de presentación por fax o por correo electrónico para concertar (*schedule*) una entrevista con el Sr. Martínez.

1. ¿Cuántos puestos hay?

____

2. ¿Cuáles son los sueldos?

____

3. ¿Qué beneficios ofrece la empresa?

____

4. ¿Qué deben enviar los aspirantes?

____

5. ¿Quién es el señor Martínez?

____

6. ¿Dice el anuncio que hay que llenar (*fill out*) una solicitud?

____

Nombre ______________________ Fecha ______________________

Workbook

GRAMÁTICA

16.1 The future tense

1 **A los 30 años** Some friends in their late teens are talking about what they think they will be doing when they turn 30 years old. Complete the conversation with the correct form of the verbs in parentheses.

LETI Cuando tenga 30 años, ______(1)______ (ser) una arqueóloga famosa. Para entonces, ______(2)______ (haber) descubierto unas ruinas indígenas muy importantes.

SERGIO Yo ______(3)______ (tener) un programa de viajes en la televisión. Mi cámara de video y yo ______(4)______ (visitar) lugares hermosos y muy interesantes.

SUSI Entonces (tú) ______(5)______ (venir) a visitarme a mi restaurante de comida caribeña que ______(6)______ (abrir) en Santo Domingo, ¿verdad? El Sabor Dominicano ______(7)______ (tener) los mejores platos tradicionales y otros creados (*created*) por mí.

SERGIO Claro que sí, ______(8)______ (ir) a comer las especialidades y ______(9)______ (recomendarlo) a mis telespectadores (*viewers*). También (tú y yo) ______(10)______ (poder) visitar a Leti en sus expediciones.

LETI Sí, Susi ______(11)______ (cocinar) platos exóticos en medio de la selva y todos ______(12)______ (disfrutar) de su deliciosa comida.

2 **Responder** Answer the questions, using the future tense and the words in parentheses.

modelo

¿Qué vas a hacer hoy? (los quehaceres)

Haré los quehaceres.

1. ¿Cuándo vamos a jugar al fútbol? (el jueves)

____

2. ¿Cuántas personas va a haber en la clase? (treinta)

____

3. ¿A qué hora vas a venir? (a las nueve)

____

4. ¿Quién va a ser el jefe de Delia? (Esteban)

____

5. ¿Cuándo va a salir Juan? (en una hora)

____

6. ¿Quiénes van a estar en la fiesta? (muchos amigos)

____

Nombre ____________________ Fecha ____________________

Workbook

3 **Será así** Rewrite each sentence to express probability. Each new sentence should start with a verb in the future tense.

modelo

Creemos que se llega por esta calle.
Se llegará por esta calle.

1. Es probable que sea la una de la tarde.
____
2. Creo que ellas están en casa.
____
3. Estamos casi seguros de que va a nevar hoy.
____
4. ¿Crees que ella tiene clase ahora?
____
5. Es probable que ellos vayan al cine luego.
____
6. Creo que estamos enfermos.
____

4 **Fin de semana entre amigos** Rosa, one of your friends, is telling you about some of the activities she has planned for this weekend. Write complete sentences to describe each image. Then, in items 7 and 8, write complete sentences to describe two activities that you will do this weekend.

sábado por la mañana / nosotros

1. ______________________________

después / ustedes

2. ______________________________

mientras / yo

3. ______________________________

por la noche / Julio, Lisa y Cata

4. ______________________________

domingo por la mañana / yo

5. ______________________________

domingo por la tarde / nosotros

6. ______________________________

7. ______________________________

8. ______________________________

Nombre ____________________ Fecha ____________________

Workbook

16.2 The conditional tense

1

¿Lo haría? Rosa is not happy with her current job. What would happen if she looked for a new job? Complete the sentences with the conditional forms of the verbs in parentheses.

1. Rosa ____________________ (buscar) trabajo en los anuncios del periódico, pero no ____________________ (encontrar) nada.
2. Entonces, ella le ____________________ (preguntar) a un amigo.
3. Él le ____________________ (aconsejar) que busque oportunidades de trabajo en Internet.
4. Rosa ____________________ (solicitar) un puesto relacionado con su profesión.
5. Ella ____________________ (llevar) la solicitud de trabajo a la empresa.
6. En la compañía, ella se ____________________ (entrevistar) con el gerente.
7. El gerente ____________________ (hablar) del puesto.
8. Rosa ____________________ (preguntar) sobre el salario y sobre los beneficios.
9. Alguno de los dos no ____________________ (estar) de acuerdo (*agree*).
10. Rosa ____________________ (tener) que buscar trabajo en otro lugar.

2

La entrevista de trabajo You are talking to a friend about a possible job interview. Write a paragraph explaining what you would do if you were granted an interview.

buscar información sobre la empresa
saber lo que hace la compañía
llenar la solicitud de trabajo
vestirse de forma profesional
(no) ponerse sombrero
llegar temprano a la entrevista
saludar al / a la entrevistador(a)
tener el currículum
hablar sobre mi carrera
(no) reír muy fuerte
decir mi salario ideal
hacer preguntas sobre los beneficios
(no) comer nada en la reunión
finalmente, dar las gracias al / a la entrevistador(a)

Buscaría información sobre la empresa. ____________________

____

____

____

____

____

____

____

____

Workbook

3 **Los buenos modales** (*manners*) Rewrite these commands as polite requests, using the conditional.

modelo

Termina el trabajo hoy antes de irte.
¿Terminarías el trabajo hoy antes de irte, por favor?

1. Lleva mi currículum al entrevistador. _______________
2. Llama a Marcos esta tarde. _______________
3. Escucha la videoconferencia. _______________
4. Dame un aumento de sueldo. _______________
5. Ven a trabajar el sábado y el domingo. _______________
6. Búscame en la oficina a las seis. _______________

4 **¿Sería así?** Change the sentences into questions that ask what might have happened. Use the conditional tense.

modelo

Natalia recibió un aumento de sueldo. (tener éxito su proyecto)
¿Tendría éxito su proyecto?

1. Natalia se durmió en la videoconferencia de hoy. (estar cansada)
2. El jefe de Natalia le habló. (despedir su jefe a Natalia)
3. Natalia se fue a su casa. (renunciar Natalia a su puesto)
4. Natalia obtuvo un aumento de sueldo. (estar loco su jefe)

5 **Eso pensamos** Form sentences with the conditional of the verbs in parentheses.

modelo

Nosotros decidimos que (ustedes / tener tiempo) para estar en la reunión.
Nosotros decidimos que ustedes tendrían tiempo para estar en la reunión.

1. Yo pensaba que (mi jefe / estar enojado) porque llegué tarde a la reunión.
2. Beatriz dijo que (en la reunión / presentar al nuevo empleado).
3. Marta y Esther creían que (en la reunión / hablar del aumento) en los sueldos de los empleados.
4. Mi jefe dijo que (el gerente / tener buenas noticias) del éxito de la compañía.

Workbook

16.3 The past subjunctive

1 **Si pudiera** Complete the sentences with the past subjunctive of the verbs in parentheses.

1. El arqueólogo se alegró de que todos ______ (hacer) tantas preguntas.
2. Mi madre siempre quería que yo ______ (estudiar) arquitectura.
3. Te dije que cuando ______ (ir) a la entrevista, deberías llevar tu currículum.
4. Tal vez no fue una buena idea que nosotros le ______ (escribir) esa carta.
5. Era una lástima que su esposo ______ (tener) que trabajar tanto.
6. Luisa dudaba que ese empleo ______ (ser) su mejor alternativa.
7. Era probable que Francisco ______ (llevarse) mal con sus jefes.
8. Laura buscaba músicos que ______ (saber) tocar el saxofón.
9. Ustedes no estaban seguros de que el reportero ______ (conocer) al actor.
10. Fue extraño que Daniela y tú ______ (solicitar) el mismo (*same*) trabajo.

2 **Sería más feliz** Álex is talking to himself about the things that would make him happier. Complete his statements with the past subjunctive form of the verbs in parentheses. Then draw a portrait of yourself and write five sentences describing things that would make you happier. Try to use as many singular and plural forms as you can.

Álex

Sería (*I would be*) más feliz si...

1. (yo) ______ (ver) a Maite todos los días cuando regresemos a Quito.
2. mis papás ______ (venir) a Ecuador a visitarme.
3. Maite ______ (querer) hacer un viaje conmigo.
4. (yo) ______ (tener) una computadora más moderna.
5. mis nuevos amigos y yo ______ (viajar) juntos otra vez.

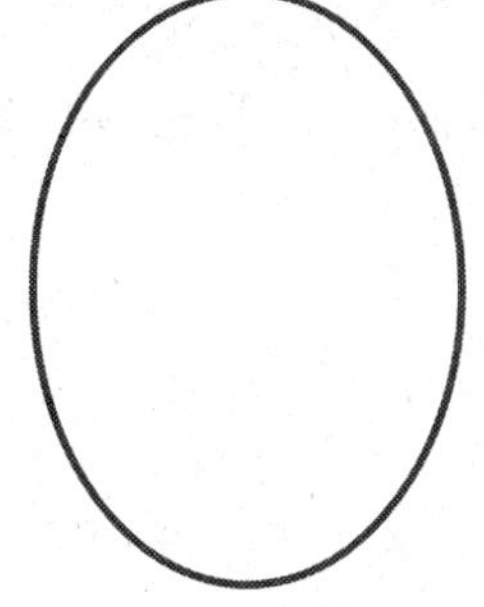

Sería más feliz si...

6. ______
7. ______
8. ______
9. ______
10. ______

Workbook

3 **Lo contrario** Complete the second sentences with the opposite of the first sentences.

modelo

Nadie dudaba que el candidato era muy bueno.
Nadie estaba seguro de que el candidato fuera muy bueno.

1. Nadie dudaba de que el ascenso de Miguel fue justo (*fair*).

No estabas seguro de que ______________________.

2. Era obvio que todos los participantes sabían usar las computadoras.

No fue cierto que ______________________.

3. Raquel estaba segura de que las reuniones no servían para nada.

Pablo dudaba que ______________________.

4. Fue cierto que Rosa tuvo que ahorrar mucho dinero para invertirlo.

No fue verdad que ______________________.

5. No hubo duda de que la videoconferencia fue un desastre (*disaster*).

Tito negó que ______________________.

6. No negamos que los maestros recibieron salarios bajos.

La directora negó que ______________________.

4 **El trabajo** Complete the paragraph with the past subjunctive, the preterite, or the imperfect of the verbs in parentheses as appropriate.

MARISOL ¡Hola, Pepe! Me alegré de que (tú) ______(1)______ (conseguir) el trabajo de arquitecto.

PEPE Sí, aunque fue una lástima que (yo) ______(2)______ (tener) que renunciar a mi puesto anterior.

MARISOL No dudé de que ______(3)______ (ser) una buena decisión cuando lo supe.

PEPE No estaba seguro de que este puesto ______(4)______ (ser) lo que quería, pero resultó ser muy bueno.

MARISOL Estoy segura de que (tú) ______(5)______ (hacer) muy bien la entrevista.

PEPE Me puse un poco nervioso, sin que eso ______(6)______ (afectar) mis respuestas.

MARISOL Sé que ellos necesitaban a alguien que ______(7)______ (tener) tu experiencia.

PEPE Era cierto que ellos ______(8)______ (necesitar) a muchas personas para la oficina nueva.

Nombre ____________________ Fecha ____________________

Workbook

AVENTURAS EN LOS PAÍSES HISPANOS

España

1 **El mapa de España** Fill in the blanks with the name of the city or geographical feature indicated.

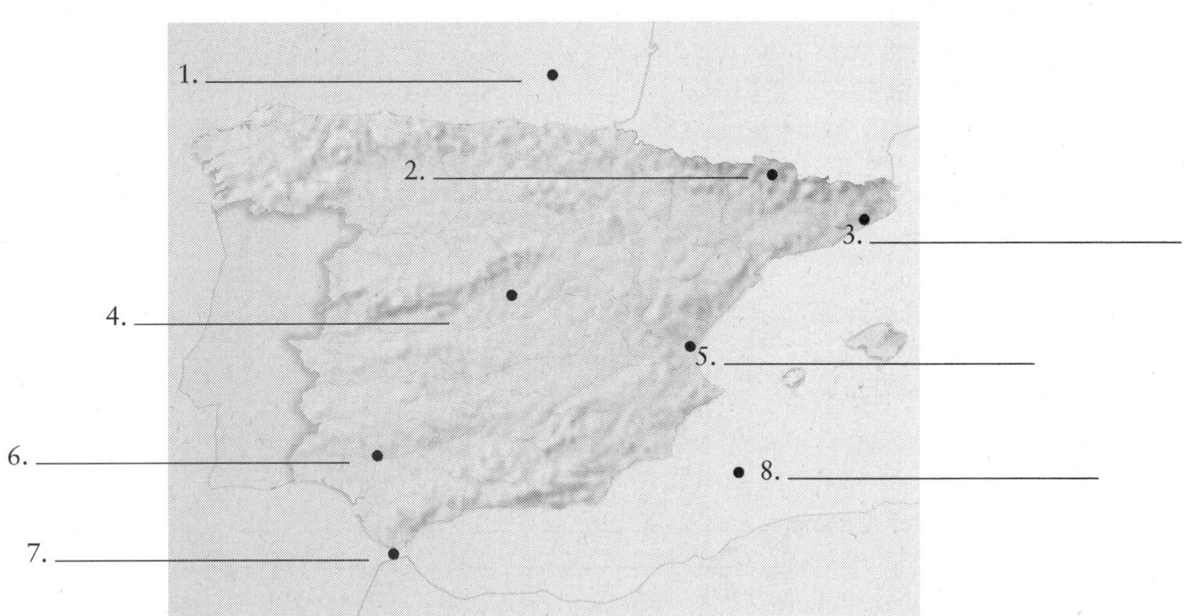

2 **Lugares** Complete the sentences about Spanish places. Then, circle them in the grid (horizontally, diagonally, and vertically).

1. España está en ____________.
2. ____________ tiene un área de 505.370 km^2.
3. ____________, ____________, ____________ y ____________ son ciudades importantes de España.
4. En Valencia hay un pequeño pueblo llamado ____________.
5. En España se encuentran las islas ____________ y ____________.
6. El Museo del Prado está en ____________.

A	M	T	K	I	P	M	Y	T	B	U	Ñ	O	L	O
D	B	A	L	E	A	R	E	S	U	R	A	Z	I	P
E	R	G	D	P	L	R	H	B	M	V	A	A	N	N
C	A	N	A	R	I	A	S	B	R	A	G	R	U	Y
U	Z	K	C	S	I	N	B	A	L	L	I	V	E	S
Y	S	A	D	A	O	D	C	L	P	E	I	E	S	A
T	L	X	P	Ñ	I	X	Z	E	S	N	P	U	P	E
A	Z	O	G	A	R	A	Z	A	D	C	C	R	A	L
X	T	A	Z	O	L	G	A	R	A	I	V	O	Ñ	A
E	R	B	A	R	C	E	L	O	N	A	K	P	A	B
P	Ñ	E	S	P	O	Ñ	O	L	K	Ñ	H	A	Z	D

3 **Definiciones** Write the word to each clue in the crossword, then use the word formed by the outlined boxes to complete the final phrase.

1. región de España donde está Buñol
2. Hay muchas cafeterías donde la gente pasa el tiempo.
3. Salamanca es famosa por su arquitectura antigua, como estos edificios de estilo gótico.
4. moneda que se usa en España
5. baile con raíces (*roots*) judías (*Jewish*), árabes y africanas
6. islas españolas del mar Mediterráneo
7. la profesión de Goya y El Greco
8. capital de España
9. la obra más famosa de Diego Velázquez
10. museo español famoso

El festival de Buñol se llama: ______________________.

4 **Las fotos** Label each photo.

1. ______________

2. ______________

3. ______________

4. ______________

REPASO

Lecciones 13–16

1 **Las conjunciones** Use the subjunctive or the indicative of the verbs in parentheses.

1. Debes hacer gimnasia todas las semanas, a menos que (querer) ______________ engordar.
2. Gabriela nunca hace ejercicios de estiramiento cuando (ir) ______________ al gimnasio.
3. Siempre me ducho después de que (levantar) ______________ pesas.
4. A Martín y a su novia les recomiendan estar a dieta para que (llevar) ______________ una vida sana.
5. Con tal de que Susana (estar) ______________ en forma, yo pagaría por sus clases de ejercicios aeróbicos.
6. Mi hermana aumenta de peso en cuanto (dejar) ______________ de entrenar.

2 **¿Subjuntivo o indicativo?** Write sentences, using the elements provided and either the subjunctive or the indicative, depending on the cues and context.

1. Jorge / esperar / su madre / conseguir un trabajo pronto

____

2. (nosotros) / no negar / trabajar más de ocho horas diarias / ser duro

____

3. ser imposible / Marisa y Rubén / ayudar con el nuevo proyecto

____

4. ustedes / alegrarse / Natalia / regresar a nuestra oficina

____

5. ser cierto / el jefe / ganar mucho dinero

____

3 **¡Que sí! ¡Que no!** Your mother and father disagree on the things that you and the family should do. Write positive and negative informal commands for the subjects indicated.

1. comer en casa (nosotros)

____

2. estudiar por las noches (tú)

____

3. visitar a la abuela (nosotros)

____

4. comprar un coche nuevo (tú)

____

5. limpiar la casa (nosotros)

____

Workbook

4 **Hemos dicho** Complete the dialogues with the present perfect or the past perfect as appropriate.

DARÍO Marcela, ¿ ______ (1) (ir) al supermercado últimamente?

MARCELA No, las últimas dos semanas ______ (2) (estar) muy ocupada y no ______ (3) (hacer) ninguna compra.

DARÍO ¡Nunca te ______ (4) (ver) tan ocupada en tu vida!

JOSÉ Debo ir al banco. Hace días que tengo un cheque y no lo ______ (5) (cobrar) todavía.

MIGUEL Yo nunca cobro los cheques. Hasta hoy, siempre los ______ (6) (depositar) en mi cuenta de ahorros.

JOSÉ De todas maneras es un poco tarde y probablemente el banco ______ (7) (cerrar) sus puertas. Iré a cobrar el cheque mañana.

IRMA ¡Estamos perdidas en la ciudad otra vez, Sonia! Yo nunca antes ______ (8) (estar) perdida en la ciudad.

SONIA Antes de venir aquí, yo ______ (9) (preparar) un plan de viaje… ¡para no perderme!

IRMA Cuando salimos, mi tía ya me ______ (10) (dar) unas direcciones escritas, pero las olvidé en mi escritorio. ¡Qué mala suerte!

5 **Ecología** Complete the sentences with the conditional of the verbs in parentheses.

1. Me ______ (gustar) hacer algo para evitar la contaminación del agua.
2. (Nosotros) ______ (poder) comenzar por reciclar los periódicos.
3. La deforestación en exceso ______ (tener) consecuencias terribles en nuestra provincia.
4. A José le ______ (interesar) estar en un grupo de protección del medio ambiente, pero primero ______ (querer) investigar un poco al respecto.
5. Mis hermanos dicen que ______ (ir) a otro país para estudiar ecología.

6 **El extranjero** Write a paragraph, keeping in mind the indicative and subjunctive moods.

- Describe what you like and dislike about living in your town. What would you recommend to someone new to your town?
- What would your childhood have been like if you had grown up in a Spanish-speaking country?
- Finally, mention where you will live in the future and why.

Nombre ____________ Fecha ____________

Bienvenida, Marissa

Lección 1

Antes de ver el video

1 **¡Mucho gusto!** In this episode, Marissa will be meeting the **familia Díaz** for the first time. Look at the image and write what you think Marissa, Mrs. Díaz, and Mr. Díaz are saying.

____
____
____
____
____
____
____

Mientras ves el video

2 **Completar** Watch **Bienvenida, Marissa** and complete the sentences.

SRA. DÍAZ ¿(1) ____________ hora es?
MARISSA (2) ____________ las cuatro menos diez.
DON DIEGO Buenas tardes, (3) ____________. Señorita, bienvenida a la Ciudad de México.
MARISSA ¡Muchas gracias! Me (4) ____________ Marissa.
¿(5) ____________ se llama usted?
DON DIEGO Yo soy Diego, mucho (6) ____________.
MARISSA El gusto es (7) ____________, don Diego.
DON DIEGO ¿Cómo (8) ____________ usted hoy, señora Carolina?
SRA. DÍAZ Muy bien, gracias, ¿y (9) ____________?
DON DIEGO Bien, (10) ____________.
SRA. DÍAZ Ahí hay (11) ____________ maletas. Son de Marissa.
DON DIEGO Con (12) ____________.

3 **¿Cierto o falso?** Indicate whether each statement is **cierto** or **falso**.

	Cierto	Falso
1. Marissa es de Wisconsin.	❍	❍
2. Jimena es profesora.	❍	❍
3. La señora Díaz es de Cuba.	❍	❍
4. Felipe es estudiante.	❍	❍
5. El señor Díaz es de la Ciudad de México.	❍	❍
6. Marissa no tiene (*doesn't have*) diccionario.	❍	❍

Después de ver el video

4 **¿Quién?** Write the name of the person who said each of the following sentences.

1. Ellos son estudiantes. ____________
2. Son las cuatro y veinticinco. ____________
3. Hasta luego, señor Díaz. ____________
4. La chica de Wisconsin. ____________
5. Bienvenida, Marissa. ____________
6. Nosotros somos tu diccionario. ____________
7. Hay... tres cuadernos... un mapa... un libro de español... ____________
8. Marissa, te presento a Roberto, mi esposo. ____________
9. De nada. ____________
10. Lo siento, Marissa. ____________
11. ¿Cómo se dice mediodía en inglés? ____________
12. No hay de qué. ____________
13. ¿Qué hay en esta cosa? ____________
14. ¿Quiénes son los dos chicos de las fotos? ¿Jimena y Felipe? ____________
15. Gracias, don Diego. ____________

5 **Ho, ho, hola...** Imagine that you have just met the man or woman of your dreams, and that person speaks only Spanish! Don't be shy! Write what the two of you would say in your first conversation.

6 **En la clase** Imagine that you are in Mexico studying Spanish. Write a conversation between you and your Spanish professor on the first day of class.

Nombre ______________________ Fecha ______________________

¿Qué estudias?

Lección 2

Antes de ver el video

1 **Impresiones** Based on your impressions of Marissa, Felipe, and Jimena in **Lección 1**, write the names of the classes you think each person is taking or is most interested in. Indicate who you believe is the most studious, and who you believe is the most talkative.

MARISSA	FELIPE	JIMENA
____________	____________	____________
____________	____________	____________
____________	____________	____________

Mientras ves el video

2 **¿Quién y a quién?** Watch **¿Qué estudias?** and indicate who asks these questions and to whom.

Preguntas	¿Quién?	¿A quién?
1. ¿A quién buscas?	____________	____________
2. ¿Cuántas clases tomas?	____________	____________
3. ¿Qué estudias?	____________	____________
4. ¿Dónde está tu diccionario?	____________	____________
5. ¿Hablas con tu mamá?	____________	____________

3 **¿Qué cosas hay?** Indicate which actions, items, and places are shown in **¿Qué estudias?**

____ 1. libros
____ 2. laboratorio
____ 3. caminar
____ 4. castillo
____ 5. comprar
____ 6. tiza
____ 7. hablar
____ 8. horario
____ 9. pizarra
____ 10. dibujar
____ 11. reloj
____ 12. mochila

4 **Completar** Complete the sentences.

1. Marissa está en México para ____________.
2. Marissa toma cuatro ____________.
3. La ____________ de Marissa es arqueología.
4. La especialización de Miguel es ____________.
5. A Miguel le gusta ____________.
6. Marissa ____________ muy bien el español.
7. Juan Carlos toma química con el ____________ Morales.
8. El profesor Morales enseña en un laboratorio sin ____________.
9. A Felipe le gusta estar ____________ el reloj y la puerta.
10. Maru ____________ con su mamá.

Video Manual: *Aventuras*

Después de ver el video

5 **Corregir** The underlined words in the following statements are incorrect. Replace them with the correct ones.

1. <u>Maru</u> es de los Estados Unidos. ______
2. <u>Miguel</u> toma una clase de computación. ______
3. <u>Felipe</u> necesita comprar libros. ______
4. En clase, a Marissa le gusta estar cerca <u>del reloj</u>. ______
5. <u>Felipe</u> es de Argentina. ______
6. Marissa toma español, <u>periodismo</u>, literatura y geografía. ______
7. Felipe busca a Juan Carlos y a <u>Maru</u>. ______
8. Felipe necesita practicar <u>español</u>. ______

6 **Asociar** Assign each word or phrase in the box to the name of the appropriate person.

¿A la biblioteca?	cuatro clases	¿Por qué tomo química y computación?
arqueología	Ésta es la Ciudad de México.	Te gusta la tarea.
Buenos Aires	Hola, mamá, ¿cómo estás?	Y sin diccionario.
ciencias ambientales	Me gusta mucho la cultura mexicana.	

1. Marissa ______ ______ ______
2. Felipe ______ ______ ______
3. Juan Carlos ______ ______ ______
4. Maru ______ ______ ______

7 **¿Y tú?** Write a paragraph saying who you are, where you are from, where you study (city and name of university), and what classes you are taking this semester.

____
____
____
____
____
____
____
____
____
____

Nombre ______________________ Fecha ______________________

Un domingo en familia

Lección 3

Antes de ver el video

1

Examinar el título Look at the title of the episode. Based on the title and the image below, describe what you think you will see in the video.

Mientras ves el video

2

Completar Complete each sentence in column A with a word from column B, according to **Un domingo en familia**.

A	B
1. Marta ______________ ocho años.	trabajadora
2. Las hijas de Nayeli son simpáticas y ______________.	tiene
3. La ______________ de Ramón y Roberto se llama Ana María.	vive
4. Jimena dice que Felipe es ______________ y feo.	gordo
5. Jimena es muy ______________.	bonitas
6. Ana María ______________ en Mérida.	hermana

3

En Xochimilco Select each person or thing that appears in this episode.

____ 1. a Biology book
____ 2. Marissa's grandparents
____ 3. Jimena's cousins
____ 4. a desk
____ 5. Felipe's uncle
____ 6. a soccer ball
____ 7. trajineras
____ 8. mariachis
____ 9. people eating
____ 10. Felipe's girlfriend
____ 11. Jimena's dad
____ 12. Ana María's son-in-law

4

¿Cierto o falso? Indicate whether each statement is **cierto** or **falso**.

	Cierto	Falso
1. Felipe tiene mucha hambre.	❍	❍
2. El ex novio de Marissa es alemán.	❍	❍
3. Ana María tiene tres hijos.	❍	❍
4. Marissa tiene una sobrina que se llama Olivia.	❍	❍
5. La señora Díaz dice que su cuñada es muy simpática.	❍	❍

Video Manual: *Aventuras*

Después de ver el video

5 **Seleccionar** Select the word or phrase that correctly completes each sentence.

1. Roberto es el ______________ de Felipe y Jimena.
   a. tío b. primo c. padre d. sobrino
2. Los abuelos de Marissa son ______________.
   a. ecuatorianos b. españoles c. mexicanos d. alemanes
3. Adam es el ______________ de Marissa.
   a. hermano menor b. tío c. primo d. cuñado
4. Carolina tiene una ______________ que se llama Ana María.
   a. tía b. cuñada c. hermana d. prima
5. Las ______________ de Nayeli son ______________.
   a. primas; altas b. hermanas; trabajadoras c. hijas; simpáticas d. sobrinas; guapas
6. La ______________ de Nayeli es muy ______________.
   a. sobrina; trabajadora b. abuela; vieja c. mamá; simpática d. tía; alta
7. La ______________ de Carolina tiene ______________.
   a. tía; hambre b. hija; sed c. sobrina; frío d. familia; sueño
8. Marissa decide ir a ______________.
   a. la librería b. la cafetería c. Mérida d. el estadio

6 **Preguntas** Answer the questions, using complete sentences.

1. ¿Quién tiene tres hermanos?
   ____
2. ¿Cuántos años tiene Valentina, la hija de Nayeli?
   ____
3. ¿Quién es hija única?
   ____
4. ¿Cómo se llama el hermano de Jimena?
   ____
5. ¿Cómo se llama el padre de Felipe?
   ____

7 **Preguntas personales** Answer the questions about your family.

1. ¿Cuántas personas hay en tu familia? ¿Cuál es más grande (*bigger*), tu familia o la familia de Jimena? ____
   ____
2. ¿Tienes hermanos/as? ¿Cómo se llaman? ____
   ____
3. ¿Tienes un(a) primo/a favorito/a? ¿Cómo es? ____
   ____
4. ¿Cómo es tu tío/a favorito/a? ¿Dónde vive? ____
   ____

Nombre ______________________ Fecha ______________________

Fútbol, cenotes y mole

Lección 4

Antes de ver el video

1 **El cenote** In this episode, Miguel, Maru, Marissa, and Jimena are going to a **cenote** to swim. What do you think they will see? What will they talk about?

____

____

____

____

____

____

____

Mientras ves el video

2 **Verbos** These sentences are taken from **Fútbol, cenotes y mole**. As you watch this segment, fill in the blanks with the missing verbs.

1. ¿No vamos a ______________________? ¿Qué es un cenote?
2. Ella nada y ______________________ al tenis y al golf.
3. Bueno, chicos, ya es hora, ¡______________________!
4. Si ______________________, compramos el almuerzo.

3 **¿Qué ves?** Check what you see.

____ 1. una pelota de fútbol	____ 5. una revista
____ 2. un mensaje de correo electrónico	____ 6. un restaurante
____ 3. una iglesia	____ 7. una plaza
____ 4. un mapa	____ 8. un cine

4 **Completar** Fill in the blanks in Column A with words from Column B.

A	B
1. Miguel dice (*says*) que un cenote es una ______________ natural.	montañas
2. Marissa dice que donde ella vive no hay ______________.	pasatiempos
3. La tía Ana María tiene muchos ______________ y actividades.	comer
4. La tía Ana María va al cine y a los ______________.	museos
5. Eduardo y Pablo dicen que hay un partido de fútbol en el ______________.	nadan
6. Don Guillermo dice que hay muchos ______________ buenos en Mérida.	piscina
7. Felipe desea ______________ mole.	restaurantes
8. Marissa y sus amigos ______________ en el cenote.	parque

Video Manual: *Aventuras*

Después de ver el video

5 **¿Qué hacen?** For numbers 1–11, fill in the missing letters in each word. For number 12, unscramble the letters in the boxes to form a new word.

1. Pablo dice que si no consigue más jugadores, su equipo va a ☐ __ __ d __ __.
2. Miguel dice que en México sólo hay __ __ n __ __ __ ☐ en la península de Yucatán.
3. Felipe dice que el restaurante del mole está en el __ __ __ ☐ __ o.
4. La tía Ana María sale mucho los __ __ n __ ☐ de semana.
5. Don Guillermo dice que hay un buen restaurante en la ☐ __ a __ __.
6. El mole de la tía Ana María es el __ __ v __ __ ☐ __ __ de Jimena.
7. Juan Carlos y Felipe van a __ __ __ ☐ r al fútbol con Eduardo y Pablo.
8. Eduardo juega con la p ☐ __ __ __ __ después del partido.
9. Eduardo y Pablo van a pagar lo que Felipe y Juan Carlos van a ☐ __ m __ __ __ __ __.
10. Marissa no escala ☐ __ __ t __ __ __ __.
11. Los chicos hablan con don Guillermo después de jugar al __ __ __ b ☐ __.
12. La tía Ana María tiene muchos ______________________.

6 **Me gusta** Fill in the chart with the activities, hobbies, or sports that you enjoy. Also say when and where you do each activity.

Mis pasatiempos favoritos	¿Cuándo?	¿Dónde?

7 **Preguntas** Answer these questions in Spanish.

1. ¿Son aficionados/as a los deportes tus amigos/as? ¿Cuáles son sus deportes favoritos?

____

2. ¿Qué hacen tú y tus amigos/as cuando tienen ratos libres?

____

3. ¿Qué vas a hacer esta noche? ¿Vas a estudiar? ¿Descansar? ¿Mirar televisión? ¿Ver una película? ¿Por qué? ______________________

Video Manual: *Aventuras*

Nombre ______________________ Fecha ______________________

¡Vamos a la playa!

Lección 5

Antes de ver el video

1 **¿Qué hacen?** The six friends have just arrived at the beach. Based on the image, what do you think Maru and Jimena are doing? What do you think they will do next?

____

____

____

____

____

____

____

____

Mientras ves el video

2 **¿Quién?** Watch the episode and indicate the name of the person who goes with each expression.

Expresión	Nombre
1. En Yucatán hace mucho calor.	______________
2. ¿Están listos para su viaje a la playa?	______________
3. No podemos perder el autobús.	______________
4. Bienvenidas. ¿En qué puedo servirles?	______________
5. No está nada mal el hotel, ¿verdad? Limpio, cómodo.	______________

3 **¿Qué ves?** Indicate which of these things you see in the video.

____ 1. un inspector de aduanas
____ 2. el mar
____ 3. un aeropuerto
____ 4. un botones
____ 5. unas maletas
____ 6. una pelota
____ 7. una agencia de viajes
____ 8. el campo
____ 9. la planta baja del hotel
____ 10. unas llaves
____ 11. un libro
____ 12. personas en la playa

4 **Completar** Complete these sentences.

1. **TÍA ANA MARÍA** Excelente, entonces... ¡A la ______________!
2. **MARU** Tenemos una ______________ para seis personas para esta noche.
3. **EMPLEADO** Dos ______________ en el primer piso para seis huéspedes.
4. **MIGUEL** Ellos son mis amigos. Ellos sí son ______________ conmigo.
5. **MARISSA** Yo estoy un poco ______________. ¿Y tú? ¿Por qué no estás nadando?

Video Manual: *Aventuras*

Nombre ______________________ Fecha ______________________

Después de ver el video

5 **¿Cierto o falso?** Say whether each statement is **cierto** or **falso**. Correct the false statements.

1. Miguel está enojado con Felipe.
   ____
2. Felipe y Marissa hablan con un empleado del hotel.
   ____
3. Los ascensores del hotel están a la izquierda.
   ____
4. Maru y su novio quieren hacer windsurf, pero no tienen tablas.
   ____
5. Felipe dice que el hotel es feo y desagradable.
   ____
6. Jimena dice que estudiar en la playa es muy divertido.
   ____

6 **Resumir** Write a summary of this episode in Spanish. Try to include all important information.

____

7 **Preguntas** Answer these questions in Spanish.

1. ¿Te gusta ir de vacaciones? ¿Por qué? ______________________
2. ¿Adónde te gusta ir de vacaciones? ¿Por qué? ______________________
3. ¿Con quién(es) vas de vacaciones? ______________________

Nombre ____________________ Fecha ____________________

En el mercado

Lección 6

Antes de ver el video

1 **Describir** Look at the image and describe what you see, answering these questions: Where are Maru, Jimena, and Marissa? Who are they talking to? What is the purpose of their conversation?

____
____
____
____
____
____
____

Mientras ves el video

2 **Ordenar** Watch **En el mercado** and indicate the order in which you hear the following.

____ a. Acabamos de comprar tres bolsas por 480 pesos.
____ b. ¿Encontraron el restaurante?
____ c. Esta falda azul es muy elegante.
____ d. Le doy un muy buen precio.
____ e. Mira, son cuatro. Roja, amarilla, blanca, azul.
____ f. Acabo de ver una bolsa igual a ésta que cuesta 30 pesos menos.

3 **Mérida** Indicate which of these things you see in the video.

____ 1. una tarjeta de crédito
____ 2. una blusa
____ 3. un mercado
____ 4. un impermeable
____ 5. unos aretes
____ 6. un vendedor

4 **¿Quién lo dijo?** Indicate whether Marissa, Miguel, or don Guillermo said each sentence.

____________________ 1. Quiero comprarle un regalo a Maru.
____________________ 2. ¿Me das aquella blusa rosada? Me parece que hace juego con esta falda.
____________________ 3. ¿Puedo ver ésos, por favor?
____________________ 4. Hasta más tarde. Y ¡buena suerte!
____________________ 5. Me contaron que los vendedores son muy simpáticos.

Después de ver el video

5 **Completar** Complete the following sentences with words from the box.

azul	hermana	novia
camisetas	mercado	regatear
en efectivo	negro	vender

1. Juan Carlos, Felipe y Miguel creen que las chicas no saben (*know*) ______________.
2. Los seis amigos van de compras a un ______________.
3. Marissa dice que el color ______________ está de moda.
4. Miguel quiere comprarle un regalo a su ______________ Maru.
5. Las ______________ de Juan Carlos y Felipe costaron 200 pesos.
6. Las chicas pagan 480 pesos ______________ por las bolsas.

6 **Corregir** Each of these statements is false. Rewrite them to make them true.

1. Jimena dice que la ropa del mercado es muy fea.
____
2. Marissa usa la talla 6.
____
3. Maru compró una blusa.
____
4. Miguel compró un abrigo para Maru.
____

7 **Preguntas** Answer these questions in Spanish.

1. ¿Te gusta ir de compras? ¿Por qué? ______________
____
2. ¿Adónde vas de compras? ¿Por qué? ______________
____
3. ¿Con quién(es) vas de compras? ¿Por qué? ______________
____
4. Imagina que estás en un centro comercial y que tienes mil dólares. ¿Qué vas a comprar? ¿Por qué?
____
____
5. Cuando compras un auto, ¿regateas con el/la vendedor(a)? ______________
____

Nombre ______________________ Fecha ______________________

¡Necesito arreglarme!

Lección 7

Antes de ver el video

1 **En el baño** In this episode, Marissa, Felipe, and Jimena want to get ready at the same time. What do you think they might say?

____
____
____
____
____
____
____
____

Mientras ves el video

2 **¿Marissa o Felipe?** Watch **¡Necesito arreglarme!** and indicate whether the plans are Marissa's or Felipe's.

Actividad	Marissa	Felipe
1. ir al cine	________	________
2. afeitarse	________	________
3. ir al café a molestar a su amigo	________	________
4. arreglarse el pelo	________	________
5. ir al café con Juan Carlos	________	________

3 **Ordenar** Indicate the order in which these events occur.

____ a. Jimena termina de maquillarse.
____ b. Todos quieren usar el espejo al mismo tiempo.
____ c. Marissa quiere entrar al baño y la puerta está cerrada.
____ d. Las chicas comparten el espejo.
____ e. Marissa busca una toalla.
____ f. Felipe entra al baño.

4 **Completar** Complete these sentences.

1. **FELIPE** Cada vez que quiero usar el ________________, una de ustedes está aquí.
2. **JIMENA** Me estoy ________________ la cara.
3. **MARISSA** ¡________________ debe estudiar los viernes!
4. **JIMENA** ¿Por qué no te ________________ por la mañana?
5. **FELIPE** Siempre hay ________________ en vivo.

Video Manual: *Aventuras*

Después de ver el video

5 **Preguntas** Answer these questions in Spanish.

1. ¿Qué está haciendo Jimena cuando Marissa quiere entrar al baño?

2. ¿Por qué Jimena quiere maquillarse primero?

3. ¿Por qué se quiere afeitar Felipe?

4. ¿Cómo es el café donde van a ir Felipe y Juan Carlos?

5. ¿Por qué Marissa quiere arreglarse?

6. ¿Cuándo fue la última vez que Jimena vio a Juan Carlos?

6 **Preguntas personales** Answer these questions in Spanish.

1. ¿A qué hora te levantas durante la semana? ¿Y los fines de semana?

2. ¿Te gusta más (*more*) bañarte o ducharte? ¿Por qué?

3. ¿Cuántas veces por día (*How many times a day*) te cepillas los dientes?

4. ¿Te lavas el pelo todos los días (*every day*)? ¿Por qué?

5. ¿Cómo cambia (*changes*) tu rutina los días que vas a la universidad y los días que sales con tus amigos?

7 **Escribir** Describe in Spanish what happens, from the point of view of Jimena, Marissa, or Felipe.

Nombre ______ Fecha ______

Una cena... romántica

Lección 8

Antes de ver el video

1 **En un restaurante** What do you do and say when you have dinner at a restaurant?

______

______

______

______

______

______

______

______

Mientras ves el video

2 **¿Quién?** Watch **Una cena... romántica** and indicate who says each sentence.

Oración	Nombre
1. La ensalada viene con aceite y vinagre.	______
2. Vino blanco para mí.	______
3. Mejor pido la ensalada de pera con queso.	______
4. Los espárragos están sabrosísimos esta noche.	______
5. Señor, él es más responsable que yo.	______

3 **Ordenar** Indicate the order in which these events occur.

____ a. Felipe les pone pimienta a los platillos.

____ b. Miguel pide una cerveza.

____ c. El camarero recomienda la sopa de frijoles.

____ d. El gerente llega a la mesa de Maru y Miguel.

4 **Completar** Complete these sentences.

1. **MARU** No sé qué pedir. ¿Qué me ______?
2. **CAMARERO** ¿Ya decidieron qué ______ quieren?
3. **MARU** Tienes razón, Felipe. Los espárragos están ______.
4. **FELIPE** ¿Quién ______ jamón?
5. **JUAN CARLOS** ¿Aquí vienen ______ mexicanos ______ extranjeros?

Video Manual: *Aventuras*

Después de ver el video

5 **Opiniones** Indicate which person expressed the following opinions, either verbally or through body language.

__________ 1. Los mariscos parecen tan ricos como el jamón.

__________ 2. Este joven me está molestando con sus preguntas.

__________ 3. Los champiñones están deliciosos.

__________ 4. Felipe tiene la culpa (*is guilty*) de lo que pasó.

__________ 5. Vamos a la cocina para que paguen lo que hicieron (*did*).

6 **Corregir** Correct these statements.

1. Miguel le dice a Maru que la langosta se ve muy buena.

____

2. De beber, Maru y Miguel piden té.

____

3. El plato principal es ceviche de camarones con cilantro y limón.

____

4. Maru pide el jamón con arvejas.

____

5. Felipe dice que los champiñones saben a vinagre.

____

6. Felipe dice que es el mejor camarero del mundo.

____

7 **Preguntas personales** Answer these questions in Spanish.

1. ¿Almuerzas en la cafetería de tu universidad? ¿Por qué? __________

____

2. ¿Cuál es tu plato favorito? ¿Por qué? __________

____

3. ¿Cuál es el mejor restaurante de tu comunidad? Explica (*Explain*) tu opinión. __________

____

4. ¿Cuál es tu restaurante favorito? ¿Cuál es la especialidad de ese restaurante? __________

____

5. ¿Sales mucho a cenar con tus amigos/as? ¿Adónde van a cenar? __________

____

Nombre ______________________ Fecha ______________________

El Día de Muertos

Lección 9

Antes de ver el video

1 **La celebración** In this episode, the Díaz family celebrates the Day of the Dead. What kinds of things do you expect to see?

____

____

____

____

____

____

____

____

Mientras ves el video

2 **Ordenar** Indicate the order in which these events occur.

____ a. La tía Ana María le dice a Marissa cómo se enamoraron sus papás.

____ b. El señor Díaz brinda por los abuelos de la familia.

____ c. Marissa prueba el mole que prepara la tía Ana María.

____ d. Maite Fuentes habla del Día de Muertos en la televisión.

____ e. Jimena pregunta dónde puso las galletas y el pastel.

3 **¿Qué ves?** Indicate which of these things you see in the video.

____ 1. una botella de vino	____ 5. calaveras de azúcar	____ 9. un regalo de Navidad
____ 2. una foto de boda	____ 6. una fiesta de quinceañera	____ 10. helados
____ 3. una graduación	____ 7. galletas	____ 11. un altar
____ 4. flores	____ 8. bolsas	____ 12. un flan

4 **¿Quién lo dijo?** Indicate who said each sentence.

______________ 1. Su familia es muy interesante.

______________ 2. El Día de Muertos se celebra en México el primero y el dos de noviembre.

______________ 3. ¡Estoy seguro que se lo van a pasar bien!

______________ 4. Al principio, mi abuela no quiso aceptar el matrimonio.

Nombre ______________________ Fecha ______________________

Después de ver el video

5 **Corregir** Rewrite these sentences to reflect what took place.

1. El Día de Muertos se celebra con flores, calaveras de azúcar, música y champán.
____
2. El mole siempre fue el plato favorito de la mamá de la tía Ana María.
____
3. Jimena intentó preparar mole para la fiesta de aniversario de sus tíos.
____
4. La tía Ana María se casó con un ingeniero que trabaja muchísimo.
____
5. Felipe y su papá prepararon pastel de chocolate para la familia.
____
6. A Valentina le gusta el helado.
____

6 **Eventos importantes** Describe in Spanish the three most important events in this episode, and explain your choices.

____
____
____
____
____
____
____

7 **Preguntas personales** Answer these questions in Spanish.

1. ¿Qué días de fiesta celebras con tu familia? ______________________
____
2. De los días de fiesta, ¿cuál es tu favorito? ¿Por qué? ______________________
____
3. ¿Qué haces el Día de Acción de Gracias? ______________________
____
4. ¿Cómo celebras tu cumpleaños? ¿Te gusta recibir regalos? ______________________
____

Video Manual: *Aventuras*

Nombre ______________________ Fecha ______________________

¡Qué dolor!

Lección 10

Antes de ver el video

1 **Una cita** Look at the image. Where do you think Jimena is? What is happening?

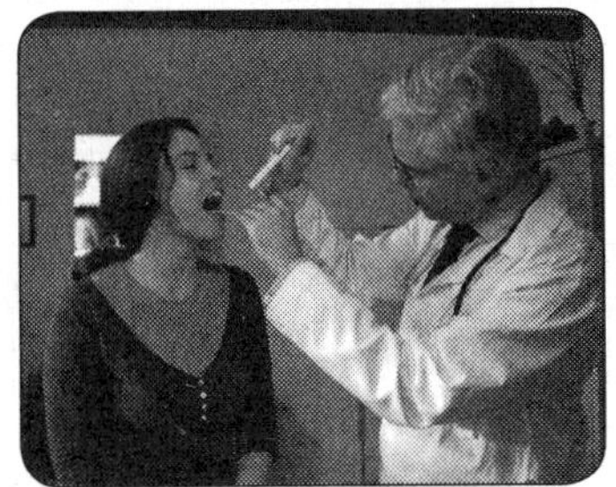

Mientras ves el video

2 **¿Quién?** Watch **¡Qué dolor!** and indicate who said what.

Expresión	Jimena	Elena	Dr. Meléndez
1. ¿Cuáles son tus síntomas?	______	______	______
2. Tengo un dolor de cabeza terrible.	______	______	______
3. Empecé a toser esta mañana.	______	______	______
4. Te voy a mandar algo para la garganta.	______	______	______
5. ¡Es tan sólo un resfriado!	______	______	______

3 **¿Qué ves?** Indicate which of these things you see in the video.

____ 1. un letrero (*sign*) que dice: "Se prohíbe fumar"
____ 2. un termómetro
____ 3. pastillas para el resfriado
____ 4. una radiografía
____ 5. un consultorio
____ 6. una sala de emergencias
____ 7. una receta
____ 8. un antibiótico
____ 9. un doctor
____ 10. una bolsa de la farmacia

4 **Completar** Indicate which person said each sentence, then complete the sentences.

__________ 1. A mi hermanito le dolía (*hurt*) la __________ con frecuencia.
__________ 2. ¿Cuánto tiempo hace que tienes estos __________?
__________ 3. Tengo __________ y estoy congestionada.
__________ 4. Nunca tenía (*had*) resfriados, pero me __________ el brazo dos veces.
__________ 5. No tienes __________. ¿Te pusiste un suéter anoche?

Video Manual: *Aventuras*

Nombre ____________________ Fecha ____________________

Después de ver el video

5 **Seleccionar** Select the word or phrase that correctly completes each sentence.

1. ____ hizo cita con el Dr. Meléndez para llevar a Jimena.
   a. Don Diego b. La señora Díaz c. Elena d. Miguel
2. Jimena puede ir inmediatamente a la ____ por los medicamentos.
   a. sala de emergencias b. clínica c. dentista d. farmacia
3. Elena toma ____ para ____.
   a. aspirina; el dolor de cabeza b. antibióticos; la gripe c. pastillas; el resfriado
   d. medicamentos; el dolor de estómago
4. Elena dice que el té de jengibre es bueno para el dolor de ____.
   a. estómago b. garganta c. cabeza d. brazos
5. La señora Díaz dice que a Jimena le dio ____ porque olvidó ponerse un suéter.
   a. fiebre b. un resfriado c. dolor de estómago d. gripe
6. Cuando era niña, Jimena casi no ____.
   a. tomaba antibióticos b. tomaba aspirinas c. se rompía huesos d. se enfermaba

6 **Preguntas** Answer the following questions in Spanish.

1. ¿Tiene fiebre Jimena? ¿Está mareada?
   ____
2. ¿Cuánto tiempo hace que a Jimena le duele la garganta? ¿Cuándo empezó a toser?
   ____
3. Según (*According to*) don Diego, ¿qué es lo mejor para los dolores de cabeza?
   ____
4. ¿Cuantas veces se rompió el brazo Elena?
   ____
5. ¿Qué le daban (*gave*) al hermanito de don Diego cuando le dolía la garganta?
   ____

7 **Preguntas personales** Answer these questions in Spanish.

1. ¿Te gusta ir al/a la médico/a? ¿Por qué? ____________________
   ____
2. ¿Tienes muchas alergias? ¿Eres alérgico/a a algún medicamento? ____________________
   ____
3. ¿Cuándo es importante ir a la sala de emergencias? ____________________
   ____
4. ¿Qué haces cuando tienes fiebre y te duele la garganta? ____________________
   ____

Video Manual: *Aventuras*

Nombre ______________________ Fecha ______________________

En el taller

Lección 11

Antes de ver el video

1 **¿Qué pasa?** In this image, where do you think Miguel is? What do you think he is doing, and why?

____

____

____

____

____

____

____

____

Mientras ves el video

2 **¿Qué oíste?** Watch **En el taller** and indicate which of these things you hear.

____ 1. ¿Cuál es tu dirección electrónica?

____ 2. ¿Está descompuesta tu computadora?

____ 3. ¿Y revisaste el aceite?

____ 4. El navegador GPS también está descompuesto.

____ 5. Mal día para la tecnología, ¿no?

____ 6. ¡Te están llamando!

____ 7. Se me acabó la pila.

____ 8. Me gusta mucho la televisión por cable.

____ 9. ¿Me pasas la llave?

____ 10. No manejes con el cofre abierto.

3 **¿Qué viste?** Indicate which of these things you see in the video.

____ 1. un teléfono celular

____ 2. una llave

____ 3. el capó de un coche

____ 4. un reproductor de CD

____ 5. un mecánico

____ 6. la pantalla de un televisor

____ 7. una arroba (@ *symbol*)

____ 8. una cámara de video

____ 9. un taller mecánico

____ 10. un archivo

4 **¿Quién dice?** Indicate who said each sentence.

______________ 1. ¿Quién es el mecánico?

______________ 2. Está descargando el programa antivirus ahora.

______________ 3. Acaba de enviarme un mensaje de texto.

______________ 4. Este coche tiene más de 150.000 kilómetros.

______________ 5. Por favor, ¡arréglalo (*fix it*)!

Video Manual: *Aventuras*

Nombre ______________________ Fecha ______________________

Después de ver el video

5 **Corregir** Each of these statements is false. Rewrite them to make them true.

1. Miguel le llevó su coche a Felipe, el mecánico.

____

2. La computadora de Maru funciona muy bien.

____

3. Jorge no tiene problemas para arreglar el coche de Miguel.

____

4. Se le acabó la pila al teléfono celular de Miguel.

____

5. Maru necesita una cámara digital nueva y Miguel necesita un reproductor de MP3 nuevo.

____

6. Jorge le dice a Miguel que revise el aceite cada mil kilómetros.

____

6 **Un mensaje** Imagine that Maru is writing a short message to a friend about today's events. Write in Spanish what you think she would say.

____

____

____

____

____

____

____

7 **Preguntas personales** Answer these questions in Spanish.

1. Cuando tu carro está descompuesto, ¿lo llevas a un(a) mecánico/a o lo arreglas tú mismo/a? ¿Por qué? ______________________

____

____

2. ¿Conoces a un(a) buen(a) mecánico/a? ¿Cómo se llama? ______________________

____

____

3. ¿Tienes un teléfono celular? ¿Para qué lo usas? ______________________

____

____

Nombre ______________________ Fecha ______________________

Los quehaceres

Lección 12

Antes de ver el video

1 **En la casa** In this episode, Jimena and Felipe need to clean the house if they want to travel with Marissa to the Yucatan Peninsula. Look at the image and describe what you think is going on.

____

____

____

____

____

____

____

Mientras ves el video

2 **¿Cierto o falso?** Watch **Los quehaceres** and indicate whether each statement is **cierto** or **falso**.

	Cierto	Falso
1. A Jimena le gusta sacar la basura.	❍	❍
2. Felipe y Jimena deben limpiar la casa porque sus papás les pagaron el viaje.	❍	❍
3. Marissa sabe cómo cambiar la bolsa de la aspiradora.	❍	❍
4. Las servilletas estaban sobre la lavadora.	❍	❍
5. Don Diego y los chicos prepararon quesadillas para cenar.	❍	❍

3 **¿Qué cosas ves?** Indicate which of these things you see in the video.

____ 1. un lavaplatos	____ 4. vasos	____ 7. platos
____ 2. un garaje	____ 5. un sofá	____ 8. un sótano
____ 3. un jardín	____ 6. un balcón	____ 9. tenedores

4 **Ordenar** Indicate the order in which these events occur.

____ a. Don Diego sugiere a las chicas que se organicen en equipos para limpiar.

____ b. Juan Carlos pone la mesa.

____ c. Marissa quiere quitar la bolsa de la aspiradora.

____ d. La señora Díaz entra a la cocina y saluda a sus hijos.

____ e. Jimena le dice a Felipe que limpie el baño.

Después de ver el video

5 **Seleccionar** Select the word or words that correctly completes each sentence.

1. La señora Díaz les pide a sus hijos que quiten ____ de la mesa.
   a. los vasos b. las tazas c. los platos
2. La señora Díaz les ____ a sus hijos que limpien ____ si quieren viajar.
   a. ruega; el patio b. sugiere; el apartamento c. recomienda; el altillo
3. Jimena va a limpiar ____ y ____.
   a. el refrigerador; la estufa b. el armario; la pared c. el sillón; la lámpara
4. Don Diego le aconseja a Felipe que quite el polvo del ____.
   a. sótano b. garaje c. estante
5. Juan Carlos no sabe dónde están ____.
   a. las copas b. los vasos c. los tenedores

6 **Preguntas** Answer the following questions in Spanish.

1. Según el señor Díaz, ¿para qué hora deben preparar la cena Jimena y Felipe?
2. ¿Qué les piden sus padres a Marissa y a sus hermanos?
3. ¿Quiénes se sientan en el sofá para ver el partido de fútbol?
4. ¿Quién cambia la bolsa de la aspiradora?
5. ¿Qué dice la señora Díaz cuando ve el apartamento limpio?

7 **Escribir** Imagine that you are one of the characters. Write a paragraph from that person's point of view, summarizing what happened in the episode.

Nombre ______________________ Fecha ______________________

Aventuras en la naturaleza

Lección 13

Antes de ver el video

1 **En Tulum** Marissa and Jimena visit a turtle sanctuary while Felipe and Juan Carlos take a tour through the jungle. What do you think the four friends will talk about when they are back together?

____
____
____
____
____
____
____
____

Mientras ves el video

2 **Opiniones** Watch **Aventuras en la naturaleza** and indicate which opinions are expressed.

____ 1. Necesitamos aprobar leyes para proteger a las tortugas.

____ 2. A menos que protejamos a los animales, muchos van a estar en peligro de extinción.

____ 3. No es posible hacer mucho para proteger el medio ambiente.

____ 4. Hoy estamos en Tulum, ¡y el paisaje es espectacular!

____ 5. El mar está muy contaminado.

3 **La aventura en la selva** As you watch Felipe and Juan Carlos' flashback about their adventure in the jungle, indicate which of these things you see.

____ 1. un volcán

____ 2. unos árboles

____ 3. unas plantas

____ 4. un desierto

____ 5. un teléfono celular

____ 6. una cámara

4 **¿Quién lo dijo?** Indicate which person said each sentence, then complete the sentences.

______________ 1. Espero que Felipe y Juan Carlos no estén perdidos en la ______________...

______________ 2. No lo van a ______________.

______________ 3. Estábamos muy emocionados porque íbamos a aprender sobre los ______________________.

______________ 4. Por favor, síganme y eviten pisar las ______________.

______________ 5. Decidí seguir un ______________ que estaba cerca.

Video Manual: *Aventuras*

Después de ver el video

5 **¿Cierto o falso?** Indicate whether each sentence is **cierto** or **falso**. If an item is false, rewrite it to make it true.

1. Marissa dice que el paisaje de Tulum es espectacular.
2. A Jimena le gustaría viajar a Wisconsin para visitar a Marissa.
3. Según la guía, hay compañías que cuidaron la selva.
4. Felipe y Juan Carlos estaban muy aburridos porque iban a conocer la selva.
5. Marissa y Jimena aprendieron las normas que existen para cazar tortugas.

6 **Preguntas** Answer the following questions in Spanish.

1. ¿Por qué cree Jimena que ése es el último viaje del año que todos hacen juntos?
2. ¿Por qué estaban emocionados Juan Carlos y Felipe antes de visitar la selva?
3. ¿Por qué se separaron del grupo Juan Carlos y Felipe?
4. ¿Marissa cree la historia de Felipe?
5. Según Jimena, ¿qué pasa ahora con la población de tortugas?

7 **Describir** List a few things that people in your community can do to protect the environment.

Nombre ______________________ Fecha ______________________

Corriendo por la ciudad

Lección 14

Antes de ver el video

1 **En la calle** In this episode, Maru needs to deliver a package, but she experiences some problems. What do you think they might be?

____

____

____

____

____

____

____

Mientras ves el video

2 **Ordenar** Watch **Corriendo por la ciudad** and indicate the order in which these events occur.

____ a. Maru le dice a Mónica que hay una joyería en el centro.

____ b. Mónica dice que el correo está cerca.

____ c. Maru busca el coche de Miguel.

____ d. Maru habla por teléfono con su mamá.

____ e. Maru cree que perdió el paquete.

3 **Completar** Complete these sentences.

1. Voy a pasar al ______________________ porque necesito dinero.
2. ¿Puedes ______________________ por correo?
3. Estoy haciendo ______________________ y me gasté casi todo el efectivo.
4. Mi coche está en el ______________________ de la calle Constitución.
5. En esta esquina ______________________ a la derecha.

4 **¿Quién lo dijo?** Indicate which person said each sentence.

______________ 1. Dobla en la avenida Hidalgo. Luego cruza la calle Independencia y dobla a la derecha.

______________ 2. Lo siento, tengo que ir a entregar un paquete.

______________ 3. Necesito ir a una joyería, pero la que está aquí al lado está cerrada.

______________ 4. Tengo que llegar al Museo de Antropología antes de que lo cierren.

______________ 5. Hay demasiado tráfico.

Nombre ______________________ Fecha ______________________

Después de ver el video

5 **Seleccionar** Select the word or words that correctly completes each sentence.

1. Maru le dice a Miguel que está enfrente ____.

   a. del salón de belleza b. de la panadería c. de la joyería

2. Maru decide irse en taxi al ____.

   a. banco b. correo c. museo

3. Maru le ____ a Mónica porque no tiene efectivo (*cash*).

   a. paga a plazos b. pide dinero prestado c. paga al contado

4. Mónica gastó el dinero en la carnicería, la frutería y ____.

   a. al supermercado b. el salón de belleza c. la panadería

5. ____ de Maru estaba en el coche de Miguel.

   a. El paquete b. El dinero c. La bolsa

6. Mónica ____ a la izquierda en el semáforo.

   a. hizo cola b. dobló c. cruzó

6 **Escribir** Write a summary of today's events from Maru's point of view.

____

____

____

____

____

____

____

7 **Las diligencias** Write a paragraph describing some of the errands you ran last week. What did they involve, and what places in your community did you visit?

____

____

____

____

____

____

____

____

Video Manual: *Aventuras*

Nombre ______________________ Fecha ______________________

Chichén Itzá

Lección 15

Antes de ver el video

1 **Una excursión** List what you would probably do and say during a trip to an archaeological site.

____
____
____
____
____
____
____
____

Mientras ves el video

2 **¿Quién?** As you watch this episode of the **Aventuras** video, indicate who said each sentence.

__________ 1. Chichén Itzá es impresionante.

__________ 2. Nuestros papás nos trajeron cuando éramos niños.

__________ 3. Hay que estar en buena forma para recorrer las ruinas.

__________ 4. Pues, a mí me gustan las gorditas.

__________ 5. Qué lástima que no dejen subir hasta la cima.

3 **Completar** Complete these sentences.

1. ______________ bajo mucha presión.
2. La universidad hace que seamos ______________.
3. ¿Y Juan Carlos todavía no te ______________ a salir?
4. Ofrecemos varios servicios para ______________.
5. Su ______________ es muy importante para nosotros.

4 **Ordenar** Indicate the order in which these events occur.

___ a. Felipe y Juan Carlos corren.

___ b. Marissa y Felipe sacan fotos del lugar.

___ c. Jimena y Juan Carlos se toman de las manos.

___ d. Una empleada les explica a los chicos qué ofrecen en el spa.

Video Manual: *Aventuras*

Después de ver el video

5 **¿Cierto o falso?** Indicate whether each sentence is **cierto** or **falso**. If an item is false, rewrite it to make it true.

1. Felipe quería regresar al D.F. desde (*since*) que leyó el *Chilam Balam*.
2. Marissa lee en la guía que el Castillo fue construido entre el año 1000 y el 1200 d. C. y es una de las siete maravillas del mundo moderno.
3. Según Felipe, algunos dicen que los mayas inventaron la gimnasia.
4. Jimena dice que se ha relajado mucho en la universidad últimamente.
5. Jimena ya había estudiado mucho antes de salir del D.F.

6 **Preguntas personales** Answer the following questions in Spanish.

1. ¿Haces ejercicio todos los días? ¿Por qué?
2. ¿Sacas muchas fotos cuando estás de vacaciones? ¿Por qué?
3. ¿Te gusta ir a un spa para aliviar la tensión? Explica por qué.
4. ¿Has visitado una zona arqueológica tan impresionante como la que visitaron Marissa, Felipe, Jimena y Juan Carlos? ¿Dónde?
5. ¿Quieres hacer una excursión como la que hicieron los cuatro estudiantes? Explica tu respuesta.

7 **Describir** Write a description of what you do or would like to do to reduce stress in your life.

Nombre ____________________ Fecha ____________________

La entrevista de trabajo

Lección 16

Antes de ver el video

1 **Planes para el futuro** Marissa, Jimena, Felipe, and Juan Carlos discuss their future plans in this episode. What do you think they will say?

____
____
____
____
____
____
____
____

Mientras ves el video

2 **Planes y profesiones** Watch **La entrevista de trabajo**. Indicate which person said each sentence, then complete the sentences.

________ 1. Cuando yo termine la carrera, a ti ya te habrán despedido (*they will have fired you*) de tu segundo ________.

________ 2. Con el título de administrador de empresas seré ________.

________ 3. Estoy muy feliz de poder ayudarte con ________.

________ 4. Quiero trabajar en un museo y ser un ________ famoso.

________ 5. Él será un excelente ________.

3 **Las profesiones** Indicate which of these professions you hear mentioned in the video.

____ 1. arqueóloga

____ 2. política

____ 3. doctora

____ 4. hombre de negocios

____ 5. reportero

____ 6. pintor

4 **Ordenar** Indicate the order in which these events occur.

____ a. Marissa dice que no sabe cómo será su vida cuando tenga 30 años.

____ b. Miguel le da su currículum a la señora Díaz.

____ c. La señora Díaz dice que Miguel es un pintor talentoso y un excelente profesor.

____ d. Juan Carlos dice que estudia ciencias ambientales.

____ e. Marissa dice que Felipe será un excelente hombre de negocios.

Después de ver el video

5 **Preguntas** Answer the following questions in Spanish.

1. ¿Quiénes van a crear una compañía de asesores de negocios?
2. ¿Qué será Jimena en el futuro?
3. ¿Quién trabaja en el Palacio de Bellas Artes desde hace cinco años?
4. ¿Quién quiere seguir estudiando historia del arte?
5. ¿Quién fue aceptada en el Museo de Antropología?

6 **En tu opinión** Answer the following questions in Spanish.

1. En tu opinión, ¿cuál de los personajes (*characters*) va a tener la profesión más interesante? Explica tu respuesta.
2. ¿Cuál de los personajes será el/la más rico/a? Explica tu opinión.
3. ¿Cuál de los personajes será el/la más famoso/a? Explica tu opinión.
4. ¿Cuál de los personajes será el/la más feliz?
5. ¿Cuáles de los personajes van a lograr sus metas (*achieve their goals*)? Explica tu opinión.

7 **Tus planes** Write a description of what your life will be like in five years. Don't forget to mention your family, friends, residence, hobbies, and occupation.

Nombre ______________________ Fecha ______________________

FLASH CULTURA

Lección 1

Encuentros en la plaza

Antes de ver el video

1 **Vos** Most Argentinians use the pronoun **vos** instead of **tú** when talking to friends. In some cases, the verb in the **vos** form is different from the **tú** form; in others, it is the same. Look at these questions with **vos**. Can you guess what the **tú** equivalent is?

modelo
Vos: ¿Cómo te llamás?
Tú: *¿Cómo te llamas?*

1. Y vos, ¿cómo estás?

____

2. ¿De dónde sos?

____

2 **¡En español!** Look at the video still and write a conversation between two of these people.

¡Hola! ¿Cómo te va? ______________________

____

____

____

____

____

____

Mientras ves el video

3 **Completar** What does Silvina say when she meets her friends? Complete these conversations.

A. (3:42-3:51)

Chico: Hola.

Chica: ¿(1) ______________________?

Chica y chico: ¡Cuánto tiempo! (*It's been so long!*)

Silvina: Sí, hace mucho, ¿no?

Chica: ¡Qué (2) ______________________ verte (*to see you*)!

Silvina: ¿(3) ______________________ están ustedes? ¿Bien?

Chica y chico: (4) ______________________.

B. (4:12-4:19)

Silvina: Quiero (*I want*) presentarles a mi (5) ______________________ Gonzalo.

Chica: Hola, ¿qué (6) ______________________?

Gonzalo: Hola. Gonzalo. ¿Tú cómo te (7) ______________________?

Chica: Mariana.

Gonzalo: (8) ______________________, Mariana.

Video Manual: *Flash Cultura*

Después de ver el video

4 **Ordenar** Pay attention to Silvina's actions and indicate the order in which they occur.

_____ a. presenta a un amigo

_____ b. dice (*she says*): ¿Cómo están ustedes? ¿Bien?

_____ c. da (*she gives*) un beso y un abrazo

_____ d. camina (*she walks*) por la Plaza de Mayo

_____ e. dice: ¡Hasta pronto!

5 **¿Quién?** Indicate who would make each of these statements.

Statements	Long-time friends at a plaza	People meeting for the first time
1. ¡Qué bueno verte!		
2. Sí, hace mucho, ¿no?		
3. Les presento a mi amigo.		
4. ¿Cómo estás?		
5. Mucho gusto.		

6 **¡Cuánto tiempo!** Write a conversation you would have with a friend whom you have not seen in a long time. Include the expressions provided.

¡Cuánto tiempo!	¡Qué bueno verte!
Hace mucho.	¿Qué tal?

7 **Encuentros en la plaza** Describe two aspects of this episode that caught your attention: people, their physical proximity, activities they do, etc. Then, explain how those aspects are similar or different in your own culture. You may use English.

Nombre ______________________ Fecha ______________________

FLASH CULTURA

Lección 2

Los estudios

Antes de ver el video

1 **Más vocabulario** Look over these useful words before you watch the video.

Vocabulario útil	
las ciencias biológicas y de la salud *biological and health sciences*	el cuarto año de la carrera *the fourth year of college*
las ciencias físico-matemáticas *physics and math*	dé clases *teaches*
¿Conoces a algún ex alumno reconocido? *Do you know any renowned alumni?*	los estudios superiores *higher education*
	la psicoterapia *psychotherapy*

2 **¡En español!** Look at the video still and answer these questions in Spanish. Carlos is in Mexico City; can you guess where? Who is Carlos talking to? What do you think this person does?

Carlos López, México, D.F.

____
____
____
____
____
____
____
____

Mientras ves el video

3 **Conversaciones** Complete these conversations between Carlos López and two students.

CARLOS LÓPEZ ¿(1) ______________ te llamas?
ESTUDIANTE Héctor.
CARLOS LÓPEZ Héctor. ¿Y qué estudias?
ESTUDIANTE (2) ______________.
CARLOS LÓPEZ ¿Y cuál es tu materia favorita?
ESTUDIANTE Este... ahorita, (3) ______________ de Roma.

CARLOS LÓPEZ ¿De dónde (4) ______________?
ESTUDIANTE De Corea.
CARLOS LÓPEZ De Corea. ¿Te gusta estudiar en la (5) ______________?
ESTUDIANTE Sí, me gusta mucho (*I like it a lot*).
CARLOS LÓPEZ ¿Qué estudias?
ESTUDIANTE Estoy estudiando (6) ______________.

Video Manual: *Flash Cultura*

Nombre ____________ Fecha ____________

4 **Identificar** Indicate what each person is likely to study or to have studied.

Ciencias Biológicas y de la Salud	Ciencias Sociales
Ciencias Físico-Matemáticas	Humanidades

1. ____________ 2. ____________ 3. ____________

Después de ver el video

5 **Oraciones** Complete each statement with the correct option.

autobuses	estudio	profesor
derecho	ex alumno	residencia estudiantil
estudiantes	México, D.F.	universidad

1. ____________ es un importante centro económico y cultural.
2. La UNAM es una ____________ en la Ciudad de México.
3. La UNAM es como (*like*) una ciudad con ____________, policía y gobierno (*government*) propios (*own*).
4. Los ____________ de la UNAM son de diferentes países.
5. Hay cuatro áreas principales de ____________.
6. Manuel Álvarez Bravo es un ____________ famoso de la UNAM.

6 **¡Carlos López de visita (*on a visit*)!** Imagine that Carlos López visits your school and wants to find out about the institution, campus or facilities, classes, and students. Write a brief paragraph about what you would say.

modelo

¡Hola, Carlos! Me llamo Rosa Estévez y estudio en la Universidad del Valle en Colombia. Hay muchos estudiantes de diferentes países. Este (*This*) semestre tomo clases...

Video Manual: *Flash Cultura*

Nombre ______________________ Fecha ______________________

FLASH CULTURA

Lección 3

La familia

Antes de ver el video

1 **Más vocabulario** Look over these useful words before you watch the video.

Vocabulario útil	
el canelazo *typical drink from Ecuador*	¡Qué familia tan grande tiene! *Your family is so big!*
la casa *house*	¡Qué grande es tu casa... ! *Your house is so big!*
Día de la Madre *Mother's Day*	¿Quién pelea con quién? *Who fights with whom?*
Ésta es la cocina. *This is the kitchen.*	te muestro *I'll show you*
Éste es un patio interior. *This is an interior patio.*	Vamos. *Let's go.*

2 **¡En español!** Look at the video still. Imagine what Mónica will say about families in Ecuador, and write a two- or three-sentence introduction to this episode.

Mónica, Quito

¡Hola, amigos! Bienvenidos a otra aventura de *Flash Cultura*. Hoy vamos (*we are going*) a hablar de... ______________________

____

____

____

____

____

____

____

Mientras ves el video

3 **Identificar** Identify which family these people belong to: **los Valdivieso, los Bolaños**, or both.

Personas	Los Valdivieso	Los Bolaños
1. abuelos	________	________
2. novia	________	________
3. esposo	________	________
4. esposa	________	________
5. sobrinos	________	________
6. dos hijos y una hija	________	________

Video Manual: *Flash Cultura*

4 **Emparejar** Watch as Mrs. Valdivieso gives Mónica a tour of the house. Match the captions to the appropriate images.

1. ______________ 2. ______________ 3. ______________

a. Y éste es el comedor… Todos comemos aquí.
b. Vamos, te enseño el resto de la casa.
c. Éste es un patio interior. Aquí hacemos reuniones familiares.
d. Finalmente, ésta es la cocina.
e. ¿Qué están haciendo hoy en el parque?

Después de ver el video

5 **¿Cierto o falso?** Indicate whether each statement is **cierto** (*true*) or **falso** (*false*).

1. En el parque, una familia celebra el Día de la Madre. __________
2. La familia Valdivieso representa la familia moderna y la familia Bolaños representa la familia tradicional. __________
3. Los Bolaños no viven (*do not live*) en Quito. __________
4. Bernardo tiene animales en su casa. __________
5. Los Valdivieso toman canelazo. __________

6 **¿Qué te gusta?** Imagine that you are one of the Valdivieso children and that Mónica asks you about your likes and dislikes. Select one of the children and write a paragraph, using the cues provided.

bailar	dibujar	hermanos	padres

7 **Andy, un chico con novia** Andy's parents just found out that he has a girlfriend. Imagine that they are being introduced to her for the first time. Write five questions they would ask her.

Nombre ______________________ Fecha ______________________

FLASH CULTURA

Lección 4

¡Fútbol en España!

Antes de ver el video

1 **Más vocabulario** Look over these useful words before you watch the video.

Vocabulario útil		
la afición *fans*	nunca *never*	seguro/a *sure*
más allá *beyond*	se junta (con) *is tied up (with)*	la válvula de escape *outlet*

2 **¡En español!** Look at the video still. Imagine what Mari Carmen will say about soccer in Spain, and write a two- or three-sentence introduction to this episode.

Mari Carmen Ortiz, Barcelona

¡Hola, amigos! ¡Bienvenidos a *Flash Cultura*! Hoy vamos a hablar de... ______________________

____

____

____

____

____

Mientras ves el video

3 **Identificar** You might see any of these actions in a video about soccer in Spain. Check off the items you see in this episode.

___ a. celebrar un gol (*goal*)
___ b. comer churros
___ c. ganar un premio (*award*)
___ d. hablar con un jugador famoso
___ e. jugar al fútbol
___ f. pasear en bicicleta
___ g. celebrar en las calles (*streets*)
___ h. jugar al fútbol americano

4 **Emparejar** Indicate which teams these people are affiliated with.

❍ Barça
❍ Real Madrid
❍ no corresponde

❍ Barça
❍ Real Madrid
❍ no corresponde

❍ Barça
❍ Real Madrid
❍ no corresponde

Video Manual: *Flash Cultura*

Después de ver el video

5 **Completar** Complete each statement with the correct option.

aficionados al fútbol	churros	feo	calles	Red Sox

1. En España hay muchos ______________.
2. Cuando vas a un juego del Barça tienes que probar los ______________.
3. La rivalidad entre el Barça y el Real Madrid es comparable con la rivalidad entre los Yankees y los ______________ en béisbol.
4. Cuando el Barça y el Real Madrid juegan, muchas personas celebran en las ______________.

6 **Aficionados** Who are these fans? Imagine what they would say if they introduced themselves. Write information like their name, age, origin, team affiliation, and any other details that come to mind.

modelo

Aficionado: ¡Hola! Soy José Artigas y soy de Madrid. Mi equipo favorito es el Real Madrid. Miro todos los partidos en el estadio. ¡VIVA EL REAL MADRID! ¡Nunca pierde!

____

____

7 **Entrevista** Imagine that you are Mari Carmen and you decide to interview a famous player from Barça or Real Madrid. Write five questions you would ask him.

modelo

¿Dónde prefieres vivir?

____

Video Manual: *Flash Cultura*

Nombre ____________________ Fecha ____________________

FLASH CULTURA

Lección 5

¡Vacaciones en Perú!

Antes de ver el video

1 **Más vocabulario** Look over these useful words before you watch the video.

Vocabulario útil		
aislado/a *isolated*	**disfrutar** *to enjoy*	**se salvó** *was saved*
andino/a *Andean*	**el esfuerzo** *effort*	**la selva** *jungle*
ayudó *helped*	**hemos contratado** *we have hired*	**subir** *to climb, to go up*
el cultivo *farming*	**la obra** *work (of art)*	**la vuelta al mundo** *around the world*

2 **Completar** Complete these sentences.

1. Machu Picchu es una ____________ muy importante de la civilización inca. Esta (*This*) ciudad inca está rodeada (*surrounded*) de una gran ____________.
2. Los incas fueron (*were*) grandes artistas y expertos en técnicas de ____________ como el sistema de terrazas (*terraces*).
3. Hoy muchos turistas van a ____________ de las ruinas incas y del maravilloso paisaje (*landscape*) andino.
4. Cada año miles de personas deciden ____________ hasta Machu Picchu por el Camino Inca.

3 **¡En español!** Look at the video still. Imagine what Omar will say about Machu Picchu, and write a two- or three-sentence introduction to this episode.

Omar Fuentes, Perú

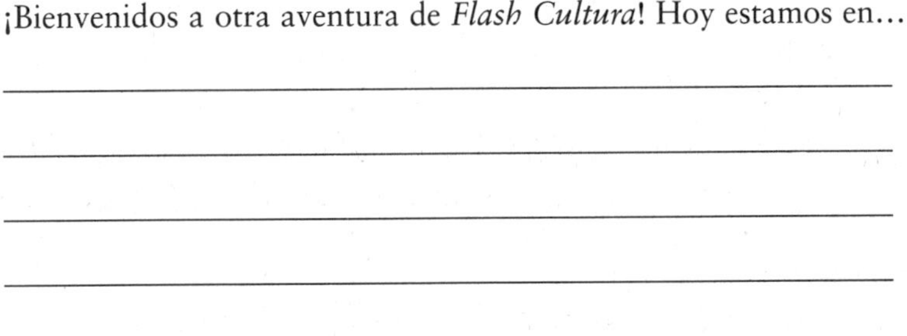

¡Bienvenidos a otra aventura de *Flash Cultura*! Hoy estamos en...

Mientras ves el video

4 **Descripción** What does Noemí say about the lost city of Machu Picchu? Complete this quote.

"Omar, te cuento (*let me tell you*) que Machu Picchu se salvó de la invasión (1) ____________ gracias a que se encuentra (*it's located*) (2) ____________ sobre esta (3) ____________, como tú puedes ver. Y también la (4) ____________ ayudó mucho... lo cubrió (*covered*) rápidamente, y eso también contribuye."

5 **Emparejar** Watch the tourists describe their impressions of Machu Picchu. Match the captions to the appropriate people.

1. ______________________

2. ______________________

3. ______________________

4. ______________________

a. enigma y misterio
b. magnífico y misterioso
c. algo esplendoroso, algo único…
d. ¡Fantástico!
e. Nos encanta muchísimo.

Después de ver el video

6 **¿Cierto o falso?** Indicate whether each statement is **cierto** or **falso**.

1. Las ruinas de Machu Picchu están al lado del mar.
2. Hay menos de (*less than*) cien turistas por día en el santuario (*sanctuary*) inca.
3. Cuando visitas Machu Picchu, puedes contratar a un guía experto.
4. Todos los turistas llegan a Machu Picchu en autobús.
5. Omar pregunta a los turistas por qué visitan Machu Picchu.

7 **¡La vuelta al mundo!** Imagine that you are a travel agent and that the French globetrotting family you saw in the video is planning their next destination. Write a conversation between you and the mother. Suggest an exciting destination, describe the activities the family can do together, and then work out how to get there, where to stay, and for how long.

____
____
____
____
____

Nombre ______________________ Fecha ______________________

FLASH CULTURA

Lección 6

Comprar en los mercados

Antes de ver el video

1 **Más vocabulario** Look over these useful words before you watch the video.

Vocabulario útil

las artesanías *handicrafts*	la heladería *ice-cream shop*	la soda (C.R.) *food stall*
el camarón *shrimp*	el helado *ice cream*	la sopa de mondongo *tripe soup*
la carne *meat*	el pescado *fish*	suave *soft*
la flor *flower*	¡Pura vida! *Cool!, Alright!*	el/la tico/a *person from Costa Rica*
la fruta *fruit*	el regateo *haggling, bargaining*	vale *it costs*

2 **¡En español!** Look at the video still. Imagine what Randy will say about markets in Costa Rica, and write a two- or three-sentence introduction to this episode.

Randy Cruz, Costa Rica

¡Hola a todos! Hoy estamos en... ______________________

____

____

____

____

____

Mientras ves el video

3 **¿Qué compran?** Identify which item(s) these people buy at the market.

1. ______________ 2. ______________ 3. ______________

a. frutas b. artesanías c. carne y pescado

d. camarones y flores e. zapatos

Video Manual: *Flash Cultura*

4 **Completar** Watch Randy bargain, and complete this conversation.

RANDY ¿(1) ______________ vale?
VENDEDOR Trescientos (*300*) (2) ______________ .
RANDY Trescientos colones el kilo. Me puede hacer un (3) ______________ , ¿sí?
VENDEDOR Perfecto.

VENDEDOR OK... (4) ______________ cuatro ochenta... cuatro y medio.
RANDY Cuatrocientos (*400*).
VENDEDOR Cuatro (5) ______________ .
RANDY Cuatrocientos cuarenta.
VENDEDOR Sí, señor.

Después de ver el video

5 **Ordenar** Indicate the order in which Randy does each of these things.

____ a. Busca la heladería en el Mercado Central.
____ b. Regatea el precio de unas papayas.
____ c. Va al mercado al aire libre.
____ d. Entrevista a personas en el Mercado Central.
____ e. Toma sopa de mondongo, un plato (*dish*) típico de Costa Rica.

6 **¡Aquí no hay descuentos!** Imagine that Randy wants to buy an item of clothing that he really likes, but he doesn't have enough money to pay the full price. Write a conversation between Randy and a salesperson in which Randy negotiates the price. Be creative!

____
____
____
____
____

7 **Preguntas** Answer these questions.

1. ¿En qué lugares o tipos de tiendas haces las compras generalmente? ¿Pequeñas tiendas, grandes almacenes o centros comerciales?

   ____

2. ¿Con quién(es) sales generalmente a comprar ropa: solo/a (*alone*), con amigos o con alguien (*someone*) de tu familia? ¿Por qué?

   ____

3. ¿Cómo prefieres pagar tus compras: con dinero o con tarjeta de crédito? ¿Por qué?

   ____

4. ¿Esperas las rebajas para comprar cosas que quieres o no te importa (*you don't mind*) pagar el precio normal?

Nombre ____________________ Fecha ____________________

FLASH CULTURA

Lección 7

Tapas para todos los días

Antes de ver el video

1 **Más vocabulario** Look over these useful words before you watch the video.

Vocabulario útil

aquí *here*
los caracoles *snails*
Cataluña *Catalonia (autonomous community in Spain)*
contar los palillos *counting the toothpicks*
la escalivada *grilled vegetables*
informal *casual, informal*
País Vasco *Basque Country (autonomous community in Spain)*
el pan *bread*
las porciones de comida *food portions*
preparaban unos platillos *used to prepare little dishes*
las tortillas de patata *Spanish potato omelets*
el trabajo *job; work*
único/a *unique*

2 **Completar** Complete this paragraph about **tapas**.

Las tapas son pequeñas (1) ________________ que se sirven en bares y restaurantes de España. Hay diferentes tipos de tapas: los (2) ________________ y las (3) ________________ son algunos ejemplos. En algunos bares, los camareros (*waiters*) traen la comida, pero en lugares más (*more*) (4) ________________ el cliente toma las tapas en la barra (*bar*). Es muy común ir de tapas solo o con amigos después del trabajo. Sin duda, ¡salir de tapas en España es una experiencia fantástica y (5) ________________!

3 **¡En español!** Look at the video still. Imagine what Mari Carmen will say about **tapas** in Barcelona, and write a two- or three-sentence introduction to this episode.

Mari Carmen, España

¡Hola! Hoy estamos en Barcelona. Esta bonita ciudad... ________________

____

____

____

____

____

Mientras ves el video

4 **Montaditos** Indicate whether these statements about **montaditos** are **cierto** or **falso**.

1. Los clientes cuentan los palillos para saber cuánto pagar. ________________
2. Los montaditos son informales. ________________
3. Los montaditos son caros. ________________
4. Los montaditos se preparan siempre con pan. ________________
5. Hay montaditos en bares al aire libre solamente. ________________

Video Manual: *Flash Cultura*

5 **Completar** (03:13 -03:29) Watch these people talk about **tapas**, and complete this conversation.

MARI CARMEN ¿Cuándo sueles venir a (1) ______________ tapas?

HOMBRE Generalmente (2) ______________ del trabajo. Cuando al salir de trabajar (3) ______________ hambre, vengo (4) ______________.

MARI CARMEN ¿Y vienes solo, vienes con amigos, o da igual (*doesn't it matter*)?

HOMBRE Da igual. Si alguien (5) ______________ conmigo, mejor; y si no, vengo solo.

Después de ver el video

6 **¿Cierto o falso?** Indicate whether these statements are **cierto** or **falso.**

1. Mari Carmen pasea en motocicleta por el centro de Barcelona. ______________
2. Mari Carmen entrevista a personas sobre sus hábitos después de ir al trabajo. ______________
3. Una versión sobre el origen de las tapas dice que un rey (*king*) necesitaba (*needed*) comer pocas veces al día. ______________
4. Los restaurantes elegantes y caros sirven montaditos. ______________
5. La tradición del montadito proviene (*comes from*) del País Vasco. ______________
6. Los pinchos son sólo platos fríos. ______________

7 **Un día en la vida de...** Select one of these people and imagine a typical workday. Consider his or her daily routine, including the time he or she gets up, goes to work, spends with friends, goes back home, and goes to sleep. Use the words provided.

más tarde	se acuesta	se levanta
por la noche	se cepilla los dientes	va al trabajo

____

____

____

____

____

____

____

Nombre ______________________ Fecha ______________________

FLASH CULTURA **Lección 8**

La comida latina

Antes de ver el video

1 **Más vocabulario** Look over these useful words before you watch the video.

Vocabulario útil

el arroz congrí *mixed rice and beans from Cuba*	**el frijol** *bean*	**la rebanada** *slice*
el azafrán *saffron*	**el perejil** *parsley*	**la ropa vieja** *Cuban shredded beef*
la carne molida *ground beef*	**el picadillo a la habanera** *Cuban-style ground beef*	**el taco al pastor** *Shepherd-style taco*
la carne picada *diced beef*	**el plátano** *banana*	**la torta al pastor** *traditional sandwich from Tijuana*
el cerdo *pork*	**el pollo** *chicken*	

2 **¡En español!** Look at the video still. Imagine what Leticia will say about **la comida latina** in Los Angeles, and write a two- or three-sentence introduction to this episode.

Leticia, Estados Unidos

¡Hola! Soy Leticia Arroyo desde Los Ángeles. Hoy vamos a hablar sobre... ______________________

____

____

____

____

____

____

____

Mientras ves el video

3 **Completar** (04:15 -04:48) Watch Leticia ask for recommendations from other clients in the restaurant and complete this conversation.

LETICIA Señoritas, ¿qué estamos (1) ______________ de rico?

CLIENTE 1 Mojito.

LETICIA ¿Y de qué se trata el (2) ______________?

CLIENTE 1 Es pollo con cebolla, arroz blanco, (3) ______________ negros y plátanos fritos. Es delicioso.

LETICIA Rico. ¿Y el tuyo?

CLIENTE 2 Yo estoy comiendo (4) ______________ con pollo, que es arroz amarillo, pollo y plátanos fritos.

LETICIA ¿Y otras cosas en el (5) ______________ que están ricas también?

CLIENTE 2 A mí me (6) ______________ la ropa vieja.

Video Manual: *Flash Cultura*

4 **Ordenar** Indicate the order in which these events occur.

_____ a. Toma un café en el restaurante cubano.
_____ b. Leticia habla con el gerente *(manager)* de un supermercado.
_____ c. Leticia come picadillo, un plato típico cubano.
_____ d. La dueña de una taquería mexicana le muestra a Leticia diferentes platos mexicanos.
_____ e. Leticia compra frutas y verduras en un supermercado hispano.

Después de ver el video

5 **Emparejar** Match these expressions to the appropriate situations.

_____ 1. ¿Qué me recomienda?
_____ 2. ¡Se me hace agua la boca!
_____ 3. ¡Que se repita!
_____ 4. ¿Está listo/a para ordenar?
_____ 5. A la orden.

a. Eres un(a) empleado/a de una tienda. Ayudaste a un(a) cliente/a a hacer una compra. Él/Ella se despide y te dice gracias. ¿Qué le respondes?

b. Estás en un restaurante. Miraste el menú pero todavía no sabes (*know*) qué quieres comer. ¿Qué le dices al/a la camarero/a?

c. El/La camarero/a te dio el menú hace cinco minutos y ahora se acerca para preguntarte si sabes lo que quieres pedir. ¿Qué pregunta te hace?

d. Terminas de comer y pagas, estás muy contento/a por la comida y el servicio que recibiste. ¿Qué le dices al/a la camarero/a?

e. Acabas de entrar en un supermercado. Tienes mucho hambre y ves unos postres que te parecen (*seem*) deliciosos. ¿Qué dices?

6 **Un plato típico** Research one of these typical dishes or drinks from the Hispanic world. Find out about its ingredients, where it is typical, and any other information that you find interesting.

ropa vieja	malta Hatuey
Inca Kola	horchata
picadillo a la habanera	mate

____
____
____
____
____
____
____
____

Nombre _______________ Fecha _______________

FLASH CULTURA

Lección 9

Las fiestas

Antes de ver el video

1 **Más vocabulario** Look over these useful words before you watch the video.

Vocabulario útil

alegrar *to make happy*
las artesanías *handicrafts*
el/la artesano/a *craftsperson; artisan*
los cabezudos *carnival figures with large heads*
la canción de Navidad *Christmas carol*
el cartel *poster*
la clausura *closing ceremony*
destacarse *to stand out*
el Día de Reyes *Three Kings' Day*
las frituras *fried foods; fritters*
la madera *wood*
la misa *mass*
la parranda *party*
la pintura *painting*
el santo de palo *wooden sculpture of saint*
tocar el tambor *to play drums*
los Tres Santos Reyes/Reyes Magos *Three Kings*

2 **Completar** Complete this paragraph about **la Navidad** in Puerto Rico.

En Puerto Rico, las Navidades no terminan después del (1) _______________ como en el resto de los países hispanos, sino después de las fiestas de la calle San Sebastián. Hay muchas expresiones artísticas de (2) _______________ locales; entre ellas se destacan los (3) _______________, que son pequeñas estatuas (*statues*) de madera de vírgenes y santos. La (4) _______________ empieza por la noche cuando las personas salen a disfrutar del baile y la música con amigos y familiares.

3 **¡En español!** Look at the video still. What do you think this episode will be about? Imagine what Diego will say and write a two- or three-sentence introduction to this episode.

Diego Palacios, Puerto Rico

¡Bienvenidos! Soy Diego Palacios de Puerto Rico. Hoy les quiero mostrar... _______________

____

____

____

____

Mientras ves el video

4 **Ordenar** Indicate the order in which Diego does each of these things.

_____ a. Les preguntó a personas qué disfrutaban más de las fiestas.
_____ b. Bailó con los cabezudos en la calle.
_____ c. Habló con artesanos sobre los santos de palo.
_____ d. Tomó un helado de coco.
_____ e. Comió unas frituras (*fried foods*).

Nombre ____________________ Fecha ____________________

5 **Emparejar** Match the captions to the appropriate elements.

1. ___ 2. ___ 3. ___ 4. ___

a. el güiro b. los cabezudos c. los santos de palo d. los panderos e. los carteles

Después de ver el video

6 **¿Cierto o falso?** Indicate whether each statement is **cierto** or **falso**.

1. Las Navidades en Puerto Rico terminan con del Día de Reyes. ____________
2. Los artistas hacen cuadros y carteles sobre la Navidad. ____________
3. En Puerto Rico, las celebraciones navideñas son totalmente religiosas. ____________
4. Los santos de palo representan a personajes puertorriqueños. ____________
5. Según un artesano, la pieza de artesanía más popular es la de los Tres Santos Reyes. ____________
6. El güiro y el pandero son algunos de los instrumentos típicos de la música de estas fiestas. ____________

7 **¡De parranda!** Imagine that you are an exchange student in Puerto Rico and that you are attending this celebration. You are dancing on the street when suddenly Diego spots you and decides to interview you. Tell him how you feel and what cultural aspects catch your attention. Make sure to include these words.

artistas bailar cabezudos de parranda en la calle tocar el tambor

____

____

____

____

FLASH CULTURA

Lección 10

La salud

Antes de ver el video

1 **Más vocabulario** Look over these useful words before you watch the video.

Vocabulario útil

atender *to treat; to see (in a hospital)*	**cumplir (una función)** *to fulfill (a function/role)*	**gratuito** *free (of charge)*
atendido/a *treated*	**esperar** *to wait*	**herido/a** *injured*
brindar *to offer*	**estar de guardia** *to be on call*	**el reportaje** *story*
chocar *to crash*	**golpeado/a** *bruised*	**se atienden pacientes** *patients are treated*

2 **¡En español!** Look at the video still. Imagine what Silvina will say about hospitals in Argentina, and write a two- or three-sentence introduction to this episode.

Silvina Márquez, Argentina

¡Hola a todos! Hoy estamos en... ______________________

____

____

____

____

____

Mientras ves el video

3 **Problemas de salud** Match these statements to their corresponding video stills.

1. ___ 

2. ___ 

3. ___ 

a. Tengo dolor de cabeza y me golpeé la cabeza.

b. Mi abuela estaba con un poco de tos.

c. Estoy congestionada.

d. Me chocó una bici.

e. Me salió una alergia.

4 **Completar** Watch Silvina interview a patient, and complete this conversation.

SILVINA ¿Y a vos qué te pasa? ¿Por qué estás aquí en la (1) ______________?

PACIENTE Porque me salió una (2) ______________ en la (3) ______________ hace dos días y quería (*wanted*) saber qué tenía (*had*). ¿Y a vos qué te pasó?

SILVINA Yo tuve un accidente. Me (4) ______________ una bici en el centro y mirá cómo quedé...

PACIENTE ... toda lastimada (*hurt*)...

SILVINA Sí, y aquí también, aquí también... Estoy toda (5) ______________.

Después de ver el video

5 **Ordenar** Indicate the order in which Silvina does each of these things.

____ a. Le dio sus datos personales a la enfermera.
____ b. Llegó a la guardia del hospital.
____ c. Fue atendida por el doctor.
____ d. Tuvo un accidente con una bicicleta.
____ e. Entrevistó a pacientes.

6 **El sistema de salud en Argentina** Identify the main characteristics of the health system in Argentina. Use these guiding questions.

1. ¿Cómo es el sistema de salud: público, privado o mixto?
2. ¿Hay que pagar en los hospitales públicos?
3. ¿Qué son las guardias?
4. ¿Hay que esperar mucho para ser atendido/a?
5. ¿Cómo es la carrera de medicina?
6. ¿Qué similitudes y diferencias existen entre el sistema de salud en Argentina y el de tu país?

7 **¿Un pequeño accidente?** You were exploring the city of Buenos Aires when an aggressive pedestrian knocked you to the ground. You arrived in great pain at the **guardia**, only to find the wait very long. Write your conversation with a nurse, explaining your symptoms to convince him/her that this is *not* a minor accident and that you should receive immediate care.

____
____
____
____
____
____
____
____
____
____

Nombre ______________________ Fecha ______________________

FLASH CULTURA

Lección 11

Maravillas de la tecnología

Antes de ver el video

1 **Más vocabulario** Look over these useful words before you watch the video.

Vocabulario útil

la afirmación cultural *cultural affirmation*	**el/la cuzqueño/a** *person from Cuzco*	**la masificación** *spread*
alejado/a *remote*	**el desarrollo** *development*	**mejorar** *to improve*
beneficiarse *to benefit*	**el esfuerzo** *effort*	**el/la proveedor(a)** *supplier*
chatear (*Spanglish*) *to chat*	**al extranjero** *abroad*	**servirse de** *to make use of*
	mandar *to send*	

2 **La tecnología** Complete this paragraph about technology in Peru.

En Perú, la (1) ______________ de Internet benefició el (2) ______________ de la agricultura en las comunidades indígenas. Para estas comunidades es una herramienta (*tool*) importante para obtener e intercambiar información. También, en ciudades como Cuzco, los artistas y comerciantes que (3) ______________ de Internet pueden (4) ______________ el nivel (*level*) de ventas porque se conectan (5) ______________ y así pueden vender sus productos en otros países.

3 **¡En español!** Look at the video still. Imagine what Omar will say about technology in Peru and write a two- or three-sentence introduction to this episode.

Omar Fuentes, Perú

¡Hola a todos! ¿Saben de qué vamos a hablar hoy? ______________

____

____

____

____

____

Mientras ves el video

4 **Completar** Watch Omar interview a young man, and complete their conversation.

OMAR ¿Qué haces en medio de la Plaza de Armas usando una (1) ______________?

JOVEN Estoy mandándole un (2) ______________ a mi novia en Quito.

OMAR ... en Quito... ¿Así que tú eres (3) ______________?

JOVEN Sí, soy ecuatoriano.

OMAR Y... ¿qué tal? ¿Qué te (4) ______________ el Cuzco? ¿Qué te parece el Perú?

JOVEN Me encanta Cuzco porque se parece mucho a mi ciudad, pero me gusta un poco más porque puedo usar (5) ______________ en medio de la plaza y (6) ______________ me molesta.

Video Manual: *Flash Cultura*

5 **Emparejar** Identify why these people use cell phones and the Internet.

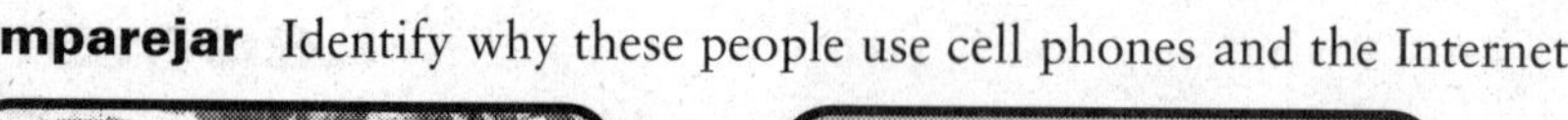

1. ___  2. ___  3. ___ 

a. para escribir mensajes a su novia
b. para comunicarse con su proveedor
c. para vender sus productos en el extranjero
d. para hacer una videoconferencia y hablar con su familia
e. para chatear con amigos

Después de ver el video

6 **¿Cierto o falso?** Indicate whether each statement is **cierto** or **falso**.

1. En Perú, los cibercafés son lugares exclusivos para los turistas. ________
2. Los cibercafés son conocidos como cabinas de Internet en Perú y están por todo el país. ________
3. A diferencia de los cibercafés, los teléfonos celulares ayudan a la comunicación rápida y económica. ________
4. La comunidad indígena de Perú se beneficia de las ventajas que ofrecen los cibercafés. ________
5. En la Plaza de Armas de Cuzco es posible navegar en la red de manera inalámbrica. ________
6. Las nuevas tecnologías de la comunicación no permiten a las comunidades indígenas reafirmarse culturalmente. ________

7 **Preguntas** Answer these questions.

1. ¿Para qué usas Internet?
   ____
2. ¿Cómo te comunicas con tu familia y tus amigos cuando viajas?
   ____
3. ¿Piensas que la masificación de la tecnología es buena? ¿Por qué?
   ____
4. ¿Piensas que el servicio de Internet debe ser gratuito para todas las personas? ¿Por qué?
   ____

8 **Un email** Remember the young man who was writing an e-mail to his girlfriend at the Plaza de Armas in Cuzco? Imagine you are the young man, and write an e-mail to his girlfriend, telling her about living in Cuzco and how technology is used here.

¡Hola, mi amor! En este momento estoy en la Plaza de Armas de Cuzco. ____________________

____

____

____

____

____

Nombre ______________________ Fecha ______________________

FLASH CULTURA

Lección 12

La casa de Frida

Antes de ver el video

1 **Más vocabulario** Look over these useful words before you watch the video.

Vocabulario útil		
el alma *soul*	contar con *to have; to feature*	el relicario *locket*
la artesanía *crafts*	convertirse en *to become*	el retrato *portrait*
el barro *clay*	la muleta *crutch*	la urna *urn*
la ceniza *ash*	el recorrido *tour*	el vidrio soplado *blown glass*

2 **Emparejar** Match each definition to the appropriate word.

1. Es un aparato que ayuda a caminar a las personas que no pueden hacerlo por sí solas (*by themselves*). ______________
2. Es el recipiente (*container*) donde se ponen las cenizas de una persona muerta. ______________
3. Es una pintura de una persona. ______________
4. tener, poseer ______________
5. camino o itinerario en un museo, un parque, etc. ______________
6. Transformarse en algo distinto de lo que era antes. ______________

3 **¡En español!** Look at the video still. Imagine what Carlos will say about **La Casa de Frida** and write a two- or three-sentence introduction to this episode.

Carlos López, México

¡Bienvenidos a otro episodio de *Flash Cultura*! Soy Carlos López desde... ______________________________
____
____
____
____

Mientras ves el video

4 **¿Dónde están?** Identify where these items are located in Frida's museum.

¿Dónde están?	La cocina	La habitación
1. barro verde de Oaxaca		
2. la urna con sus cenizas		
3. los aparatos ortopédicos		
4. vidrio soplado		
5. la cama original		
6. artesanía de Metepec		

Video Manual: *Flash Cultura*

5 **Impresiones** Listen to what these people say, and match the captions to the appropriate person.

1. ___ 2. ___ 3. ___ 4. ___

a. Me encanta que todavía (*still*) tienen todas las cosas de Frida en su lugar...

b. tenemos la gran bendición (*blessing*) de que contamos con un jardinero que... trabajó (*worked*) para ellos.

c. A mí lo que más me gusta es la cocina y los jardines.

d. El espacio más impresionante de esta casa es la habitación de Frida.

e. ... para mí fueron unas buenas personas...

Después de ver el video

6 **Ordenar** Indicate the order in which Carlos did each of these things.

____ a. Habló con distintas personas sobre el museo y sus impresiones.
____ b. Caminó por las calles de Coyoacán.
____ c. Pasó por el estudio y terminó el recorrido en la habitación de Frida.
____ d. Mostró el cuadro *Viva la vida* y otras pinturas de Frida.
____ e. Recorrió la cocina.
____ f. Llegó al museo Casa de Frida Kahlo.

7 **¿Qué te gustó más?** Choose an aspect of Frida's house and describe it. Is it similar or different to your own house? What do you find interesting about it?

____
____
____
____
____
____
____
____

Nombre ______________________ Fecha ______________________

FLASH CULTURA

Lección 13

Naturaleza en Costa Rica

Antes de ver el video

1 **Más vocabulario** Look over these useful words before you watch the video.

Vocabulario útil

el balneario *spa*	**las faldas** *foot (of a mountain or volcano)*	**el piso** *ground*
el Cinturón de Fuego *Ring of Fire*	**lanzar** *to throw*	**la profundidad** *depth*
cuidadoso/a *careful*	**mantenerse fuera** *to keep outside*	**refrescarse** *to refresh oneself*
derramado/a *spilled*	**el milagro** *miracle*	**el rugido** *roar*
		el ruido *noise*

2 **Emparejar** Complete this paragraph about volcanoes in Central America.

Los países centroamericanos crearon "La Ruta Colonial y de los volcanes" para atraer turismo cultural y ecológico a esta región. El recorrido (*tour*) de los volcanes es el itinerario favorito de los visitantes ya que éstos pueden escuchar los (1) ______________ volcánicos y sentir el (2) ______________ vibrando cuando caminan cerca. Es posible caminar por las (3) ______________ de los volcanes que no están activos y observar la lava (4) ______________ en antiguas erupciones. ¡Centroamérica es un (5) ______________ de la naturaleza!

3 **¡En español!** Look at the video still. Imagine what Alberto will say about volcanoes and hot springs in Costa Rica and write a two- or three-sentence introduction to this episode.

Alberto Cuadra, Costa Rica

¡Bienvenidos a Costa Rica! Hoy vamos a visitar…______________

____

____

____

____

____

Mientras ves el video

4 **¿Qué ves?** Identify the items you see in the video.

___ 1. cuatro monos juntos

___ 2. las montañas

___ 3. un volcán

___ 4. una tortuga marina

___ 5. el mar

___ 6. dos ballenas

___ 7. las aguas termales

___ 8. muchos pumas

Video Manual: *Flash Cultura*

Nombre ______________________ Fecha ______________________

5 **Completar** Complete this conversation between Alberto and the guide.

ALBERTO ¿Qué tan activo es el (1) ____________ Arenal?

GUÍA El volcán Arenal se encuentra dentro de los volcanes más (2) ____________ en el mundo. Se pueden observar las (3) ____________ incandescentes, sobre todo en la noche… y en este momento, el sonido que (4) ____________ es efecto de la actividad activa del volcán.

ALBERTO ¿Por qué es que el volcán produce este sonido?

GUÍA Bueno, es el efecto de las erupciones; la combinación también del aire, del (5) ____________; cuando la (6) ____________ sale y tiene el contacto con la parte externa.

Después de ver el video

6 **Ordenar** Indicate the order in which Alberto did each of these things.

____ a. Se cubrió con una toalla porque tenía frío.
____ b. Caminó hasta el Parque Nacional Volcán Arenal.
____ c. Vio caer las rocas incandescentes desde la ventana de su hotel.
____ d. Cuando sintió que se movía el piso, tuvo miedo y salió corriendo.
____ e. Se baño en las aguas termales de origen volcánico.
____ f. Conversó con el guía sobre el volcán.

7 **¡Defendamos al volcán!** Imagine that you are a forest ranger at the **volcán Arenal** park, and you have just learned that a highly-polluting company plans to build a plant near the park. Write a conversation between you and your colleagues at work, convincing them to take action to prevent the plant from being built.

8 **Ecoturismo** Alberto says that ecotourism represents the fastest-growing subsector of the tourist industry. Identify the positive and negative aspects of ecotourism and then write a brief paragraph about it. You may use examples from the video.

Aspectos positivos	Aspectos negativos

Video Manual: *Flash Cultura*

Nombre ______________________ Fecha ______________________

FLASH CULTURA

Lección 14

El Metro del D.F.

Antes de ver el video

1 **Más vocabulario** Look over these useful words before you watch the video.

Vocabulario útil		
ancho/a *wide*	contar con *to have, to offer*	repartido/a *spread*
el boleto *ticket*	debajo *underneath*	el siglo *century*
el camión *bus (Mexico)*	gratuito/a *free*	superado/a *surpassed*
el castillo *castle*	imponente *impressive*	la superficie *surface*
construido/a *built*	recorrer *to cover (traveling)*	ubicado/a *located*

2 **Completar** Complete these sentences.

1. En México se le dice ______________ a los autobuses.
2. Los autobuses ______________ distintos puntos de México, D.F.
3. El Metro tiene estaciones ______________ por toda la ciudad.
4. El Bosque de Chapultepec está ______________ en el centro de México, D.F.
5. El Metro es un servicio ______________ para personas de más de 60 años.

3 **¡En español!** Look at the video still. Imagine what Carlos will say about **el Metro** in Mexico City and write a two- or three-sentence introduction to this episode.

Carlos López, México

¡Hola! Hoy vamos a hablar de... ______________

____

____

____

____

____

Mientras ves el video

4 **¿Qué les gusta?** Identify what each of these passengers likes about **el Metro**.

1. ____ 

2. ____

3. ____ 

a. Es útil para ir a la escuela y visitar a mis compañeros.
b. Hay una parada (*stop*) cerca de mi casa.
c. Es un transporte seguro, rápido y cómodo.
d. Es barato y siempre me dan un descuento.
e. Hay mucha variedad de gente.

5 **¿Qué dice?** Identify the places Carlos mentions in the video.

_____ 1. una joyería del siglo pasado
_____ 2. las estaciones de metro superficiales
_____ 3. la Catedral Metropolitana
_____ 4. una panadería
_____ 5. un castillo construido en la montaña
_____ 6. el correo
_____ 7. un zoológico
_____ 8. un bosque en el centro de la ciudad

Después de ver el video

6 **¿Cierto o falso?** Indicate whether these statements are **cierto** or **falso.**

1. Carlos dice que el Metrobús es el sistema favorito de los ciudadanos. __________
2. Los tranvías circulan bajo la superficie de la ciudad. __________
3. En el Metro puedes recorrer los principales atractivos de México, D.F. __________
4. El Zócalo es la plaza principal de la capital mexicana. __________

7 **¿Cómo llego?** Imagine that you are in Mexico City. You want to go to **Los Reyes** and decided to take the subway, but got confused and end up in **Camarones**, the other end of the city! On a separate piece of paper, write a conversation in which you ask a person for directions to help you get to your destination. Use some of these expressions. You can also find a map of the **Metro** online.

cambiar de tren
las estaciones de transbordo
estar perdido
hasta
al norte
seguir derecho

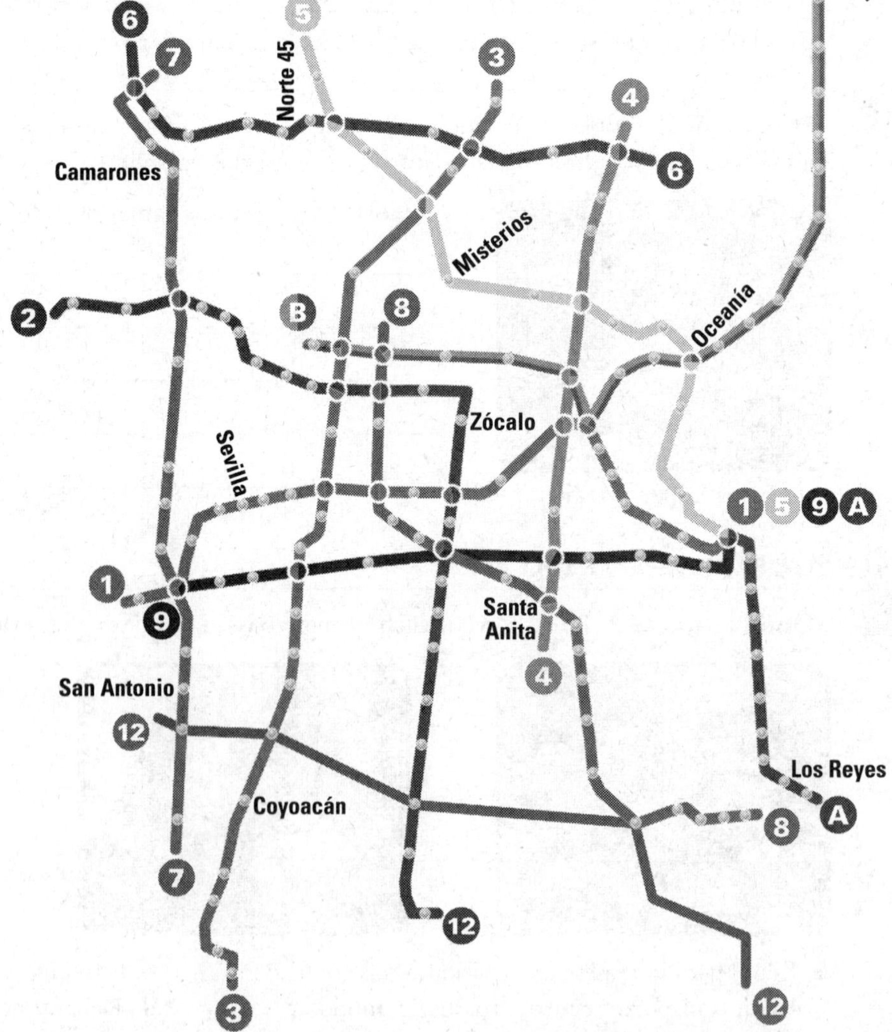

Nombre ______________________ Fecha ______________________

FLASH CULTURA

Lección 15

¿Estrés? ¿Qué estrés?

Antes de ver el video

1 **Más vocabulario** Look over these useful words before you watch the video.

Vocabulario útil		
el ambiente *atmosphere*	el/la madrileño/a *person from Madrid*	remontarse *to go back (in time)*
el descanso *rest*	mantenerse sano/a *to stay healthy*	retirarse *to retreat (to a peaceful place)*
el espectáculo *show*	el paseo *walk*	el retiro *retreat*
el estanque *pond*	remar *to row*	trotar *to jog*
judío/a *Jewish*		el vapor *steam*
llevadero/a *bearable*		

2 **Completar** Complete this paragraph about **baños árabes**.

Madrid fue lugar de encuentro de tres culturas: musulmana, cristiana y (1) ______________. Los musulmanes, por ejemplo, introdujeron los famosos baños árabes que eran lugares de (2) ______________ donde las personas iban a (3) ______________ a lugares tranquilos y a socializar. Aunque en la actualidad los (4) ______________ continúan disfrutando de estos baños, existen muchas otras alternativas para mantenerse sanos y sin estrés.

3 **¡En español!** Look at the video still. Imagine what Miguel Ángel will say about **el estrés** in Madrid, and write a two- or three-sentence introduction to this episode.

Miguel Ángel Lagasca, España

¡Bienvenidos a Madrid! Hoy les quiero mostrar... ______________

Mientras ves el video

4 **Completar** Listen to a man talking about his dog, then complete the conversation.

HOMBRE Bueno, a mí me espera además un (1) ______________. Yo tengo un perro que se llama Curro, que es un fenómeno... Gracias a él, pues, aparte del (2) ______________ de Madrid, sirve para (3) ______________ y dar un paseíto, ¿eh?, y resulta muy agradable. Más (4) ______________ [...] Yo insisto que lo mejor en Madrid es tener un perro, si es (5) ______________ que se llame Curro, y dar un (6) ______________ con él, y es muy divertido.

Video Manual: *Flash Cultura*

5 **¿Estrés en Madrid?** Being the capital of Spain, Madrid has the hustle and bustle of any big city. Identify why these **madrileños** are stressed out.

1. ___ 

2. ___ 

3. ___ 

a. Porque durmieron en el parque para conseguir boletos.

b. Porque hay mucho tráfico en la ciudad.

c. Porque hay personas que les quieren quitar el lugar en la cola.

d. Porque tiene un perro muy agresivo.

e. Porque tienen que hacer largas colas para todo, sobre todo para espectáculos culturales.

Después de ver el video

6 **Preguntas** Answer each of these questions.

1. ¿Qué problema tiene Madrid que es típico de una gran ciudad?
2. Menciona dos lugares adonde los madrileños van para desestresarse.
3. ¿Quién es Curro? ¿Qué opina su dueño?
4. ¿Cuáles son tres actividades saludables que se pueden hacer en el Parque del Retiro?
5. ¿Cuántas salas de baños árabes tiene el Medina Mayrit?

7 **No hablo español** Remember the American who cut in line for the show? The couple behind him did not succeed in making him go to the back of the line. What would you say to him? Write a conversation in which you tell him to go to the back of the line!

Nombre ______________________ Fecha ______________________

FLASH CULTURA

Lección 16

El mundo del trabajo

Antes de ver el video

1 **Más vocabulario** Look over these useful words before you watch the video.

Vocabulario útil		
el desarrollo *development*	(ser) exitoso/a *(to be) successful*	la madera *wood*
el destino *destination*	la fidelidad *loyalty*	el nivel *level*
la elevación *height*		la oportunidad *opportunity*

2 **Emparejar** Match each definition to the appropriate word.

_____ 1. Alguien o algo que tiene muy buena aceptación.
_____ 2. Meta, punto de llegada.
_____ 3. Conveniencia de tiempo y de lugar.
_____ 4. Parte sólida de los árboles cubierta por la corteza (*bark*).
_____ 5. Altura que algo alcanza, o a la que está colocado.
_____ 6. Distancia vertical de un punto de la tierra respecto al nivel del mar.
_____ 7. Progresar, crecer económica, social, cultural o políticamente.
_____ 8. Lealtad que alguien debe a otra persona.

a. elevación
b. madera
c. desarrollo
d. exitoso
e. nivel
f. destino
g. fidelidad
h. oportunidad

3 **¡En español!** Look at the video still. Imagine what Mónica will say about jobs in Ecuador and write a two- or three-sentence introduction to this episode.

Mónica, Ecuador

Hola, les saluda Mónica... ______________________________________

____

____

____

Mientras ves el video

4 **Marcar** Indicate which of these things you see in the video.

_____ 1. vendedor de periódicos
_____ 2. payaso
_____ 3. dentista
_____ 4. heladero
_____ 5. barrendera
_____ 6. hombre policía
_____ 7. médico
_____ 8. pintora
_____ 9. artesano
_____ 10. mesero

Video Manual: *Flash Cultura*

5 **Impresiones** Listen to what these people say, and match the captions to the appropriate person.

1. ___ 
2. ___ 
3. ___ 

a. Claro que sí. Soy la jefa.
b. Odio mi trabajo. Me pagan poquísimo (*very little*) y aparte, mi jefa es súper fastidiosa…
c. Lo que más me gusta de trabajar en Klein Tours es que ayudamos al desarrollo de nuestro país.
d. Bueno, la persona que quiera estar conmigo deberá recibirme con mi profesión ya que yo no tengo un horario de oficina normal.

Después de ver el video

6 **¿Cierto o falso?** Indicate whether each statement is **cierto** or **falso**. Correct the false statements.

1. Quito es una de las capitales de mayor elevación del mundo.
   ____
2. La mujer policía trabaja desde muy temprano en la mañana.
   ____
3. La peluquería de don Alfredo está ubicada en la calle García Moreno, debajo del Mercado Central en el centro de Quito.
   ____
4. La profesión de don Alfredo es una tradición familiar.
   ____
5. Klein Tours es una agencia de viajes especializada en excursiones por todo el territorio de la ciudad de Quito.
   ____
6. Las principales áreas de trabajo de Klein Tours son ventas, operaciones, marketing y el área administrativa.
   ____

7 **Escribir** From the following list, choose a profession that you would like to have. Then, write three **ventajas** and three **desventajas** for that profession.

artista	dentista	mesero/a	peluquero/a	vendedor/a
barrendero/a	enfermero/a	payaso/a	policía	

Ventajas	Desventajas
1. ______	1. ______
2. ______	2. ______
3. ______	3. ______

Nombre ______________________ Fecha ______________________

PANORAMA CULTURAL

Lección 2

Los Estados Unidos

Antes de ver el video

1 **Más vocabulario** Look over these useful words before you watch the video.

Vocabulario útil		
algunos *some, a few*	espectáculos *shows*	millón *million*
beisbolistas *baseball players*	estaciones *stations*	mucha *large*
comparsa *parade*	este *this*	muchos *many*
concursos *contests*	ligas mayores *major leagues*	por ciento *percent*
diseñador *designer*	más *more*	su *their*
disfraces *costumes*	mayoría *majority*	tiene *has*
escritora *writer*		

2 **Deportes** In this video, you are going to learn about some famous Dominican baseball players. In preparation, answer these questions about sports.

1. What sports are popular in the United States? ______________________
2. What is your favorite sport? ______________________
3. Do you play any sports? Which ones? ______________________

Mientras ves el video

3 **Cognados** Identify which cognates you hear in the video.

___ 1. agosto ___ 3. celebrar ___ 5. democracia ___ 7. festival ___ 9. intuición

___ 2. carnaval ___ 4. discotecas ___ 6. famosos ___ 8. independencia ___ 10. populares

Después de ver el video

4 **Responder** Answer the questions in Spanish. Use complete sentences.

1. ¿Cuántos hispanos hay en Estados Unidos?

____

2. ¿De dónde son la mayoría de los hispanos en Estados Unidos?

____

3. ¿Quiénes son Pedro Martínez y Manny Ramírez?

____

4. ¿Dónde hay muchas discotecas y estaciones de radio hispanas?

____

5. ¿Qué son WADO y Latino Mix?

____

6. ¿Es Julia Álvarez una escritora dominicana?

____

Nombre ______________________ Fecha ______________________

PANORAMA CULTURAL

Lección 2

Canadá

Antes de ver el video

1 **Más vocabulario** Look over these useful words before you watch the video.

Vocabulario útil

bancos *banks*
campo *field*
canal de televisión *TV station*
ciudad *city*
comunidad *community*
escuelas *schools*
estudia *studies*
hijas *daughters*
investigadora científica *research scientist*
mantienen *maintain*
mayoría *majority*
ofrecen *offer*
otras *others*
pasa *spends*
periódico *newspaper*
que *that*
revista *magazine*
seguridad *safety*
sus *her*
trabajadores *workers*
vive *lives*

2 **Responder** This video talks about the Hispanic community in Montreal. In preparation for watching the video, answer the following questions about your family's background.

1. Where were your parents born? And your grandparents? ______________________
2. If any of them came to the United States from another country, when and why did they come here?
____
3. Are you familiar with the culture of the country of your ancestors? What do you know about their culture? Do you follow any of their traditions? Which ones? ______________________
____

Mientras ves el video

3 **Marcar** Indicate which nouns you hear in the video.

___ 1. apartamento ___ 3. periódico ___ 5. horas ___ 7. instituciones ___ 9. lápiz
___ 2. comunidad ___ 4. escuela ___ 6. hoteles ___ 8. laboratorio ___ 10. programa

Después de ver el video

4 **¿Cierto o falso?** Indicate whether these statements are **cierto** or **falso.** Correct the false statements.

1. Los hispanos en Montreal son de Argentina. ______________________
2. En Montreal no hay canales de televisión en español. ______________________
3. En Montreal hay hispanos importantes. ______________________
4. Una hispana importante en el campo de la biología es Ana María Seifert. ______________________
5. Ella vive con sus dos hijas en una mansión en Montreal. ______________________
6. Ella pasa muchas horas en el museo. ______________________
7. En su casa se mantienen muchas tradiciones argentinas. ______________________
8. Ella participa en convenciones nacionales e internacionales. ______________________

Nombre ______________________ Fecha ______________________

Lección 4

México

Antes de ver el video

1 **Más vocabulario** Look over these useful words before you watch the video.

Vocabulario útil			
día *day*	estos *these*	gente *people*	sentir *to feel*
energía *energy*	fiesta *party, celebration*	para *to*	valle *valley*

2 **Describir** In this video, you will learn about the archaeological ruins of Teotihuacán, where the celebration of the equinox takes place every year. Do you know what the equinox is? In English, try to write a description.

equinoccio: ____

____

3 **Categorías** Categorize the words listed in the word bank.

arqueológicos	gente	increíble	mexicanos	Teotihuacán
capital mexicana	hacen	interesante	moderno	tienen
celebrar	hombres	jóvenes	mujeres	Valle de México
ciudad	importante	Latinoamérica	niños	van
escalar				

Lugares	Personas	Verbos	Adjetivos

Mientras ves el video

4 **Marcar** Check off the pastimes you see while watching the video.

_____ 1. pasear

_____ 2. nadar

_____ 3. patinar

_____ 4. escalar (pirámides)

_____ 5. tomar el sol

_____ 6. ver películas

_____ 7. visitar monumentos

_____ 8. bucear

Nombre ______________ Fecha ______________

Después de ver el video

5 **Completar** Fill in the blanks with the appropriate word(s).

la capital mexicana	muy interesante
la celebración del *equinoccio*	pasean
celebrar	sentir
comienzan	sol
manos	el Valle de México

1. Teotihuacán está a cincuenta kilómetros de ______________.
2. A ______________ van muchos grupos de música tradicional.
3. Todos quieren ______________ la energía del sol en sus ______________.
4. Ir a las pirámides de Teotihuacán es una experiencia ______________.
5. Las personas ______________ por las ruinas.

6 **¿Cierto o falso?** Indicate whether each statement is **cierto** or **falso**. Correct the false statements.

1. Las pirámides de Teotihuacán están lejos del Valle de México.
____
2. Muchas personas van a Teotihuacán todos los años para celebrar el *equinoccio*.
____
3. Turistas de muchas nacionalidades van a la celebración.
____
4. La gente prefiere ir a Teotihuacán en sus ratos libres.
____
5. La celebración del equinoccio termina a las cinco de la mañana.
____
6. Las personas celebran la energía que reciben de Teotihuacán todos los años.
____

7 **Foto** Describe the video still. Write at least three sentences in Spanish.

____
____
____
____
____
____

Lección 6

Puerto Rico

Antes de ver el video

1 **Más vocabulario** Look over these useful words before you watch the video.

Vocabulario útil		
angosto *narrow*	calle *street*	plaza *square*
antiguo *old*	escultura *sculpture*	promocionar *to promote*
artesanías *handicrafts*	exposición *exhibition*	sitio *site*
bahía *bay*	fuente *fountain*	vender *to sell*
barrio *neighborhood*		

Mientras ves el video

2 **Cognados** Indicate which cognates you hear in the video.

_____ 1. aeropuerto
_____ 2. área
_____ 3. arte
_____ 4. artístico
_____ 5. cafés
_____ 6. calma
_____ 7. capital
_____ 8. construcciones
_____ 9. estrés
_____ 10. histórico
_____ 11. información
_____ 12. nacional
_____ 13. permanente
_____ 14. presidente
_____ 15. restaurantes

Después de ver el video

3 **Completar** Complete the sentences with words from the word bank.

camina	coloniales	excelente	galerías	plaza
capital	esculturas	exposición	hermoso	promociona

1. En la bahía de la ________________ de Puerto Rico está el Castillo de San Felipe del Morro.
2. Muchas de las construcciones del Viejo San Juan son ________________.
3. En la mayoría de los parques hay ________________ inspiradas en la historia del país.
4. El Instituto de Cultura Puertorriqueña ________________ eventos culturales en la isla.
5. Hay muchas ________________ de arte y museos.
6. En el Museo de San Juan hay una ________________ permanente de la historia de Puerto Rico.

PANORAMA CULTURAL

Lección 6

Cuba

Antes de ver el video

1 **Más vocabulario** Look over these useful words before you watch the video.

Vocabulario útil	
conversar *to talk*	**relacionadas** *related to*
imágenes *images (in this case, of a religious nature)*	**relaciones** *relationships*
miembro *member*	**sacerdote** *priest*

Mientras ves el video

2 **Marcar** Indicate which of these activities you see in the video.

_____ 1. hombre escribiendo

_____ 2. hombre leyendo

_____ 3. mujer corriendo

_____ 4. mujer llorando (*crying*)

_____ 5. niño jugando

_____ 6. personas bailando

_____ 7. personas caminando

_____ 8. personas cantando

_____ 9. personas conversando

Después de ver el video

3 **¿Cierto o falso?** Indicate whether each statement is **cierto** or **falso.** Correct the false statements.

1. Cada tres horas sale un barco de La Habana con destino a Regla.

____

2. Regla es una ciudad donde se practica la santería.

____

3. La santería es una práctica religiosa muy común en algunos países latinoamericanos.

____

4. Los santeros no son personas importantes en su comunidad.

____

5. La santería es una de las tradiciones cubanas más viejas.

____

Nombre ______________________ Fecha ______________________

PANORAMA CULTURAL

Lección 6

Video Manual: *Panorama cultural*

La República Dominicana

Antes de ver el video

1 **Más vocabulario** Look over these useful words and expressions before you watch the video.

Vocabulario útil	
crear *to create, to form*	papel *role*
emigrantes *emigrants*	ritmos *rhythms*
fiestas nacionales *national festivals*	tocar (música) *to play (music)*

2 **Preguntas** This video talks about two musical genres famous in the Dominican Republic. In preparation for watching the video, answer these questions.

1. ¿Cuál es el género (*genre*) musical estadounidense con más fama internacional?

   ____

2. ¿Te gusta esta música? ¿Por qué?

   ____

Mientras ves el video

3 **Marcar** Indicate which activities, things, and places you see in the video.

_____ 1. niños sonriendo

_____ 2. mujer vendiendo ropa

_____ 3. parejas bailando

_____ 4. hombre tocando acordeón

_____ 5. niño jugando al fútbol

_____ 6. espectáculo de baile en teatro

_____ 7. bandera (*flag*) de la República Dominicana

_____ 8. mujer peinándose

_____ 9. boulevard

_____ 10. playa

Después de ver el video

4 **Corregir** The underlined elements in the sentences are incorrect. Write the correct words in the spaces provided.

1. Uno de los mejores ejemplos de la mezcla (*mix*) de culturas en la República Dominicana es la <u>arquitectura</u>.

   La palabra correcta es: ______________________

2. El Festival del Merengue se celebra en las <u>plazas</u> de Santo Domingo todos los veranos.

   La palabra correcta es: ______________________

3. La música de República Dominicana está influenciada por la música tradicional de <u>Asia</u>.

   La palabra correcta es: ______________________

4. En todo el país hay discotecas donde se toca y se baila la bachata y el jazz.

   La palabra correcta es: ______________________

5. El veintisiete de febrero de cada año los dominicanos celebran el día de la madre.

   La palabra correcta es: ______________________

6. La bachata y el merengue son ritmos poco populares en la República Dominicana.

   La palabra correcta es: ______________________

5 **Emparejar** Find the items in the second column that correspond to the ones in the first.

____ 1. Aquí la gente baila la bachata y el merengue.
____ 2. Este músico recibió en 1966 la medalla presidencial.
____ 3. *El Bachatón*
____ 4. Juan Luis Guerra, Johnny Ventura y Wilfredo Vargas
____ 5. La música dominicana recibió la influencia de estas personas.

a. Johnny Pacheco
b. varios de los muchos músicos de bachata y merengue con fama internacional
c. los indígenas que vivían en la región
d. las discotecas de la ciudad
e. En este programa de televisión sólo se toca la bachata.

6 **Seleccionar** Select the sentence that best summarizes what you saw in this video.

____ 1. Por muchos años, muchos emigrantes llegaron a la República Dominicana y crearon la actual cultura dominicana.

____ 2. Todas las estaciones de radio tocan bachata y hay un programa de televisión muy popular dedicado exclusivamente a esta música, llamado *El Bachatón*.

____ 3. Los ritmos más populares de la República Dominicana, la bachata y el merengue, son producto de varias culturas y forman parte integral de la vida de los dominicanos.

____ 4. Una fiesta tradicional dominicana es el Festival del Merengue, que se celebra todos los veranos desde 1966 por las calles de Santo Domingo.

7 **Responder** Answer the questions in Spanish. Use complete sentences.

1. ¿Cuál es tu música favorita? ¿Por qué?

   ____

2. ¿Dónde escuchas esta música? ¿Cuándo?

   ____

3. ¿Quiénes son los intérpretes más famosos de esta música? ¿Cuál de ellos te gusta más?

   ____

4. ¿Te gusta bailar? ¿Qué tipo de música bailas?

   ____

5. ¿Es la música algo importante en tu vida? ¿Por qué?

   ____

Nombre ______________________ Fecha ______________________

PANORAMA CULTURAL

Lección 8

Venezuela

Antes de ver el video

1 **Más vocabulario** Look over these useful words before you watch the video.

Vocabulario útil		
castillo *castle*	fuerte *fort*	plana *flat*
catarata *waterfall*	maravilla *wonder*	según *according to*
cima *top*	medir *to measure*	teleférico *cable railway*

Mientras ves el video

2 **Marcar** Indicate which of these cognates you hear in the video.

_____ 1. animales
_____ 2. arquitectura
_____ 3. construcción
_____ 4. diversa
_____ 5. famoso
_____ 6. geológicas
_____ 7. horizontales
_____ 8. marina
_____ 9. mitología
_____ 10. naturales
_____ 11. plantas
_____ 12. verticales

Después de ver el video

3 **Completar** Complete the sentences with words from the word bank. Some words will not be used.

clase	islas	metros	río	verticales
fuertes	marina	planas	teleférico	

1. En Venezuela hay castillos y ______________ que sirvieron para proteger al país hace muchos años.
2. En Venezuela hay más de 311 ______________.
3. La isla Margarita tiene una fauna ______________ muy diversa.
4. Los hoteles de isla Margarita son de primera ______________.
5. El Parque Nacional Canaima tiene 38 grandes montañas de paredes ______________ y cimas ______________.
6. Venezuela también tiene el ______________ más largo del mundo.

4 **Escribir** In Spanish, list the three things you found most interesting in this video and explain your choices. Use complete sentences.

____

____

____

PANORAMA CULTURAL

Lección 8

Colombia

Antes de ver el video

1 **Más vocabulario** Look over these useful words and expressions before you watch the video.

Vocabulario útil	
alrededores *surrounding area*	**delfín** *dolphin*
belleza natural *natural beauty*	**desfile** *parade*
campesinos *country/rural people*	**disfrutar (de)** *to enjoy*
carroza *float*	**feria** *fair*
cordillera *mountain range*	**fiesta** *festival*
costas *coasts*	**orquídea** *orchid*

Mientras ves el video

2 **Preguntas** Answer the question about the video still. Use complete sentences.

¿Cómo se llama esta celebración?

____

Después de ver el video

3 **Emparejar** Match each word to its definition or description.

_____ 1. El grano colombiano que se exporta mucho.
_____ 2. el Carnaval de Barranquilla
_____ 3. En Colombia crecen muchas.
_____ 4. Aquí vive el delfín rosado.
_____ 5. desfile de los silleteros
_____ 6. Aquí vive el cóndor.

a. el café
b. el Parque Amaracayu
c. un desfile de carrozas decordas
d. orquídeas
e. Feria de las Flores
f. Nevado del Huila

4 **Responder** Answer these questions in Spanish. Use complete sentences.

1. ¿Cuál crees que es el carnaval más famoso del mundo? ¿Por qué?

____

____

2. ¿Cuál es el carnaval más famoso de los Estados Unidos? ¿Cómo se celebra?

____

____

Nombre ______________________ Fecha ______________________

PANORAMA CULTURAL

Lección 8

Ecuador

Antes de ver el video

1 **Más vocabulario** Look over these useful words and expressions before you watch the video.

Vocabulario útil		
algunas *some*	otro *other*	todo *every*
científico *scientist*	pingüino *penguin*	tomar fotografías *to take pictures*
guía *guide*	recurso *resource*	tortuga *turtle*

Mientras ves el video

2 **Marcar** Indicate which of these verbs you hear in the video.

_____ 1. aprender
_____ 2. bailar
_____ 3. beber
_____ 4. comprar
_____ 5. escribir
_____ 6. estudiar
_____ 7. leer
_____ 8. recibir
_____ 9. tener
_____ 10. tomar
_____ 11. vivir

Después de ver el video

3 **Responder** Answer the questions in Spanish. Use complete sentences.

1. ¿En qué océano están las islas Galápagos?

____

____

2. ¿Qué hacen los científicos que viven en las islas?

____

____

3. ¿Qué hacen los turistas que visitan las islas?

____

____

4. ¿Qué proyectos tiene la Fundación Charles Darwin?

____

____

5. ¿Cuáles son los animales más grandes que viven en las islas?

____

____

6. ¿Por qué son importantes estas islas?

____

____

PANORAMA CULTURAL

Lección 8

Perú

Antes de ver el video

1 **Más vocabulario** Look over these useful words and expressions before you watch the video.

Vocabulario útil		
canoa *canoe*	exuberante naturaleza *lush countryside*	ruta *route, path*
dunas *sand dunes*		tabla *board*

Mientras ves el video

2 **Fotos** Describe the video stills. Write at least three sentences in Spanish for each still.

Después de ver el video

3 **Completar** Complete the sentences with words from the word bank.

aventura	kilómetros	pesca
excursión	llamas	restaurante
exuberante	parque	tradicional

1. En el Perú se practican muchos deportes de ______________.
2. Pachamac está a 31 ______________ de Lima.
3. La naturaleza en Santa Cruz es muy ______________.
4. En el Perú, uno de los deportes más antiguos es la ______________ en pequeñas canoas.
5. Caminar con ______________ es uno de los deportes tradicionales en el Perú.
6. Santa Cruz es un sitio ideal para ir de ______________.

Nombre ______________________ Fecha ______________________

PANORAMA CULTURAL

Lección 10

Argentina

Antes de ver el video

1 **Más vocabulario** Look over these useful words and expressions before you watch the video.

Vocabulario útil		
actualmente *nowadays*	**gaucho** *cowboy*	**paso** *step*
barrio *neighborhood*	**género** *genre*	**salón de baile** *ballroom*
cantante *singer*	**homenaje** *tribute*	**suelo** *floor*
exponer *to exhibit*	**pareja** *partner*	**surgir** *to emerge*
extrañar *to miss*	**pintura** *paint*	**tocar** *to play*

2 **Completar** The previous vocabulary will be used in this video. In preparation for watching the video, complete the sentences with words from the vocabulary list. Conjugate the verbs as necessary. Some words will not be used.

1. Los artistas ______________________ sus pinturas en las calles.
2. Beyoncé es una ______________________ famosa.
3. El tango tiene ______________________ muy complicados.
4. El jazz es un ______________________ musical que se originó en los Estados Unidos.
5. El tango ______________________ en Buenos Aires, Argentina.
6. La gente va a los ______________________ a divertirse.
7. Las personas ______________________ mucho a su país cuando tienen que vivir en el extranjero.

Mientras ves el video

3 **Marcar** Indicate which of these cognates you hear in the video.

_____ 1. adultos
_____ 2. aniversario
_____ 3. arquitectura
_____ 4. artistas
_____ 5. demostración
_____ 6. conferencia
_____ 7. dramático
_____ 8. exclusivamente
_____ 9. famosos
_____ 10. gráfica
_____ 11. impacto
_____ 12. musical

Nombre ______________________ Fecha ______________________

Después de ver el video

4 **¿Cierto o falso?** Indicate whether each statement is **cierto** or **falso**. Correct the false statements.

1. Guillermo Alio dibuja en el suelo una gráfica para enseñar a cantar.
   ____
2. El tango es música, danza, poesía y pintura.
   ____
3. Alio es un artista que baila y canta al mismo (*same*) tiempo.
   ____
4. Alio y su pareja se ponen pintura verde en los zapatos.
   ____
5. Ahora los tangos son historias de hombres que sufren por amor.
   ____
6. El tango tiene un tono dramático y nostálgico.
   ____

5 **Completar** Complete the sentences with words from the word bank.

actualmente	compositor	fiesta	género	homenaje	pintor	surgió	toca

1. El tango es un ______________ musical que se originó en Argentina en 1880.
2. El tango ______________ en el barrio La Boca.
3. ______________ este barrio se considera un museo al aire libre.
4. En la calle Caminito se ______________ y se baila el tango.
5. Carlos Gardel fue el ______________ de varios de los tangos más famosos.
6. En el aniversario de su muerte, sus aficionados le hacen un ______________.

6 **Responder** Answer the questions in Spanish. Use complete sentences.

1. ¿Por qué crees que el tango es tan famoso en todo el mundo?
   ____
2. ¿Te gustaría (*Would you like*) aprender a bailar tango? ¿Por qué?
   ____
3. ¿Qué tipo de música te gusta? Explica tu respuesta.
   ____

Nombre ______________________ Fecha ______________________

PANORAMA CULTURAL

Lección 10

Chile

Antes de ver el video

1 **Más vocabulario** Look over these useful words and expressions before you watch the video.

Vocabulario útil	
disfrutar (de) *to enjoy*	isla *island*
grados *degrees*	recursos naturales *natural resources*
hace miles de años *thousands of years ago*	repartidas *spread throughout, distributed*
indígena *indigenous*	vista *view*

Mientras ves el video

2 **Fotos** Describe the video stills. Write at least three sentences in Spanish for each still.

Después de ver el video

3 **Completar** Complete the sentences with words from the word bank.

atracción	diferente	escalan	llega	remoto
característico	difícil	indígena	recursos	repartidas

1. *Rapa Nui* es el nombre de la isla de Pascua en la lengua ______________ de la región.
2. Esta isla está en un lugar ______________.
3. Los habitantes de esta isla no tenían muchos ______________ naturales.
4. En un día de verano la temperatura ______________ a los 90°.
5. Las esculturas *moái* son el elemento más ______________ de esta isla.
6. Hay más de novecientas esculturas ______________ por toda la isla.
7. Otra gran ______________ de la isla es el gran cráter Rano Kau.
8. Los visitantes ______________ el cráter para disfrutar de la espectacular vista.

PANORAMA CULTURAL

Lección 10

Uruguay

Antes de ver el video

1 **Más vocabulario** Look over these useful words and expressions before you watch the video.

Vocabulario útil		
asado *barbecue*	campos *rural areas*	jineteadas *rodeo*
cabalgatas colectivas *caravans*	ganadería *ranching*	ranchos ganaderos *cattle ranches*
caballos *horses*	gauchos *cowboys*	siglos *centuries*

2 **Predecir** Based on the video stills, write what you think the video will be about.

____

____

____

____

Mientras ves el video

3 **Describir** Write a short description of the items.

1. Las estancias son ______________________
2. Los gauchos son ______________________
3. Las cabalgatas colectivas son ______________________
4. Las jineteadas son ______________________

Después de ver el video

4 **Responder** Answer the questions in Spanish.

1. ¿Te gustaría quedarte por unos días en una estancia? ¿Por qué?

   ____

2. ¿Por qué crees que a los turistas les gustan estos lugares? ¿Por qué son tan especiales?

   ____

3. ¿Hay en tu país hoteles parecidos a las estancias? ¿Cómo son?

   ____

Nombre _______________ Fecha _______________

PANORAMA CULTURAL

Lección 10

Paraguay

Antes de ver el video

1 **Más vocabulario** Look over these useful words before you watch the video.

Vocabulario útil			
alimento *food*	cortar *to cut*	hervir *to boil*	suplemento
amargo *bitter*	cultivar *to cultivate*	hojas *leaves*	alimenticio
asegurar *to maintain*	empresas *companies*	quemar *to burn*	*dietary*
calabaza *pumpkin*	fuente *source*	sagrada *sacred*	*supplement*

Mientras ves el video

2 **Ordenar** Indicate the order in which these sentences appear in the video.

_____ a. El mate es un alimento.

_____ b. Hay muchas técnicas para preparar el mate.

_____ c. Tomar mate era ilegal.

_____ d. El mate se toma a toda hora.

_____ e. La yerba mate crece en América del Sur.

_____ f. El mate tiene vitaminas, minerales y antioxidantes.

_____ g. El mate tiene un sabor amargo.

_____ h. Los indígenas guaraní creían que esta planta era un regalo de sus antepasados.

_____ i. El mate es típico de Paraguay, Argentina y Uruguay.

_____ j. El mate es usado por personas que quieren adelgazar.

Después de ver el video

3 **Fotos** Describe the video stills. Write at least three sentences in Spanish for each one.

____

____

____

____

____

____

____

____

____

____

Nombre ______________________ Fecha ______________________

PANORAMA CULTURAL **Lección 10**

Bolivia

Antes de ver el video

1 **Más vocabulario** Look over these useful words before you watch the video.

Vocabulario útil		
alimento *food*	particular *unique*	tratamiento *treatment*
enorme *enormous*	salar *salt flat*	

2 **Foto** Describe the video still. Write at least three sentences in Spanish.

____

____

____

____

____

Mientras ves el video

3 **Marcar** Indicate which of these cognates you hear in the video.

_____ 1. abundante
_____ 2. arte
_____ 3. color
_____ 4. contacto
_____ 5. cultura
_____ 6. diversa
_____ 7. estrés
_____ 8. exceso
_____ 9. exótico
_____ 10. extraordinario
_____ 11. presente
_____ 12. región

Después de ver el video

4 **Palabra correcta** The underlined words in these statements are incorrect. Replace them with the correct words.

1. El salar de Uyuni está al <u>norte</u> de Bolivia. ______________________
2. La sal, sin exceso, es <u>mala</u> para las personas que sufren de enfermedades de los huesos. ______________________
3. Los hoteles de esta región se hicieron con cuidado porque el contacto en exceso con la sal es <u>excelente</u> para la salud. ______________________
4. Estos hoteles ofrecen a los huéspedes masajes y otros tratamientos para aliviar el <u>acné</u>. ______________________
5. La sal se usa en Uyuni para <u>dañar</u> los alimentos. ______________________
6. El salar de Uyuni parece un gran <u>parque</u> de color blanco. ______________________

PANORAMA CULTURAL

Lección 12

Guatemala

Antes de ver el video

1 **Más vocabulario** Look over these useful words and expressions before you watch the video.

Vocabulario útil		
alfombra *rug*	destruir *to destroy*	ruinas *ruins*
artículos *items*	época colonial *colonial times*	sobrevivir *to survive*
calle *street*	indígenas *indigenous people*	terremoto *earthquake*

2 **Describir** In this video, you are going to learn about an open-air market in Guatemala. In Spanish, describe one open-air market that you know.

mercado: ______________________________

____

____

____

____

____

3 **Categorías** Match each word to the appropriate category.

bonitas	espectaculares	indígenas	quieres
calles	grandes	mercado	región
colonial	habitantes	monasterios	sentir
conocer	iglesias	mujeres	vieja

Lugares	Personas	Verbos	Adjetivos

Nombre ______________________ Fecha ______________________

Mientras ves el video

4 **Marcar** Indicate which of these things you see in the video.

_____ 1. fuente (*fountain*)
_____ 2. hombres con vestidos morados
_____ 3. mujer bailando
_____ 4. mujer llevando bebé en el mercado
_____ 5. mujeres haciendo alfombras de flores
_____ 6. niñas sonriendo
_____ 7. niño dibujando
_____ 8. personas hablando
_____ 9. ruinas
_____ 10. turista mirando el paisaje

Después de ver el video

5 **Completar** Complete the sentences with words from the word bank.

aire libre | alfombras | atmósfera | fijo | indígenas | regatear

1. En Semana Santa las mujeres hacen ______________ con miles de flores.
2. En Chichicastenango hay un mercado al ______________ los jueves y domingos.
3. En el mercado los artículos no tienen un precio ______________.
4. Los clientes tienen que ______________ cuando hacen sus compras.
5. En las calles de Antigua, los turistas pueden sentir la ______________ del pasado.
6. Muchos ______________ de toda la región vienen al mercado a vender sus productos.

6 **¿Cierto o falso?** Indicate whether each statement is **cierto** or **falso**. Correct the false statements.

1. Antigua fue la capital de Guatemala hasta 1773.
____
2. Una de las celebraciones más importantes de Antigua es la de Semana Santa.
____
3. En esta celebración, muchas personas se visten con ropa de color verde.
____
4. Antigua es una ciudad completamente moderna.
____
5. Chichicastenango es una ciudad mucho más grande que Antigua.
____
6. El terremoto de 1773 destruyó todas las iglesias y monasterios en Antigua.
____

7 **Escribir** Write four sentences comparing the cities Antigua and Chichicastenango.

____
____
____
____
____

Nombre ______________________ Fecha ______________________

PANORAMA CULTURAL **Lección 12**

Honduras

Antes de ver el video

1 **Más vocabulario** Look over these useful words and expressions before you watch the video.

Vocabulario útil		
astrónomo *astronomer*	escala *scale*	quetzal *quetzal (a type of bird)*
clara *clear*	impresionante *amazing*	ruinas *ruins*
dentro de *inside*	piezas de arte *works of art*	serpiente *snake*

2 **Predecir** Do you remember the video from **Lección 4**? It was about the pyramids of Teotihuacán. In this lesson, you are going to hear about other pyramids: those in the city of Copán, Honduras. Write a paragraph about the things you think you will see in this video.

____

____

____

Mientras ves el video

3 **Marcar** Indicate which of these words or expressions you hear in the video.

_____ 1. azteca
_____ 2. bailes
_____ 3. cultura precolombina
_____ 4. grupos
_____ 5. maya
_____ 6. ochocientos
_____ 7. quetzal
_____ 8. Rosalila
_____ 9. Sol
_____ 10. Tegucigalpa

Después de ver el video

4 **Seleccionar** Choose the option that best completes each sentence.

1. Una ciudad muy importante de la cultura ______________ es Copán.
   a. olmeca b. salvadoreña c. azteca d. maya
2. Desde mil novecientos ______________ y cinco, científicos han trabajado en estas ruinas.
   a. cincuenta b. setenta c. sesenta d. noventa
3. Los mayas fueron grandes artistas, ______________, matemáticos, astrónomos y médicos.
   a. maestros b. estudiantes c. arquitectos d. cantantes
4. Ricardo Agurcia descubrió un templo ______________ una pirámide.
   a. afuera de b. cerca de c. dentro de d. a un lado de
5. En Copán encontraron el texto más ______________ que dejó la gran civilización maya.
   a. extenso b. corto c. interesante d. divertido
6. En Copán está el Museo de ______________ Maya.
   a. Arte b. Pintura c. Escultura d. Texto

PANORAMA CULTURAL

Lección 12

El Salvador

Antes de ver el video

1 **Más vocabulario** Look over these useful words before you watch the video.

Vocabulario útil			
alimento *food*	fuente *source*	grano *grain*	salsa *sauce*

Mientras ves el video

2 **Marcar** Indicate which of these verbs you hear in the video.

_____ 1. bailar
_____ 2. cocinar
_____ 3. comer
_____ 4. decir
_____ 5. describir
_____ 6. hacer
_____ 7. limpiar
_____ 8. saber
_____ 9. servir
_____ 10. tocar
_____ 11. usar
_____ 12. vender
_____ 13. vivir

Después de ver el video

3 **Completar** Complete the sentences with words from the word bank.

aceite	fuente	pupusas
arroz	maíz	sal
camarón	postre	símbolo

1. En El Salvador el ______________________ es el alimento principal de la dieta diaria.
2. Las pupusas se comen a veces como ______________________ acompañadas de frutas.
3. En todos los lugares importantes de El Salvador se venden ______________________.
4. Para hacer las pupusas se usa maíz, agua, ______________________ y sal.
5. El maíz es una buena ______________________ de carbohidratos.
6. El maíz se ha usado como ______________________ religioso.

4 **Foto** Describe the video still. Write at least three sentences in Spanish.

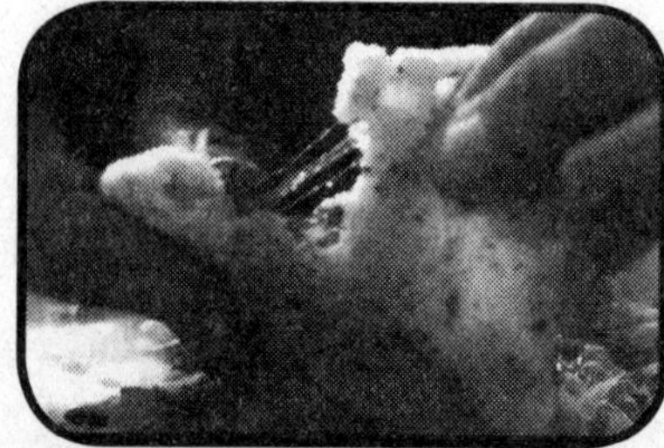

____
____
____
____
____

PANORAMA CULTURAL

Lección 14

Nicaragua

Antes de ver el video

1 **Más vocabulario** Look over these useful words and expressions before you watch the video.

Vocabulario útil		
artesanías *handicrafts, craft work*	dioses *gods*	ofrendas *offerings*
atractivos *attractions*	laguna *lagoon*	venado *deer*
burlarse *to make fun (of)*	obras artesanales *handicrafts*	venerar *to worship*

Mientras ves el video

2 **Marcar** Indicate which of these verbs you hear in the video.

_____ 1. bailan
_____ 2. burlan
_____ 3. calmar
_____ 4. comer
_____ 5. correr
_____ 6. creían
_____ 7. deriva
_____ 8. estudiar
_____ 9. jugar
_____ 10. venden
_____ 11. veneraban
_____ 12. ver

Después de ver el video

3 **Emparejar** Match each item to its description.

_____ 1. la más reciente erupción del Volcán Masaya
_____ 2. Le daban esto a los dioses para calmar al volcán.
_____ 3. *Mazalt* y *yan*
_____ 4. pasaba cuando los dioses estaban enojados
_____ 5. el Torovenado

a. una celebración
b. ofrendas
c. el volcán hacía erupción
d. nombre *Masaya* en lengua indígena
e. 1993

4 **Respuestas** Answer the questions in Spanish. Use complete sentences.

1. ¿Cómo se llama el pueblo donde está situada la laguna de Masaya?

____

2. ¿De dónde se deriva el nombre *Masaya*?

____

3. ¿Cuál es la fiesta más importante que se celebra en Masaya?

____

4. ¿De quiénes se burlan los habitantes en estas fiestas?

____

5. ¿Por qué se le conoce a Masaya como la capital del folklore nicaragüense?

____

6. ¿Qué venden en el mercado, además de frutas y verduras?

____

PANORAMA CULTURAL

Lección 14

Costa Rica

Antes de ver el video

1 **Más vocabulario** Look over these useful words and expressions before you watch the video.

Vocabulario útil

bosque *forest*	**guía certificado** *certified guide*	**riqueza** *wealth*
conservar *to preserve*	**nuboso** *cloudy*	**tiendas de campaña** *camping tents*
cubierto *covered*	**permitir** *to allow*	**tocar** *to touch*
entrar *to enter*	**regla** *rule*	

2 **Foto** Describe the video still. Write at least three sentences in Spanish.

____

____

____

____

____

Mientras ves el video

3 **Marcar** Indicate which of these rules for the protection of nature you hear in the video.

_____ 1. En el parque Monteverde no pueden entrar más de 150 personas al mismo tiempo.

_____ 2. Los turistas tienen que dormir en tiendas de campaña.

_____ 3. Los turistas no pueden visitar Tortuguero en febrero.

_____ 4. Después de las seis no se permite ir a la playa sin un guía certificado.

_____ 5. Los turistas no pueden tocar las tortugas.

_____ 6. En Tortuguero está prohibido sacar fotografías.

Después de ver el video

4 **Completar** Complete the sentences with words from the word bank.

acampan	entrar	pasan	prohíbe
conservan	estudiar	prefieren	transportan

1. En Monteverde se _______________ más de dos mil especies de animales.
2. En este parque no pueden _______________ más de 150 personas al mismo tiempo.
3. Algunos turistas _______________ en Monteverde.
4. Otros _______________ ir a los hoteles de los pueblos que están cerca de Monteverde.
5. Se _______________ sacar fotografías.

Lección 14

Panamá

Antes de ver el video

1 **Más vocabulario** Look over these useful words before you watch the video.

Vocabulario útil		
anualmente *annually*	impresionante *incredible*	según *according to*
arrecife *reef*	lado *side*	sitio *site*
disfrutar *to enjoy*	peces *fish*	torneo *tournament*
especies *species*	precioso *beautiful*	

2 **Responder** This video talks about the best places to dive and surf in Panama. In preparation for watching this video, answer these questions about surfing.

1. ¿Practicas el surf? ¿Conoces a alguien que lo practique? ¿Dónde lo practicas?

____

2. ¿Te gusta este deporte? ¿Por qué?

____

Mientras ves el video

3 **Ordenar** Indicate the order in which these items appear in the video.

a. ____ 

b. ____ 

c. ____ 

Nombre ______ Fecha ______

Después de ver el video

4 **Emparejar** Complete each sentence with the appropriate words.

1. La isla Contadora es la más grande ____
2. Allí siempre hace calor ____
3. En Panamá, los visitantes pueden bucear en el océano Pacífico por la mañana, ____
4. Las islas de San Blas son 365, ____
5. En Santa Catarina los deportistas disfrutan de ____

a. por la noche.
b. del archipiélago.
c. la playa blanca y el agua color turquesa.
d. por eso se puede bucear en todas las estaciones.
e. una para cada día del año.
f. y en el mar Caribe por la tarde.

5 **Responder** Answer the questions in Spanish. Use complete sentences.

1. ¿Qué país centroamericano tiene costas en el océano Pacífico y en el mar Caribe?

2. ¿Por qué Las Perlas es un buen lugar para bucear?

3. ¿Cómo llegan los turistas a la isla Contadora?

4. ¿Cómo se llaman los indígenas que viven en las islas San Blas?

5. ¿Adónde van los mejores deportistas de surfing del mundo?

6 **Pasatiempos** In Spanish, give details about your favorite sports or pastimes.

Mis deportes/ pasatiempos favoritos	Por qué me gustan	Dónde/cuándo los practico

PANORAMA CULTURAL

Lección 16

España

Antes de ver el video

1 **Más vocabulario** Look over these useful words before you watch the video.

Vocabulario útil		
antiguo *ancient*	empezar *to start*	niños *children*
blanco *white*	encierro *running of bulls*	pañuelo *neckerchief, bandana*
cabeza *head*	esta *this*	peligroso *dangerous*
calle *street*	feria *fair, festival*	periódico *newspaper*
cohete *rocket (firework)*	fiesta *party, festival*	rojo *red*
comparsa *parade*	gente *people*	ropa *clothing*
correr *to run*	gigante *giant*	toro *bull*
defenderse *to defend oneself*	mitad *half*	ver *to see*

2 **Festivales** In this video, you are going to learn about a Spanish festival. List the things you would probably do and see at a festival.

____

____

____

____

Mientras ves el video

3 **Ordenar** Identify the order in which these items appear in the video.

_____ a. cohete

_____ b. cuatro mujeres en un balcón

_____ c. gigante

_____ d. mitad hombre, mitad caballo (*horse*)

_____ e. muchas personas

_____ f. toro

Después de ver el video

4 **Fotos** Describe the video stills.

____

____

____

____

____

____

Nombre ______________________ Fecha ______________________

____

____

____

____

____

5 **Crucigrama** Complete these sentences, then use the words to complete the crossword.

1. El Festival de San Fermín es la combinación de tres fiestas, una de ellas son las ______________________ comerciales.
2. Las ______________________ son los eventos favoritos de los niños.
3. La fiesta religiosa en honor a San Fermín, las ferias comerciales y los eventos taurinos son celebraciones ______________________.
4. Los Sanfermines es una de las ______________________ tradicionales españolas.
5. Las personas usan ropa blanca y ______________________ rojos.
6. En los encierros las personas corren delante de diecisiete ______________________.
7. En las comparsas hay figuras ______________________ hombre mitad animal.
8. En los días del festival, hay ocho ______________________ por día.
9. En las comparsas hay ocho ______________________.
10. Las comparsas pasan por las ______________________ de Pamplona.
11. Otras de las figuras tienen enormes ______________________.

PREPARACIÓN

Lección 1

1 **Identificar** You will hear six short exchanges. For each one, decide whether it is a greeting, an introduction, or a leave-taking.

modelo

You hear: RAQUEL David, te presento a Paulina.
DAVID Encantado.
You select: Introduction

	Greeting	*Introduction*	*Leave-taking*
Modelo	________	X	________
1.	________	________	________
2.	________	________	________
3.	________	________	________
4.	________	________	________
5.	________	________	________
6.	________	________	________

2 **Asociar** You will hear three conversations. Look at the drawing and match each group of people to the correct conversation.

3 **Preguntas** Listen to each question or statement and respond with an answer from the list. Repeat the correct response after the speaker.

a. Mucho gusto.
b. Chau.
c. Nada.
d. Lo siento.
e. Bien, gracias.
f. Soy de los Estados Unidos.

Lab Manual

Nombre ______________________ Fecha ______________________

PRONUNCIACIÓN

The Spanish alphabet

The Spanish and English alphabets are almost identical, with a few exceptions. For example, the Spanish letter **ñ** (**eñe**) doesn't exist in the English alphabet. Furthermore, the letters **k** (**ka**) and **w** (**doble v**) are used only in words of foreign origin. Examine the chart below to find other differences.

Letra	Nombre(s)	Ejemplo(s)	Letra	Nombre(s)	Ejemplo(s)
a	a	**a**diós	n	ene	**n**acionalidad
b	be	**b**ien, pro**b**lema	ñ	eñe	ma**ñ**ana
c	ce	**c**osa, **c**ero	o	o	**o**nce
ch	che	**ch**ico	p	pe	**p**rofesor
d	de	**d**iario, na**d**a	q	cu	**q**ué
e	e	**e**studiante	r	ere	**r**egular, seño**r**a
f	efe	**f**oto	s	ese	**s**eñor
g	ge	**g**racias, **G**erardo, re**g**ular	t	te	**t**ú
h	hache	**h**ola	u	u	**u**sted
i	i	**i**gualmente	v	ve	**v**ista, nue**v**o
j	jota	**J**avier	w	doble ve	***w**alkman*
k	ka, ca	**k**ilómetro	x	equis	e**x**istir, Mé**x**ico
l	ele	**l**ápiz	y	i griega, ye	**y**o
ll	elle	**ll**ave	z	zeta, ceta	**z**ona
m	eme	**m**apa			

Lab Manual

1 **El alfabeto** Repeat the Spanish alphabet and example words after the speaker.

2 **Práctica** When you hear the number, say the corresponding word aloud and then spell it. Then listen to the speaker and repeat the correct response.

1. nada
2. maleta
3. quince
4. muy
5. hombre
6. por favor
7. San Fernando
8. Estados Unidos
9. Puerto Rico
10. España
11. Javier
12. Ecuador
13. Maite
14. gracias
15. Nueva York

3 **Dictado** You will hear six people introduce themselves. Listen carefully and write the people's names as they spell them.

1. ______________________
2. ______________________
3. ______________________
4. ______________________
5. ______________________
6. ______________________

Nombre ______________________ Fecha ______________________

GRAMÁTICA

1.1 Nouns and articles

1 **Identificar** You will hear a series of words. Decide whether the word is masculine or feminine.

modelo
You hear: lección
You select: Feminine

	Masculine	*Feminine*
Modelo	______	X
1.	______	______
2.	______	______
3.	______	______
4.	______	______
5.	______	______
6.	______	______
7.	______	______
8.	______	______

2 **Transformar** Change each word from the masculine to the feminine. Repeat the correct answer after the speaker. (*6 items*)

modelo
el chico
la chica

3 **Cambiar** Change each word from the singular to the plural. Repeat the correct answer after the speaker. (*8 items*)

modelo
una palabra
unas palabras

4 **Completar** Listen as Silvia reads her shopping list. Write the missing words.

______________ diccionario
un ______________
______________ cuadernos
______________ mochila
______________ mapa de ______________
______________ lápices

Lab Manual

Nombre ______________________ Fecha ______________________

1.2 Numbers 0–30

1 **Identificar** ¡Bingo! You are going to play two games **(juegos)** of bingo. As you hear each number, mark it with an **X** on your bingo card.

Juego 1		
1	3	5
29	25	6
14	18	17
9	12	21

Juego 2		
0	30	27
10	3	2
16	19	4
28	22	20

2 **Números** Use the cue to tell how many there are of each item. Repeat the correct response after the speaker.

modelo

You see: 18 chicos
You say: dieciocho chicos

1. 15 lápices
2. 4 computadoras
3. 8 cuadernos
4. 22 días
5. 9 maletas
6. 30 fotos
7. 1 palabra
8. 26 diccionarios
9. 12 países
10. 3 problemas
11. 17 escuelas
12. 25 turistas

3 **Completar** You will hear a series of math problems. Write the missing numbers and solve the problems.

modelo

You hear: ¿Cuánto es diez más uno?
You write: 10 + 1 = 11

1. __________ + ____11____ = __________
2. __________ – ____5____ = __________
3. ____8____ + __________ = __________
4. __________ – ____12____ = __________
5. ____3____ + __________ = __________
6. __________ + ____0____ = __________

4 **Preguntas** Look at the drawing and answer each question you hear. Repeat the correct response after the speaker. (*6 items*)

Lab Manual

Nombre ______________________ Fecha ______________________

1.3 Present tense of ser

1 **Identificar** Listen to each sentence and select the subject of the verb.

modelo
You hear: Son pasajeros.
You select: ellos

	yo	tú	él/ella	nosotros/as	ellos/ellas
Modelo	____	____	____	____	X
1.	____	____	____	____	____
2.	____	____	____	____	____
3.	____	____	____	____	____
4.	____	____	____	____	____
5.	____	____	____	____	____
6.	____	____	____	____	____

2 **Escoger** Listen to each question and choose the most logical response.

1. a. Soy Patricia. b. Es la señora Gómez.
2. a. Es de California. b. Él es conductor.
3. a. Es de Ecuador. b. Es un diccionario.
4. a. Es de Patricia. b. Soy estudiante.
5. a. Él es conductor. b. Es de España.
6. a. Es un cuaderno. b. Soy de los Estados Unidos.

3 **Cambiar** Form a new sentence, using the cue you hear as the subject. Repeat the correct answer after the speaker. (*8 items*)

modelo
Isabel es de los Estados Unidos. (yo)
Yo soy de los Estados Unidos.

4 **Preguntas** Answer each question you hear, using the cue provided. Repeat the correct response after the speaker.

modelo
You hear: ¿De dónde es Pablo?
You see: Estados Unidos
You say: *Él es de los Estados Unidos.*

1. España 2. California 3. México 4. Ecuador 5. Puerto Rico 6. Colorado

5 **¿Quiénes son?** Listen to this conversation and write the answers to the questions.

1. ¿Cómo se llama la mujer? ______________
2. ¿Cómo se llama el hombre? ______________
3. ¿De dónde es él? ______________
4. ¿De dónde es ella? ______________
5. ¿Quién es estudiante? ______________
6. ¿Quién es profesor(a)? ______________

Lab Manual

1.4 Telling time

1 **La hora** Look at the clock and listen to the statement. Indicate whether the statement is **cierto** or **falso.**

	Cierto	Falso		Cierto	Falso		Cierto	Falso
1.	❍	❍	2.	❍	❍	3.	❍	❍
4.	❍	❍	5.	❍	❍	6.	❍	❍

2 **Preguntas** Some people want to know what time it is. Answer their questions, using the cues. Repeat the correct response after the speaker.

modelo

You hear: ¿Qué hora es, por favor?
You see: 3:10 p.m.
You say: *Son las tres y diez de la tarde.*

1. 1:30 p.m.
2. 9:06 a.m.
3. 2:05 p.m.
4. 7:15 a.m.
5. 4:54 p.m.
6. 10:23 p.m.

3 **¿A qué hora?** You are trying to plan your class schedule. Ask your counselor what time these classes meet and write the answer.

modelo

You see: la clase de economía
You say: *¿A qué hora es la clase de economía?*
You hear: Es a las once y veinte de la mañana.
You write: *11:20 a.m.*

1. la clase de biología: ____________________
2. la clase de arte: ____________________
3. la clase de matemáticas: ____________________
4. la clase de literatura: ____________________
5. la clase de historia: ____________________
6. la clase de sociología: ____________________

Nombre ______________________ Fecha ______________________

PREPARACIÓN

Lección 2

1 **Identificar** Look at each drawing and listen to the statement. Indicate whether the statement is **cierto** or **falso**.

	Cierto	Falso		Cierto	Falso		Cierto	Falso
1.	❍	❍	2.	❍	❍	3.	❍	❍
4.	❍	❍	5.	❍	❍	6.	❍	❍

2 **¿Qué día es?** Your friend Diego is never sure what day of the week it is. Respond to his questions, saying that it is the day before the one he mentions. Then, repeat the correct answer after the speaker. (*6 items*)

modelo

Hoy es domingo, ¿no?

No, hoy es sábado.

3 **Preguntas** You will hear a series of questions. Look at Susana's schedule for today and answer each question. Then, repeat the correct response after the speaker. (*6 items*)

martes 18

9:00 economía — Sr. Rivera

11:00 química — Sra. Hernández

12:15 cafetería — Carmen

1:30 prueba de contabilidad — Sr. Ramos

3:00 matemáticas — Srta. Torres

4:30 laboratorio de computación — Héctor

Lab Manual

Nombre ______ Fecha ______

PRONUNCIACIÓN

Spanish vowels

Spanish vowels are never silent; they are always pronounced in a short, crisp way without the glide sounds used in English.

a **e** **i** **o** **u**

The letter **a** is pronounced like the *a* in *father*, but shorter.

Álex cl**a**se n**a**d**a** enc**a**nt**a**d**a**

The letter **e** is pronounced like the *e* in *they*, but shorter.

el **e**n**e** m**e**sa **e**l**e**fant**e**

The letter **i** sounds like the *ee* in *beet*, but shorter.

Inés ch**i**ca t**i**za señor**i**ta

The letter **o** is pronounced like the *o* in *tone*, but shorter.

h**o**la c**o**n libr**o** d**o**n Francisc**o**

The letter **u** sounds like the *oo* in *room*, but shorter.

uno reg**u**lar sal**u**dos g**u**sto

1 **Práctica** Practice the vowels by repeating the names of these places in Spain after the speaker.

1. Madrid
2. Alicante
3. Tenerife
4. Toledo
5. Barcelona
6. Granada
7. Burgos
8. La Coruña

2 **Oraciones** Repeat each sentence after the speaker, focusing on the vowels.

1. Hola. Me llamo Ramiro Morgado.
2. Estudio arte en la Universidad de Salamanca.
3. Tomo también literatura y contabilidad.
4. Ay, tengo clase en cinco minutos. ¡Nos vemos!

3 **Refranes** Repeat each saying after the speaker to practice vowels.

1. Del dicho al hecho hay un gran trecho.
2. Cada loco con su tema.

4 **Dictado** You will hear a conversation. Listen carefully and write what you hear during the pauses. The entire conversation will then be repeated so you can check your work.

modelo

You hear: Soy Pedro Pérez.
You write: Soy Pedro Pérez.

JUAN ______

______

______

ROSA ______

JUAN ______

ROSA ______

Lab Manual

Nombre ______________________ Fecha ______________________

GRAMÁTICA

2.1 Present tense of regular -ar verbs

1 **Identificar** Listen to each sentence and select the subject of the verb.

modelo

You hear: Trabajo en la cafetería.
You select: yo

	yo	tú	él/ella	nosotros/as	ellos/ellas
Modelo	X	____	____	____	____
1.	____	____	____	____	____
2.	____	____	____	____	____
3.	____	____	____	____	____
4.	____	____	____	____	____
5.	____	____	____	____	____
6.	____	____	____	____	____
7.	____	____	____	____	____
8.	____	____	____	____	____

2 **Completar** Listen to the following description and write the missing words.

Teresa y yo ________ (1) en la Universidad Autónoma de España. Teresa ________ (2) lenguas extranjeras. Ella ________ (3) trabajar en las Naciones Unidas (*United Nations*). Yo ________ (4) clases de periodismo. También me gusta ________ (5) y ________ (6). Los sábados ________ (7) con (*with*) una tuna. Una tuna es una orquesta (*orchestra*) estudiantil. Los jóvenes de la tuna ________ (8) por las calles (*streets*) y ________ (9) canciones (*songs*) tradicionales de España.

3 **Preguntas** Answer each question you hear in the negative. Repeat the correct response after the speaker. (*8 items*)

modelo

¿Estudias geografía?
No, yo no estudio geografía.

4 **Cambiar** Form a new sentence, using the cue you hear as the subject. Repeat the correct answer after the speaker. (*6 items*)

modelo

María practica los verbos ahora (*now*). (José y María)
José y María practican los verbos ahora.

Lab Manual

2.2 Forming questions in Spanish

1

Escoger Listen to each question and choose the most logical response.

1. a. Porque (*Because*) mañana es la prueba. b. Porque no hay clase mañana.
2. a. Viaja en autobús. b. Viaja a Toledo.
3. a. Llegamos a las cuatro y media. b. Llegamos al estadio.
4. a. Isabel y Diego dibujan. b. Dibujan en la clase de arte.
5. a. No, enseña física. b. No, enseña en la Universidad Politécnica.
6. a. Escuchan la clase. b. Escuchan música clásica.
7. a. Sí, me gusta mucho. b. Miro la televisión en la residencia.
8. a. Hay diccionarios en la biblioteca. b. Hay tres.

2

¿Lógico o ilógico? You will hear some questions and the responses. Decide if they are **lógico** (*logical*) or **ilógico** (*illogical*).

1. Lógico Ilógico
2. Lógico Ilógico
3. Lógico Ilógico
4. Lógico Ilógico
5. Lógico Ilógico
6. Lógico Ilógico

3

Cambiar Change each sentence into a question, using the cue provided. Repeat the correct response after the speaker.

modelo

You hear: Los turistas toman el autobús.
You see: ¿Quiénes?
You say: **¿Quiénes toman el autobús?**

1. ¿Dónde?
2. ¿Cuántos?
3. ¿Qué?
4. ¿Quién?
5. ¿Cuándo?
6. ¿Dónde?
7. ¿Quiénes?
8. ¿Qué?

4

Un anuncio Listen to this radio advertisement and answer the questions.

modelo

You see: ¿Dónde enseñan español?
You write: **Enseñan español en la Escuela Cervantes.**

1. ¿Dónde está (*is*) la Escuela Cervantes? ____________________

2. ¿Qué cursos ofrecen (*do they offer*) en la Escuela Cervantes? ____________________

3. ¿Cuándo practican los estudiantes el español? ____________________

4. ¿Adónde viajan los estudiantes de la Escuela Cervantes? ____________________

Nombre ______________________ Fecha ______________________

2.3 The present tense of estar

1 **Describir** Look at the drawing and listen to each statement. Indicate whether the statement is **cierto** or **falso**.

	Cierto	Falso		Cierto	Falso		Cierto	Falso		Cierto	Falso
1.	❍	❍	3.	❍	❍	5.	❍	❍	7.	❍	❍
2.	❍	❍	4.	❍	❍	6.	❍	❍	8.	❍	❍

2 **Escoger** You will hear some sentences with a beep in place of the verb. Decide which form of **ser** or **estar** should complete each sentence, and select it.

modelo

You hear: Javier *(beep)* estudiante.
You select: ***es*** because the sentence is ***Javier es estudiante.***

1. a. es	b. está	5. a. es	b. está
2. a. es	b. está	6. a. eres	b. estás
3. a. es	b. está	7. a. son	b. están
4. a. Somos	b. Estamos	8. a. Son	b. Están

3 **Cambiar** Form a new sentence, using the cue you hear. Repeat the correct answer after the speaker. (*8 items*)

modelo

Irma está en la biblioteca. (Irma y Hugo)
Irma y Hugo están en la biblioteca.

Nombre ____________________ Fecha ____________________

2.4 Numbers 31–100

1 **Números de teléfono** You want to invite some classmates to a party, but you don't have their telephone numbers. Listen to each person's telephone number and write what you hear. Follow the model.

modelo

You see: Elián
You hear: Es el ocho, cuarenta y tres, cero ocho, treinta y cinco.
You write: 843-0835

1. Arturo: ____________________
2. Alicia: ____________________
3. Roberto: ____________________
4. Graciela: ____________________
5. Simón: ____________________
6. Eva: ____________________
7. José Antonio: ____________________
8. Mariana: ____________________

2 **Preguntas** You and a coworker are taking inventory at the university bookstore. Answer your co-worker's questions, using the cues. Repeat the correct response after the speaker.

modelo

You hear: ¿Cuántos diccionarios hay?
You see: 45
You say: **Hay cuarenta y cinco diccionarios.**

1. 56
2. 32
3. 64
4. 83
5. 95
6. 48
7. 31
8. 79

3 **Mensaje telefónico** Listen to this telephone conversation and complete the phone message with the correct information.

Mensaje telefónico

Para *(For)* ____________________
De parte de *(From)* ____________________
Teléfono ____________________
Mensaje ____________________
____
____
____

Lab Manual

Nombre ________________________ Fecha ________________________

PREPARACIÓN

Lección 3

1

Escoger You will hear some questions. Look at the family tree and choose the correct answer to each question.

1. a. Pilar	b. Concha	5. a. José Antonio y Ramón	b. Eduardo y Ana María
2. a. Luis Miguel	b. Eduardo	6. a. Joaquín	b. Eduardo
3. a. Sofía	b. Ana María	7. a. Ana María	b. Sofía
4. a. Raquel	b. Sofía	8. a. Luis Miguel	b. Juan Carlos

2

Profesiones Listen to each statement and indicate the number of the statement that corresponds to each drawing.

a. ____________ b. ____________ c. ____________ d. ____________

3

La familia González Héctor wants to verify the relationship between various members of the González family. Look at the drawing and answer his questions with the correct information. Repeat the correct response after the speaker. (*6 items*)

modelo

Juan Carlos es el abuelo de Eduardo, ¿verdad?

No, Juan Carlos es el padre de Eduardo.

Lab Manual

PRONUNCIACIÓN

Diphthongs and linking

In Spanish, **a, e,** and **o** are considered strong vowels. The weak vowels are **i** and **u.**

hermano niña cuñado

A diphthong is a combination of two weak vowels or of a strong vowel and a weak vowel. Diphthongs are pronounced as a single syllable.

ruido parientes periodista

Two identical vowel sounds that appear together are pronounced like one long vowel.

la abuela mi hijo una clase excelente

Two identical consonants together sound like a single consonant.

con Natalia sus sobrinos las sillas

A consonant at the end of a word is always linked with the vowel sound at the beginning of the next word.

Es ingeniera. mis abuelos sus hijos

A vowel at the end of a word is always linked with the vowel sound at the beginning of the next word.

mi hermano su esposa nuestro amigo

1 **Práctica** Repeat each word after the speaker, focusing on the diphthongs.

1. historia
2. nieto
3. parientes
4. novia
5. residencia
6. prueba
7. puerta
8. ciencias
9. lenguas
10. estudiar
11. izquierda
12. ecuatoriano

2 **Oraciones** When you hear the number, read the corresponding sentence aloud. Then listen to the speaker and repeat the sentence.

1. Hola. Me llamo Anita Amaral. Soy del Ecuador.
2. Somos seis en mi familia.
3. Tengo dos hermanos y una hermana.
4. Mi papá es del Ecuador y mi mamá es de España.

3 **Refranes** Repeat each saying after the speaker to practice diphthongs and linking sounds.

1. Cuando una puerta se cierra, otra se abre.
2. Hablando del rey de Roma, por la puerta se asoma.

4 **Dictado** You will hear eight sentences. Each will be said twice. Listen carefully and write what you hear.

1. ______
2. ______
3. ______
4. ______
5. ______
6. ______
7. ______
8. ______

Nombre ______________________ Fecha ______________________

GRAMÁTICA

3.1 Descriptive adjectives

1 **La familia Rivas** Look at the photo of the Rivas family and listen to each statement. Indicate whether the statement is **cierto** or **falso**.

	Cierto	Falso
1.	❍	❍
2.	❍	❍
3.	❍	❍
4.	❍	❍

	Cierto	Falso
5.	❍	❍
6.	❍	❍
7.	❍	❍

2 **Completar** Listen to the following description and write the missing words.

Mañana mis parientes llegan de Guayaquil. Son cinco personas: mi abuela Isabel, tío Carlos y tía Josefina y mis primos Susana y Tomás. Mi prima es ______ (1) y ______ (2). Baila muy bien. Tomás es un niño ______ (3), pero es ______ (4). Tío Carlos es ______ (5) y ______ (6). Tía Josefina es ______ (7) y ______ (8). Mi abuela es ______ (9) y muy ______ (10).

3 **Mis compañeros de clase** Describe your classmates, using the cues provided. Repeat the correct response after the speaker.

modelo

You hear: María
You see: alto
You say: *María es alta.*

1. simpático
2. rubio
3. inteligente
4. pelirrojo y muy bonito
5. alto y moreno
6. delgado y trabajador
7. bajo y gordo
8. tonto

4 **Transformar** Change each sentence from the masculine to the feminine. Repeat the correct answer after the speaker. (*6 items*)

modelo

El chico es mexicano.
La chica es mexicana.

5 **Cambiar** Change each sentence from the singular to the plural. Repeat the correct answer after the speaker. (*6 items*)

modelo

El profesor es ecuatoriano.
Los profesores son ecuatorianos.

Lab Manual

3.2 Possessive adjectives

1 **Identificar** Listen to each statement and select the possessive adjective you hear.

modelo

You hear: Es mi diccionario de español.
You select: my

	my	*your* (familiar)	*your* (formal)	*his/her*	*our*	*their*
Modelo	X					
1.						
2.						
3.						
4.						
5.						
6.						
7.						
8.						

2 **Escoger** Listen to each question and choose the most logical response.

1. a. No, su hijastro no está aquí.
   b. Sí, tu hijastro está aquí.
2. a. No, nuestros abuelos son canadienses.
   b. Sí, sus abuelos son norteamericanos.
3. a. Sí, tu hijo trabaja ahora (*now*).
   b. Sí, mi hijo trabaja en la librería Goya.
4. a. Sus padres regresan a las nueve.
   b. Mis padres regresan a las nueve.
5. a. Nuestra hermana se llama Margarita.
   b. Su hermana se llama Margarita.
6. a. Tus plumas están en el escritorio.
   b. Sus plumas están en el escritorio.
7. a. No, mi sobrino es ingeniero.
   b. Sí, nuestro sobrino es programador.
8. a. Su horario es muy bueno.
   b. Nuestro horario es muy bueno.

3 **Preguntas** Answer each question you hear in the affirmative using the appropriate possessive adjective. Repeat the correct response after the speaker. (*7 items*)

modelo

¿Es tu lápiz?
Sí, es mi lápiz.

Lab Manual

3.3 Present tense of regular –er and –ir verbs

1 **Identificar** Listen to each statement and select the subject of the verb.

modelo

You hear: Corro con (*with*) Dora mañana.
You select: yo

	yo	tú	él/ella	nosotros/as	ellos/ellas
Modelo	X				
1.					
2.					
3.					
4.					
5.					
6.					

2 **Describir** Listen to each statement and match the number of the statement to the drawing it describes.

a. ____________ b. ____________ c. ____________ d. ____________

3 **Preguntas** Answer each question you hear in the negative. Repeat the correct response after the speaker. (*8 items*)

modelo

¿Viven ellos en una residencia estudiantil?
No, ellos no viven en una residencia estudiantil.

4 **Cambiar** Listen to the following statements. Using the cues you hear, say that these people do the same activities. Repeat the correct answer after the speaker. (*8 items*)

modelo

Julia aprende francés. (mi amigo)
Mi amigo también (also) aprende francés.

Nombre Fecha

3.4 Present tense of tener and venir

1

Mi familia Listen to the following description. Then, read the statements and decide whether they are **cierto** or **falso**.

	Cierto	Falso		Cierto	Falso
1. Francisco tiene 20 años.	❍	❍	4. Su madre es inglesa.	❍	❍
2. Francisco desea ser periodista.	❍	❍	5. Francisco tiene un hermano.	❍	❍
3. Francisco vive con su familia.	❍	❍	6. Él tiene una familia pequeña.	❍	❍

2

Situaciones Listen to each situation and choose the appropriate **tener** expression. Each situation will be repeated.

1. a. Tienes sueño. b. Tienes prisa.
2. a. Tienen mucho cuidado. b. Tienen hambre.
3. a. Tenemos mucho calor. b. Tenemos mucho frío.
4. a. Tengo sed. b. Tengo hambre.
5. a. Ella tiene razón. b. Ella no tiene razón.
6. a. Tengo miedo. b. Tengo sueño.

3

Preguntas Answer each question you hear, using the cue. Repeat the correct answer after the speaker.

modelo

¿Tienen sueño los niños? (no)
No, los niños no tienen sueño.

1. sí
2. Roberto
3. no
4. dos
5. sí
6. mis tíos
7. el domingo

4

Cambiar Form a new sentence, using the cue you hear as the subject. Repeat the correct answer after the speaker. (*6 items*)

modelo

You hear: Alicia
You say: *Alicia viene a las seis.*

You hear: David y Rita
You say: *David y Rita vienen a las seis.*

5

Consejos (*Advice*) Some people are not doing what they should. Say what they have to do. Repeat the correct response after the speaker. (*6 items*)

modelo

Elena no trabaja.
Elena tiene que trabajar.

Lab Manual

Nombre ______________________ Fecha ______________________

PREPARACIÓN

Lección 4

1

Lugares You will hear six people describe what they are doing. Choose the place that corresponds to the activity.

modelo

You hear: Hago ejercicio.
You select: el gimnasio

1. ______________
2. ______________
3. ______________
4. ______________
5. ______________
6. ______________

a. el museo	e. el estadio
b. el café	f. las montañas
c. la piscina	g. el parque
d. el cine	h. la biblioteca

2

Describir For each drawing, you will hear two statements. Choose the one that corresponds to the drawing.

1. a. b.

2. a. b.

3. a. b.

4. a. b.

3

Completar Listen to this description and write the missing words.

Chapultepec es un ______(1)______ muy grande en el ______(2)______ de la ______(3)______ de México. Los ______(4)______ muchas ______(5)______ llegan a Chapultepec a pasear, descansar y practicar ______(6)______ como (*like*) el ______(7)______, el fútbol, el vóleibol y el ______(8)______. Muchos turistas también (*also*) ______(9)______ por Chapultepec. Visitan los ______(10)______ y el ______(11)______ a los Niños Héroes.

Lab Manual

PRONUNCIACIÓN

Word stress and accent marks

Every Spanish syllable contains at least one vowel. When two vowels are joined in the same syllable, they form a diphthong. A monosyllable is a word formed by a single syllable.

pe - **lí** - cu - la | e - di - **fi** - cio | ver | yo

The syllable of a Spanish word that is pronounced most emphatically is the "stressed" syllable.

bi - blio - **te** - ca | vi - si - **tar** | **par** - que | **fút** - bol

Words that end in **n**, **s**, or a *vowel* are usually stressed on the next to last syllable.

pe - **lo** - ta | pis - **ci** - na | **ra**- tos | **ha** - blan

If words that end in **n**, **s**, or a *vowel* are stressed on the last syllable, they must carry an accent mark on the stressed syllable.

na - ta - **ción** | pa - **pá** | in - **glés** | Jo - **sé**

Words that do *not* end in **n**, **s**, or a *vowel* are usually stressed on the last syllable.

bai - **lar** | es - pa - **ñol** | u - ni - ver - si - **dad** | tra - ba - ja - **dor**

If words that do *not* end in **n**, **s**, or a *vowel* are stressed on the next to last syllable, they must carry an accent mark on the stressed syllable.

béis - bol | **lá** - piz | **ár** - bol | **Gó** - mez

1 **Práctica** Repeat each word after the speaker, stressing the correct syllable.

1. profesor
2. Puebla
3. ¿Cuántos?
4. Mazatlán
5. examen
6. ¿Cómo?
7. niños
8. Guadalajara
9. programador
10. México
11. están
12. geografía

2 **Conversación** Repeat the conversation after the speaker to practice word stress.

MARINA Hola, Carlos. ¿Qué tal?
CARLOS Bien. Oye, ¿a qué hora es el partido de fútbol?
MARINA Creo que es a las siete.
CARLOS ¿Quieres ir?
MARINA Lo siento, pero no puedo. Tengo que estudiar biología.

3 **Refranes** Repeat each saying after the speaker to practice word stress.

1. Quien ríe de último, ríe mejor.
2. En la unión está la fuerza.

4 **Dictado** You will hear six sentences. Each will be said twice. Listen carefully and write what you hear.

1. ______________________
2. ______________________
3. ______________________
4. ______________________
5. ______________________
6. ______________________

Nombre ______________________ Fecha ______________________

GRAMÁTICA

4.1 The present tense of ir

1 **Identificar** Listen to each sentence and select the subject of the verb you hear.

modelo
You hear: Van a ver una película.
You select: ellos/ellas

	yo	tú	él/ella	nosotros/as	ellos/ellas
Modelo					X
1.					
2.					
3.					
4.					
5.					
6.					

2 **¡Vamos!** Listen to this conversation. Then read the statements and decide whether they are **cierto** or **falso**.

	Cierto	Falso
1. Claudia va a ir al gimnasio.	❍	❍
2. Claudia necesita comprar una mochila.	❍	❍
3. Sergio va a visitar a su tía.	❍	❍
4. Sergio va al gimnasio a las ocho de la noche.	❍	❍
5. Sergio va a ir al cine a las seis.	❍	❍
6. Claudia y Sergio van a ver una película.	❍	❍

3 **Cambiar** Form a new sentence using the cue you hear as the subject. Repeat the correct answer after the speaker. (*8 items*)

modelo
Ustedes van al Museo Frida Kahlo. (yo)
Yo voy al Museo Frida Kahlo.

4 **Preguntas** Answer each question you hear using the cue. Repeat the correct response after the speaker.

modelo
You hear: ¿Quiénes van a la piscina?
You see: Gustavo y Elisa
You say: *Gustavo y Elisa van a la piscina.*

1. mis amigos
2. en el Café Tacuba
3. al partido de baloncesto
4. no
5. sí
6. pasear en bicicleta

Lab Manual

Nombre ______________________ Fecha ______________________

4.2 Stem-changing verbs: e→ie, o→ue

1 **Identificar** Listen to each sentence and write the infinitive form of the verb you hear.

modelo

You hear: No entiendo el problema.
You write: entender

1. ______ 4. ______ 7. ______
2. ______ 5. ______ 8. ______
3. ______ 6. ______

2 **Preguntas** Answer each question you hear using the cue provided. Repeat the correct response after the speaker.

modelo

You hear: ¿A qué hora comienza el partido?
You see: 2:15 p.m.
You say: El partido comienza a las dos y cuarto de la tarde.

1. el jueves
2. no
3. sí
4. sí
5. leer una revista
6. mirar la televisión
7. a las tres
8. Samuel

3 **Diversiones** Look at these listings from the entertainment section in a newspaper. Then listen to the questions and write the answers.

modelo

You hear: ¿Qué día es el torneo de golf?
You write: El torneo de golf es el domingo.

23D

MÚSICA
Palacio de Bellas Artes
Ballet folklórico
Viernes 9, 8:30 p.m.

Bosque de Chapultepec
Concierto de música mexicana
Domingo 11, 1:00 p.m.

MUSEOS
Museo de Arte Moderno
Pinturas de José Clemente Orozco
De martes a domingo, de 10:00 a.m. a 6:00 p.m.
Entrada libre

DEPORTES
Copa Internacional de Fútbol
México vs. Guatemala
Estadio Martín
Viernes 9, 8:30 p.m.

Campeonato de baloncesto
Los Universitarios vs. Los Toros
Gimnasio Municipal
Sábado 10, 7:30 p.m.

Torneo de Golf
con Lee Treviño
Club de Golf Atlas
Domingo 11, 9:00 a.m.

1. ______
2. ______
3. ______
4. ______
5. ______

Lab Manual

Nombre ____________________ Fecha ____________________

4.3 Stem-changing verbs: e→i

1 **Escoger** Listen to each question and choose the most logical response.

1. a. Normalmente pido tacos. b. Voy al restaurante los lunes.
2. a. Consigo novelas en la biblioteca. b. Compro revistas en el centro.
3. a. Repiten la película el sábado. b. No deseo verla.
4. a. Sigue un programa de baloncesto. b. No, está buceando.
5. a. Nunca (*I never*) pido pizza. b. Nunca pido perdón.
6. a. Prefiere visitar un monumento. b. Prefiere buscarla en la biblioteca.
7. a. ¿Quién fue el primer presidente? b. A las cuatro de la tarde.
8. a. ¡Sí, es muy interesante! b. Sí, mi hermano juega.

2 **Completar** Listen to this radio broadcast and fill in the missing words.

Este fin de semana los excursionistas ______(1)______ más senderos (*trails*). Dicen que ir de ______(2)______ a las montañas es una ______(3)______ muy popular y ______(4)______ que ______(5)______ más senderos. Si lo ______(6)______, la gente va a ______(7)______ muy feliz. Si no, ustedes pueden ______(8)______ la historia aquí, en Radio Montaña.

3 **Conversación** Listen to the conversation and answer the questions.

modelo

¿Qué quiere Paola?

Paola quiere una revista de ciclismo.

1. ¿Por qué repite Paola las palabras?

   ____

2. ¿Hace Miguel el favor que (*that*) pide Paola?

   ____

3. ¿Dónde puede conseguir la revista?

   ____

4. ¿Cuándo va a ir Paola por la revista?

   ____

Lab Manual

Nombre ______________________ Fecha ______________________

4.4 Verbs with irregular yo forms

1 **Describir** For each drawing, you will hear two statements. Choose the one that corresponds to the drawing.

1. a. b.

2. a. b.

3. a. b.

4. a. b.

Lab Manual

2 **Yo también** Listen to the following statements about Roberto and respond by saying that you do the same things. Repeat the correct answer after the speaker. (*5 items*)

modelo

Roberto siempre (*always*) hace ejercicio.
Yo también hago ejercicio.

3 **Completar** Listen to this telephone conversation and complete the statements.

modelo

Cristina ve la televisión.

1. Manuel y Ricardo quieren ir al parque para ______________________.
2. Manuel ______________________ las pelotas.
3. Manuel ______________ la hora porque (*because*) Cristina no ______________.
4. Los chicos salen para el parque ______________________.

PREPARACIÓN

Lección 5

1 **Identificar** You will hear a series of words. Write the word that does not belong in each series.

1. ______________________
2. ______________________
3. ______________________
4. ______________________
5. ______________________
6. ______________________
7. ______________________
8. ______________________

2 **Describir** For each drawing, you will hear two statements. Choose the one that corresponds to the drawing.

1. a. b.

2. a. b.

3. a. b.

4. a. b.

3 **En la agencia de viajes** Listen to this conversation between Mr. Vega and a travel agent. Then, read the statements and decide whether they are **cierto** or **falso.**

	Cierto	Falso
1. El señor Vega quiere esquiar, pescar y hacer turismo.	❍	❍
2. El señor Vega va a Puerto Rico.	❍	❍
3. El señor Vega quiere ir de vacaciones la primera semana de mayo.	❍	❍
4. Una habitación en Las Tres Palmas cuesta (*costs*) $85.00.	❍	❍
5. El hotel tiene restaurante, piscina y *jacuzzi*.	❍	❍

PRONUNCIACIÓN

Spanish b and v

There is no difference in pronunciation between the Spanish letters **b** and **v**. However, each letter can be pronounced two different ways, depending on which letters appear next to them.

bueno | **v**óleí**b**ol | **bib**lioteca | **viv**ir

B and **v** are pronounced like the English hard *b* when they appear either as the first letter of a word, at the beginning of a phrase, or after **m** or **n**.

bonito | **v**iajar | tam**b**ién | in**v**estigar

In all other positions, **b** and **v** have a softer pronunciation, which has no equivalent in English. Unlike the hard **b**, which is produced by tightly closing the lips and stopping the flow of air, the soft **b** is produced by keeping the lips slightly open.

de**b**er | no**v**io | a**b**ril | cer**v**eza

In both pronunciations, there is no difference in sound between **b** and **v**. The English *v* sound, produced by friction between the upper teeth and lower lip, does not exist in Spanish. Instead, the soft **b** comes from friction between the two lips.

bola | **v**ela | Cari**b**e | decli**v**e

When **b** or **v** begins a word, its pronunciation depends on the previous word. At the beginning of a phrase or after a word that ends in **m** or **n**, it is pronounced as a hard **b**.

Verónica y su esposo cantan‿**b**oleros.

Words that begin with **b** or **v** are pronounced with a soft **b** if they appear immediately after a word that ends in a vowel or any consonant other than **m** or **n**.

Benito es de‿**B**oquerón pero‿**v**ive en‿**V**ictoria.

1 **Práctica** Repeat these words after the speaker to practice the **b** and the **v**.

1. hablamos
2. trabajar
3. botones
4. van
5. contabilidad
6. bien
7. doble
8. novia
9. béisbol
10. cabaña
11. llave
12. invierno

2 **Oraciones** When you hear the number, read the corresponding sentence aloud, focusing on the **b** and **v** sounds. Then listen to the speaker and repeat the sentence.

1. Vamos a Guaynabo en autobús.
2. Voy de vacaciones a la isla Culebra.
3. Tengo una habitación individual en el octavo piso.
4. Víctor y Eva van por avión al Caribe.
5. La planta baja es bonita también.
6. ¿Qué vamos a ver en Bayamón?
7. Beatriz, la novia de Víctor, es de Arecibo, Puerto Rico.

3 **Refranes** Repeat each saying after the speaker to practice the **b** and the **v**.

1. No hay mal que por bien no venga.
2. Hombre prevenido vale por dos.

4 **Dictado** You will hear four sentences. Each will be said twice. Listen carefully and write what you hear.

1. ______________________________
2. ______________________________
3. ______________________________
4. ______________________________

Nombre Fecha

GRAMÁTICA

5.1 Estar with conditions and emotions

1 **Describir** For each drawing, you will hear two statements. Choose the one that corresponds to the drawing.

1. a. b.

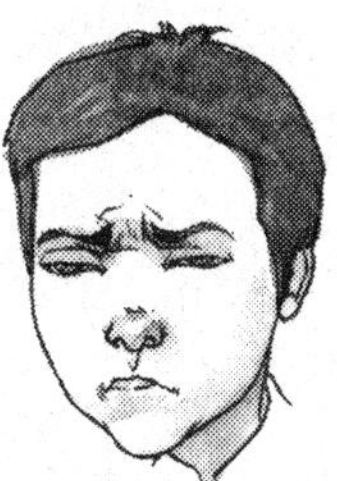

2. a. b.

3. a. b.

4. a. b.

2 **Situaciones** You will hear four brief conversations. Choose the statement that expresses how the people feel in each situation.

1. a. Ricardo está nervioso. b. Ricardo está cansado.
2. a. La señora Fuentes está contenta. b. La señora Fuentes está preocupada.
3. a. Eugenio está aburrido. b. Eugenio está avergonzado.
4. a. Rosario y Alonso están equivocados. b. Rosario y Alonso están enojados.

3 **Preguntas** Answer each question you hear, using the cues provided. Repeat the correct response after the speaker.

modelo

You hear: ¿Está triste Tomás?
You see: no / contento/a
You say: ***No, Tomás está contento.***

1. no / abierto/a
2. sí
3. su hermano
4. no / ordenado/a
5. no / sucio/a
6. estar de vacaciones

4 **Cambiar** Form a new sentence, using the cue you hear as the subject. Repeat the correct answer after the speaker. (*5 items*)

modelo

Rubén está enojado con Patricia. (mamá)
Mamá está enojada con Patricia.

Lab Manual

Nombre Fecha

5.2 The present progressive

1 **Escoger** Listen to what these people are doing. Then, read the statements provided and choose the appropriate description.

1. a. Es profesor. b. Es estudiante.
2. a. Es botones. b. Es inspector de aduanas.
3. a. Eres artista. b. Eres huésped.
4. a. Son jugadoras de fútbol. b. Son programadoras.
5. a. Es ingeniero. b. Es botones.
6. a. Son turistas. b. Son empleados.

2 **Transformar** Change each sentence from the present tense to the present progressive. Repeat the correct answer after the speaker. (*6 items*)

modelo

Adriana confirma su reservación.
Adriana está confirmando su reservación.

3 **Preguntas** Answer each question you hear, using the cue provided and the present progressive. Repeat the correct response after the speaker.

modelo

You hear: ¿Qué hacen ellos?
You see: acampar
You say: Ellos están acampando.

1. hacer las maletas
2. pescar en el mar
3. dormir
4. correr en el parque
5. hablar con el botones
6. comer en el café

4 **Describir** You will hear some questions. Look at the drawing and respond to each question. Repeat the correct answer after the speaker. (*6 items*)

Lab Manual

Nombre ____________ Fecha ____________

5.3 Comparing ser and estar

1 **Escoger** You will hear some questions with a beep in place of the verb. Decide which form of **ser** or **estar** should complete each question, and select it.

modelo

You hear: ¿Cómo *(beep)*?
You select: **estás** because the question is *¿Cómo estás?*

1. es | está
2. Son | Están
3. Es | Está
4. Es | Está
5. Es | Está
6. Es | Está

2 **¿Lógico o no?** You will hear some statements. Decide if they are **lógico** or **ilógico**.

1. Lógico | Ilógico
2. Lógico | Ilógico
3. Lógico | Ilógico
4. Lógico | Ilógico
5. Lógico | Ilógico
6. Lógico | Ilógico

3 **¿Ser o estar?** You will hear the subject of a sentence. Complete the sentence, using a form of **ser** or **estar** and the cue provided. Repeat the correct response after the speaker.

modelo

You hear: papá
You see: en San Juan
You say: Papá está en San Juan.

1. inspector de aduanas
2. la estación del tren
3. a las diez
4. ocupados
5. el 14 de febrero
6. corriendo a clase

4 **¿Cómo es?** You just met Rosa Beltrán at a party. Describe her to a friend by using **ser** or **estar** with the cues you hear. Repeat the correct response after the speaker. (*6 items*)

modelo

muy amable
Rosa es muy amable.

5 **Ponce** Listen to Carolina's description of her vacation and answer the questions.

1. ¿Dónde está Ponce?
____
2. ¿Qué tiempo hace?
____
3. ¿Qué es el Parque de Bombas?
____
4. ¿Qué día es hoy?
____
5. ¿Por qué no va al Parque de Bombas hoy?
____

Lab Manual

Nombre ____________________ Fecha ____________________

5.4 Direct object nouns and pronouns

1 **Escoger** Listen to each question and choose the most logical response.

1. a. Sí, voy a comprarlo.
   b. No, no voy a comprarla.
2. a. Joaquín lo tiene.
   b. Joaquín la tiene.
3. a. Sí, los puedo llevar.
   b. No, no te puedo llevar.
4. a. Irene los tiene.
   b. Irene las tiene.
5. a. Sí, te llevamos al partido.
   b. Sí, nos llevas al partido.
6. a. No, vamos a hacerlo mañana.
   b. No, vamos a hacerla mañana.
7. a. Va a conseguirlos mañana.
   b. Va a conseguirlas mañana.
8. a. Pienso visitarla el fin de semana.
   b. Pienso visitarte el fin de semana.

2 **Cambiar** Restate each sentence you hear, using a direct object pronoun. Repeat the correct answer after the speaker. (*6 items*)

modelo

Isabel está mirando la televisión.
Isabel está mirándola.

Isabel está mirando la televisión... con Diego.

3 **No veo nada** You just broke your glasses and now you can't see anything. Respond to each statement, using a direct object pronoun. Repeat the correct answer after the speaker. (*6 items*)

modelo

Allí (*There*) está el Museo de Arte e Historia.
¿Dónde? No lo veo.

4 **Preguntas** Answer each question you hear in the negative. Repeat the correct response after the speaker. (*6 items*)

modelo

¿Haces la excursión a El Yunque?
No, no la hago.

Nombre ______________________ Fecha ______________________

PREPARACIÓN

Lección 6

1 **¿Lógico o ilógico?** Listen to each statement and indicate if it is **lógico** or **ilógico**.

1. Lógico Ilógico
2. Lógico Ilógico
3. Lógico Ilógico
4. Lógico Ilógico
5. Lógico Ilógico
6. Lógico Ilógico
7. Lógico Ilógico
8. Lógico Ilógico

2 **Escoger** Listen as each person talks about the clothing he or she needs to buy. Then, choose the activity for which the clothing would be appropriate.

1. a. ir a la playa b. ir al cine
2. a. jugar al golf b. buscar trabajo (*work*)
3. a. salir a bailar b. ir a la montaña
4. a. montar a caballo b. bucear
5. a. jugar al vóleibol b. comer en un restaurante elegante
6. a. hacer un viaje b. patinar en línea

3 **Preguntas** Respond to each question, saying that the opposite is true. Repeat the correct answer after the speaker. (*6 items*)

modelo

Las sandalias cuestan mucho, ¿no?

No, las sandalias cuestan poco.

4 **Describir** You will hear some questions. Look at the drawing and write the answer to each question.

1. ______________________
2. ______________________
3. ______________________
4. ______________________

Lab Manual

Nombre ______________________ Fecha ______________________

PRONUNCIACIÓN

The consonants d and t

Like **b** and **v**, the Spanish **d** can have a hard sound or a soft sound, depending on which letters appear next to it.

¿**D**ón**d**e? ven**d**er na**d**ar ver**d**a**d**

At the beginning of a phrase and after **n** or **l**, the letter **d** is pronounced with a hard sound. This sound is similar to the English *d* in *dog*, but a little softer and duller. The tongue should touch the back of the upper teeth, not the roof of the mouth.

Don **d**inero tien**d**a fal**d**a

In all other positions, **d** has a soft sound. It is similar to the English *th* in *there*, but a little softer.

me**d**ias ver**d**e vesti**d**o huéspe**d**

When **d** begins a word, its pronunciation depends on the previous word. At the beginning of a phrase or after a word that ends in **n** or **l**, it is pronounced as a hard **d**.

Don **D**iego no tiene el **d**iccionario.

Words that begin with **d** are pronounced with a soft **d** if they appear immediately after a word that ends in a vowel or any consonant other than **n** or **l**.

Doña **D**olores es **d**e la capital.

When pronouncing the Spanish **t**, the tongue should touch the back of the upper teeth, not the roof of the mouth. In contrast to the English *t*, no air is expelled from the mouth.

traje pan**t**alones **t**arje**t**a **t**ienda

Lab Manual

1 **Práctica** Repeat each phrase after the speaker to practice the **d** and the **t**.

1. Hasta pronto.
2. De nada.
3. Mucho gusto.
4. Lo siento.
5. No hay de qué.
6. ¿De dónde es usted?
7. ¡Todos a bordo!
8. No puedo.
9. Es estupendo.
10. No tengo computadora.
11. ¿Cuándo vienen?
12. Son las tres y media.

2 **Oraciones** When you hear the number, read the corresponding sentence aloud, focusing on the **d** and **t** sounds. Then listen to the speaker and repeat the sentence.

1. Don Teodoro tiene una tienda en un almacén en La Habana.
2. Don Teodoro vende muchos trajes, vestidos y zapatos todos los días.
3. Un día un turista, Federico Machado, entra en la tienda para comprar un par de botas.
4. Federico regatea con don Teodoro y compra las botas y también un par de sandalias.

3 **Refranes** Repeat each saying after the speaker to practice the **d** and the **t**.

1. En la variedad está el gusto.
2. Aunque la mona se vista de seda, mona se queda.

4 **Dictado** You will hear four sentences. Each will be said twice. Listen carefully and write what you hear.

1. ______________________________
2. ______________________________
3. ______________________________
4. ______________________________

Nombre ____________________ Fecha ____________________

GRAMÁTICA

6.1 Numbers 101 and higher

1 **¿Cierto o falso?** Your friend Ana won the lottery, and with that money she is buying presents for her friends and family. Look at the figures in the chart and listen to each statement. Then, indicate whether each statement is **cierto** or **falso**.

Nombre	Comprar	Precio (en bolívares*)
mamá y papá	casa	3.351.250
hermano	auto	27.850
tía Tere	abrigo	13.405
abuelos	barco	56.749
José Luis	10 trajes	12.622
Cecilia	viaje al Caribe	8.967
Sergio	motocicleta	9.831
Laura	caballo	14.294
niños pobres del barrio	ropa y zapatos	39.997
	TOTAL	**3.534.965**

***bolívar** = Venezuelan currency

	Cierto	Falso
1.	❍	❍
2.	❍	❍
3.	❍	❍
4.	❍	❍
5.	❍	❍
6.	❍	❍

2 **Dictado** Listen carefully and write each number as numerals rather than words.

1. ____________ 4. ____________ 7. ____________
2. ____________ 5. ____________ 8. ____________
3. ____________ 6. ____________ 9. ____________

3 **Preguntas** Answer each question you hear, using the cue. Repeat the correct response after the speaker.

modelo

You hear: ¿Cuántas personas hay en Bolivia?
You see: 10.290.000
You say: Hay diez millones, doscientos noventa mil personas en Bolivia.

1. 800 3. 1.284 5. 172
2. 356 4. 711 6. unos 43.000

4 **Un anuncio** Listen to this radio advertisement and write the prices for each item listed. Then, figure out what the total cost for the trip would be.

Pasaje de avión: ____________________

Barco: ____________________

Excursiones: ____________________

TOTAL: ____________________

Lab Manual

Nombre ______________________ Fecha ______________________

6.2 The preterite tense of regular verbs

1 **Identificar** Listen to each sentence and decide whether the verb is in the present or the preterite tense.

modelo

You hear: Alejandro llevó un suéter marrón (*brown*).
You choose: Preterite

	Present	Preterite
Modelo	______	X
1.	______	______
2.	______	______
3.	______	______
4.	______	______
5.	______	______
6.	______	______
7.	______	______
8.	______	______

2 **Cambiar** Change each sentence from the present to the preterite. Repeat the correct answer after the speaker. (*8 items*)

modelo

Compro unas sandalias baratas.
Compré unas sandalias baratas.

3 **Preguntas** Answer each question you hear using the cue provided. Repeat the correct response after the speaker.

modelo

You hear: ¿Dónde conseguiste tus botas?
You see: en la tienda Lacayo
You say: *Conseguí mis botas en la tienda Lacayo.*

1. $26,00 2. ayer 3. Marta 4. no 5. no 6. no

4 **¿Estás listo?** Listen to this conversation between Matilde and Hernán. Make a list of the tasks Hernán has already done in preparation for his trip and a list of the tasks he still needs to do.

Tareas completadas	Tareas que necesita hacer
______	______
______	______
______	______
______	______
______	______

Lab Manual

Nombre ______________________ Fecha ______________________

6.3 Indirect object pronouns

1 **Escoger** Listen to each question and choose the most logical response.

1. a. Sí, le mostré el abrigo.
   b. Sí, me mostró el abrigo.
2. a. No, no le presté el suéter azul.
   b. No, no te prestó el suéter azul.
3. a. Voy a comprarles ropa interior.
   b. Vamos a comprarle ropa interior.
4. a. Sí, está preguntándoles el precio.
   b. Sí, está preguntándole el precio.
5. a. Nos costaron veinte dólares.
   b. Les costaron veinte dólares.
6. a. Sí, nos puede traer un sombrero.
   b. Sí, te puedo traer un sombrero.

2 **Identificar** Listen to each sentence and select the correct subject of each verb.

	yo	tú	él/ella	nosotros/as	ellos/ellas
Modelo		X			
1.					
2.					
3.					
4.					
5.					
6.					

3 **En el centro comercial** Listen to this conversation and answer the questions.

1. ¿Cuánto le costó a Norma su vestido?
   ____
2. ¿A quién le quiere dar un vestido Patricia?
   ____
3. ¿Le da Norma muchos regalos a su hermana?
   ____
4. ¿Dónde compró el vestido Norma?
   ____
5. ¿Qué le dice la dependienta a Norma?
   ____

Lab Manual

Nombre ______ Fecha ______

6.4 Demonstrative adjectives and pronouns

1 **En el mercado** A group of tourists is shopping at an open-air market. Listen to what they say, and indicate the demonstrative adjective you hear.

modelo

You hear: Me gusta mucho esa bolsa.
You choose: that

	this	that	these	those
Modelo	______	X	______	______
1.	______	______	______	______
2.	______	______	______	______
3.	______	______	______	______
4.	______	______	______	______

2 **De compras** Listen to this conversation. Then, read the statements and decide whether they are **cierto** or **falso**.

	Cierto	Falso
1. Flor quiere ir al almacén Don Guapo.	❍	❍
2. Enrique trabaja en el almacén Don Guapo.	❍	❍
3. Enrique no trabaja en el centro comercial.	❍	❍
4. Van al almacén que está al lado del Hotel Plaza.	❍	❍

3 **Transformar** Form a new sentence, using the cue you hear. Repeat the correct answer after the speaker. (*6 items*)

modelo

Aquel abrigo es muy hermoso. (corbatas)
Aquellas corbatas son muy hermosas.

4 **Preguntas** Answer each question you hear in the negative, using a form of the demonstrative pronoun **ése**. Repeat the correct response after the speaker. (*8 items*)

modelo

¿Quieres esta blusa?
No, no quiero ésa.

5 **Cambiar** Form a new sentence, using the cue you hear. Repeat the correct answer after the speaker. (*6 items*)

modelo

Quiero este suéter. (chaqueta)
Quiero esta chaqueta.

Nombre ______________________ Fecha ______________________

PREPARACIÓN

Lección 7

1

Describir For each drawing, you will hear two statements. Choose the one that corresponds to the drawing.

1. a. b.

2. a. b.

3. a. b.

4. a. b.

2

Entrevista Listen to this interview. Then, read the statements and decide whether they are **cierto** or **falso**.

	Cierto	Falso
1. Sergio Santos es jugador de fútbol.	❍	❍
2. Sergio se levanta a las 5:00 a.m.	❍	❍
3. Sergio se ducha por la mañana y por la noche.	❍	❍
4. Sergio se acuesta a las 11:00 p.m.	❍	❍

3

Preguntas Clara is going to baby-sit your nephew. Answer her questions about your nephew's daily routine, using the cues provided. Repeat the correct response after the speaker.

modelo

You hear: ¿A qué hora va a la escuela?
You see: 8:30 a.m.
You say: ***Va a la escuela a las ocho y media de la mañana.***

1. 7:00 a.m.
2. se lava la cara
3. por la noche
4. champú para niños
5. 9:00 p.m.
6. después de comer

Lab Manual

Nombre ______________________ Fecha ______________________

PRONUNCIACIÓN

The consonant r

In Spanish, **r** has a strong trilled sound at the beginning of a word. No English words have a trill, but English speakers often produce a trill when they imitate the sound of a motor.

ropa **r**utina **r**ico **R**amón

In any other position, **r** has a weak sound similar to the English *tt* in *better* or the English *dd* in *ladder*. In contrast to English, the tongue touches the roof of the mouth behind the teeth.

gusta**r** du**r**ante p**r**ime**r**o c**r**ema

The letter combination **rr**, which only appears between vowels, always has a strong trilled sound.

piza**rr**a co**rr**o ma**rr**ón abu**rr**ido

Between vowels, the difference between the strong trilled **rr** and the weak **r** is very important, as a mispronunciation could lead to confusion between two different words.

ca**r**o ca**rr**o pe**r**o pe**rr**o

1 **Práctica** Repeat each word after the speaker to practice the **r** and the **rr**.

1. Perú
2. Rosa
3. borrador
4. madre
5. comprar
6. favor
7. rubio
8. reloj
9. Arequipa
10. tarde
11. cerrar
12. despertador

2 **Oraciones** When you hear the number, read the corresponding sentence aloud, focusing on the **r** and **rr** sounds. Then listen to the speaker and repeat the sentence.

1. Ramón Robles Ruiz es programador. Su esposa Rosaura es artista.
2. A Rosaura Robles le encanta regatear en el mercado.
3. Ramón nunca regatea... le aburre regatear.
4. Rosaura siempre compra cosas baratas.
5. Ramón no es rico pero prefiere comprar cosas muy caras.
6. ¡El martes Ramón compró un carro nuevo!

3 **Refranes** Repeat each saying after the speaker to practice the **r** and the **rr**.

1. Perro que ladra no muerde.
2. No se ganó Zamora en una hora.

4 **Dictado** You will hear seven sentences. Each will be said twice. Listen carefully and write what you hear.

1. ______________________________
2. ______________________________
3. ______________________________
4. ______________________________
5. ______________________________
6. ______________________________
7. ______________________________

Nombre ____________ Fecha ____________

GRAMÁTICA

7.1 Reflexive verbs

1 **Describir** For each drawing, you will hear two statements. Choose the one that corresponds to the drawing.

1. a. b.

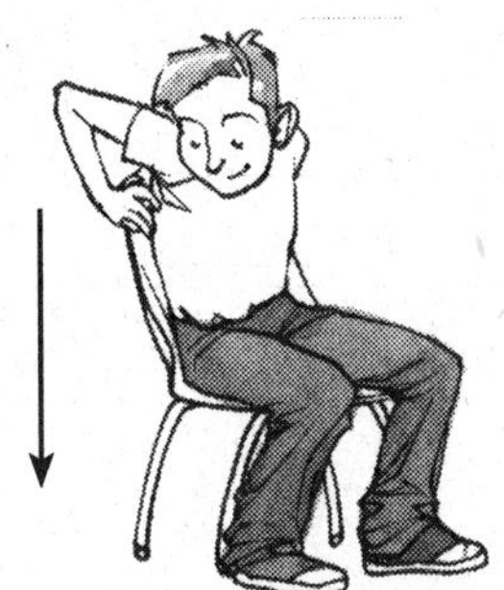

2. a. b.

3. a. b.

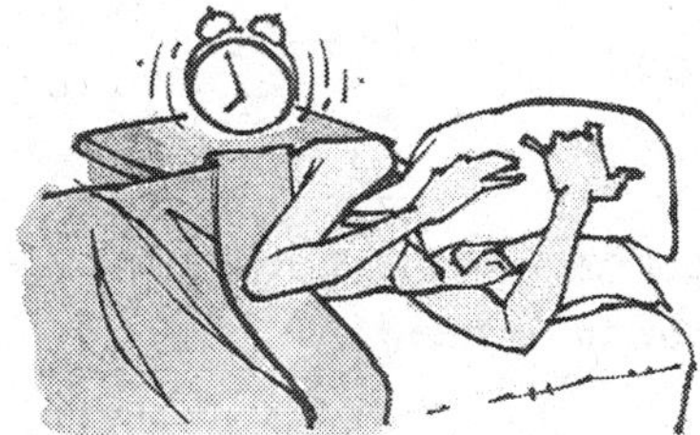

4. a. b.

Lab Manual

2 **¡Esto fue el colmo** (*the last straw*)**!** Listen as Julia describes what happened in her dorm yesterday. Then, choose the correct ending for each statement.

1. Julia se ducha en cinco minutos porque (*because*)...
   a. siempre se levanta tarde. b. las chicas de su piso comparten un baño.
2. Ayer la chica nueva...
   a. se quedó dos horas en el baño. b. se preocupó por Julia.
3. Cuando salió, la chica nueva...
   a. se enojó mucho. b. se sintió (*felt*) avergonzada.

3 **Preguntas** Answer each question you hear in the affirmative. Repeat the correct response after the speaker. (*7 items*)

modelo

¿Se levantó temprano Rosa?

Sí, Rosa se levantó temprano.

7.2 Indefinite and negative words

1

¿Lógico o ilógico? You will hear some questions and the responses. Decide if they are **lógico** or **ilógico**.

	Lógico	Ilógico		Lógico	Ilógico
1.	❍	❍	5.	❍	❍
2.	❍	❍	6.	❍	❍
3.	❍	❍	7.	❍	❍
4.	❍	❍	8.	❍	❍

2

¿Pero o sino? You will hear some sentences with a beep in place of a word. Decide if **pero** or **sino** should complete each sentence.

modelo

You hear: Ellos no viven en Lima *(beep)* en Arequipa.
You select: *sino* because the sentence is *Ellos no viven en Lima sino en Arequipa.*

1.	pero	sino	5.	pero	sino
2.	pero	sino	6.	pero	sino
3.	pero	sino	7.	pero	sino
4.	pero	sino	8.	pero	sino

3

Entre amigos Listen to this conversation between Felipe and Mercedes. Then, decide whether the statements are **cierto** or **falso**.

	Cierto	Falso
1. No hay nadie en la residencia.	❍	❍
2. Mercedes quiere ir al Centro Estudiantil.	❍	❍
3. Felipe tiene un amigo peruano.	❍	❍
4. Mercedes no visitó ni Machu Picchu ni Cuzco.	❍	❍
5. Felipe nunca visitó el Perú.	❍	❍
6. Mercedes no quiere volver jamás al Perú.	❍	❍

4

Preguntas Answer each question you hear in the negative. Repeat the correct response after the speaker. (*6 items*)

modelo

¿Qué estás haciendo?
No estoy haciendo nada.

5

Transformar Change each sentence you hear to say the opposite is true. Repeat the correct answer after the speaker. (*6 items*)

modelo

Nadie se ducha ahora.
Alguien se ducha ahora.

Lab Manual

Nombre ______________________ Fecha ______________________

7.3 Preterite of ser and ir

1 **Escoger** Listen to each sentence and indicate whether the verb is a form of **ser** or **ir**.

1. ser ir
2. ser ir
3. ser ir
4. ser ir
5. ser ir
6. ser ir
7. ser ir
8. ser ir

2 **Cambiar** Change each sentence from the present to the preterite. Repeat the correct answer after the speaker. (*8 items*)

modelo

Ustedes van en avión.
Ustedes fueron en avión.

3 **Preguntas** Answer each question you hear using the cue provided. Repeat the correct response after the speaker.

modelo

You hear: ¿Quién fue tu profesor de química?
You see: el señor Ortega
You say: **El señor Ortega fue mi profesor de química.**

1. al mercado al aire libre
2. muy buenas
3. no
4. fabulosa
5. al parque
6. difícil

4 **¿Qué hicieron** (*did they do*) **anoche?** Listen to this telephone conversation and answer the questions.

1. ¿Adónde fue Carlos anoche?

____

2. ¿Fue un buen partido? ¿Por qué?

____

3. ¿Adónde fueron Katarina y Esteban anoche?

____

4. Y Esteban, ¿qué hizo (*did he do*) durante la película?

____

Nombre ____________________ Fecha ____________________

7.4 Gustar and verbs like gustar

1 **Escoger** Listen to each question and choose the most logical response.

1. a. Sí, me gusta. b. Sí, te gusta.
2. a. No, no le interesa. b. No, no le interesan.
3. a. Sí, les molestan mucho. b. No, no les molesta mucho.
4. a. No, no nos importa. b. No, no les importa.
5. a. Sí, le falta. b. Sí, me falta.
6. a. Sí, les fascina. b. No, no les fascinan.

2 **Cambiar** Form a new sentence using the cue you hear. Repeat the correct answer after the speaker. (6 *items*)

modelo

A ellos les interesan los deportes. (a Ricardo)
A Ricardo le interesan los deportes.

3 **Preguntas** Answer each question you hear using the cue. Repeat the correct response after the speaker.

modelo

You hear: ¿Qué te encanta hacer?
You see: patinar en línea
You say: Me encanta patinar en línea.

1. la familia y los amigos
2. sí
3. las computadoras
4. $2,00
5. el baloncesto y el béisbol
6. no
7. no / nada
8. sí

4 **Preferencias** Listen to the conversation and write the things that Eduardo likes and doesn't like. Then, answer the question in a complete sentence.

Le gusta	No le gusta

¿Qué van a hacer los chicos esta tarde? ____________________

Lab Manual

Nombre ______________________ Fecha ______________________

PREPARACIÓN

Lección 8

1 **Identificar** Listen to each question and match it to the appropriate category.

modelo
You hear: ¿Qué es la piña?
You choose: fruta

	carne	pescado	verdura	fruta	bebida
Modelo	____	____	____	X	____
1.	____	____	____	____	____
2.	____	____	____	____	____
3.	____	____	____	____	____
4.	____	____	____	____	____
5.	____	____	____	____	____
6.	____	____	____	____	____
7.	____	____	____	____	____
8.	____	____	____	____	____

2 **Describir** Listen to each sentence and match the number of the sentence to the drawing of the food or drink mentioned.

a. ______________

b. ______________

c. ______________

d. ______________

e. ______________

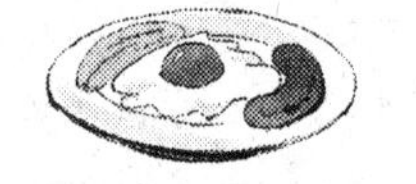
f. ______________

g. ______________

h. ______________

i. ______________

3 **En el restaurante** You will hear a couple ordering a meal in a restaurant. Write the items they order in the appropriate categories.

	SEÑORA	SEÑOR
Primer plato		
Plato principal		
Verdura		
Bebida		

Lab Manual

Nombre ______________________ Fecha ______________________

Lab Manual

PRONUNCIACIÓN

ll, ñ, c, and z

Most Spanish speakers pronounce the letter **ll** like the *y* in *yes*.

po**ll**o   **ll**ave   e**ll**a   cebo**ll**a

The letter **ñ** is pronounced much like the *ny* in *canyon*.

ma**ñ**ana   se**ñ**or   ba**ñ**o   ni**ñ**a

Before **a**, **o**, or **u**, the Spanish **c** is pronounced like the *c* in *car*.

café   **c**olombiano   **c**uando   ri**c**o

Before **e** or **i**, the Spanish **c** is pronounced like the *s* in *sit*. In parts of Spain, **c** before **e** or **i** is pronounced like the *th* in *think*.

cereales   deli**c**ioso   condu**c**ir   cono**c**er

The Spanish **z** is pronounced like the *s* in *sit*. In parts of Spain, **z** before a vowel is pronounced like the *th* in *think*.

zeta   **z**anahoria   almuer**z**o   cerve**z**a

1 **Práctica** Repeat each word after the speaker to practice pronouncing **ll**, **ñ**, **c**, and **z**.

1. mantequilla
2. cuñado
3. aceite
4. manzana
5. español
6. cepillo
7. zapato
8. azúcar
9. quince
10. compañera
11. almorzar
12. calle

2 **Oraciones** When the speaker pauses, repeat the corresponding sentence or phrase, focusing on **ll**, **ñ**, **c**, and **z**.

1. Mi compañero de cuarto se llama Toño Núñez. Su familia es de la Ciudad de Guatemala y de Quetzaltenango.
2. Dice que la comida de su mamá es deliciosa, especialmente su pollo al champiñón y sus tortillas de maíz.
3. Creo que Toño tiene razón porque hoy cené en su casa y quiero volver mañana para cenar allí otra vez.

3 **Refranes** Repeat each saying after the speaker to practice pronouncing **ll**, **ñ**, **c**, and **z**.

1. Las aparencias engañan.
2. Panza llena, corazón contento.

4 **Dictado** You will hear five sentences. Each will be said twice. Listen carefully and write what you hear.

1. ______________________________
2. ______________________________
3. ______________________________
4. ______________________________
5. ______________________________

Nombre ______________________ Fecha ______________________

GRAMÁTICA

8.1 Preterite of stem-changing verbs

1 **Identificar** Listen to each sentence and decide whether the verb is in the present or the preterite tense.

modelo

You hear: Pido bistec con (*with*) papas fritas.
You select: Present

	Present	Preterite
Modelo	x	
1.		
2.		
3.		
4.		
5.		
6.		
7.		
8.		

2 **Un día largo** Listen as Ernesto describes what he did yesterday. Then, read the statements and decide whether they are **cierto** or **falso**.

	Cierto	Falso
1. Ernesto se levantó a las seis y media de la mañana.	❍	❍
2. Se bañó y se vistió.	❍	❍
3. Los clientes empezaron a llegar a la una.	❍	❍
4. Almorzó temprano.	❍	❍
5. Pidió pollo asado con papas.	❍	❍
6. Después de almorzar, Ernesto y su primo siguieron trabajando.	❍	❍

3 **Cambiar** Change each sentence you hear substituting the new subject given. Repeat the correct response after the speaker. (6 *items*)

modelo

Tú no dormiste bien anoche. (los niños)
Los niños no durmieron bien anoche.

4 **Preguntas** Answer each question you hear using the cue provided. Repeat the correct response after the speaker.

modelo

You hear: ¿Qué pediste?
You see: pavo asado con papas y arvejas
You say: *Pedí pavo asado con papas y arvejas.*

1. sí
2. no
3. leche
4. sí
5. no
6. la semana pasada

Lab Manual

8.2 Double object pronouns

1

Escoger The manager of **El Gran Pavo** restaurant wants to know what items the chef is going to serve to the customers today. Listen to each question and choose the correct response.

1. a. Sí, se las voy a servir. b. No, no se los voy a servir.
2. a. Sí, se la voy a servir. b. No, no se lo voy a servir.
3. a. Sí, se los voy a servir. b. No, no se las voy a servir.
4. a. Sí, se la voy a servir. b. No, no se las voy a servir.
5. a. Sí, se la voy a servir. b. No, no se lo voy a servir.
6. a. Sí, se lo voy a servir. b. No, no se los voy a servir.

2

Una fiesta Listen to this conversation between Eva and Marcela. Then read the statements and decide whether they are **cierto** or **falso**.

	Cierto	Falso
1. Le van a hacer una fiesta a Sebastián.	❍	❍
2. Le van a preparar langosta.	❍	❍
3. Le van a preparar una ensalada de mariscos.	❍	❍
4. Van a tener vino tinto, cerveza, agua mineral y té helado.	❍	❍
5. Clara va a comprar cerveza.	❍	❍
6. Le compraron un cinturón.	❍	❍

3

Cambiar Repeat each statement, replacing the direct object noun with a pronoun. (*6 items*)

modelo

María te hace ensalada.
María te la hace.

4

Preguntas Answer each question using the cue you hear and object pronouns. Repeat the correct response after the speaker. (*5 items*)

modelo

¿Me recomienda usted los mariscos? (sí)
Sí, se los recomiendo.

Lab Manual

Nombre ______________________ Fecha ______________________

8.3 Saber and conocer

1 **¿Saber o conocer?** You will hear some sentences with a beep in place of the verb. Decide which form of **saber** or **conocer** should complete each sentence, and select it.

modelo

You hear: *(Beep)* cantar.
You select: *Sé* because the sentence is *Sé cantar.*

1. Sé	Conozco	3. Sabemos	Conocemos	5. Sé	Conozco
2. Saben	Conocen	4. Sé	Conozco	6. Sabes	Conoces

2 **Mi compañera de cuarto** Listen as Jennifer describes her roommate. Then, read the statements and decide whether they are **cierto** or **falso**.

	Cierto	Falso
1. Jennifer conoció a Laura en la escuela primaria.	❍	❍
2. Laura sabe hacer muchas cosas.	❍	❍
3. Laura sabe hablar alemán.	❍	❍
4. Laura sabe preparar comida mexicana.	❍	❍
5. Laura sabe patinar en línea.	❍	❍
6. Laura conoce a algunos muchachos simpáticos.	❍	❍

3 **La mejor comida** Listen to this conversation between Jorge and Rosalía. Then, choose the correct answers to the questions.

1. ¿Por qué conoce Jorge muchos restaurantes?
   a. Es aficionado a los restaurantes.
   b. Él es camarero.
2. ¿Qué piensa Rosalía de la buena comida?
   a. Piensa que la gente no necesita ir a un restaurante para comer bien.
   b. Piensa que la gente encuentra la mejor comida en un restaurante.
3. ¿Dónde están Jorge y Rosalía?
   a. Están en la universidad.
   b. Están trabajando.
4. ¿Sabe Rosalía dónde está el restaurante?
   a. Sí, lo sabe.
   b. No lo conoce.

4 **Cambiar** Listen to the following statements and say that you do the same activities. Repeat the correct answer after the speaker. (*5 items*)

modelo

Julia sabe nadar.
Yo también sé nadar.

5 **Preguntas** Answer each question using the cue you hear. Repeat the correct response after the speaker. (*6 items*)

modelo

¿Conocen tus padres Antigua? (sí)
Sí, mis padres conocen Antigua.

Lab Manual

8.4 Comparatives and superlatives

1 **Escoger** You will hear a series of descriptions. Choose the statement that expresses the correct comparison.

1. a. Yo tengo más dinero que Rafael.
   b. Yo tengo menos dinero que Rafael.
2. a. Elena es mayor que Juan.
   b. Elena es menor que Juan.
3. a. Enrique come más hamburguesas que José.
   b. Enrique come tantas hamburguesas como José.
4. a. La comida de La Fonda es mejor que la comida del Café Condesa.
   b. La comida de La Fonda es peor que la comida del Café Condesa.
5. a. Las langostas cuestan tanto como los camarones.
   b. Los camarones cuestan menos que las langostas.
6. a. El pavo es más caro que la salchicha.
   b. La salchicha cuesta más que el pavo.

2 **Comparar** Look at each drawing and answer the question you hear with a comparative statement. Repeat the correct response after the speaker.

1.

2.

3.

3 **Cambiar** You are babysitting Anita, a small child, who starts boasting about herself and her family. Respond to each statement using a comparative of equality. Then repeat the correct answer after the speaker. (*6 items*)

modelo

Mi mamá es más bonita que tu mamá.
Mi mamá es tan bonita como tu mamá.

4 **Preguntas** Answer each question you hear using the absolute superlative. Repeat the correct response after the speaker. (*6 items*)

modelo

La comida de la cafetería es mala, ¿no?
Sí, es malísima.

Nombre ______________________ Fecha ______________________

PREPARACIÓN

Lección 9

1 **¿Lógico o ilógico?** You will hear some statements. Decide if they are **lógico** or **ilógico.**

1. Lógico	Ilógico	5. Lógico	Ilógico
2. Lógico	Ilógico	6. Lógico	Ilógico
3. Lógico	Ilógico	7. Lógico	Ilógico
4. Lógico	Ilógico	8. Lógico	Ilógico

2 **Escoger** For each drawing, you will hear three statements. Choose the one that corresponds to the drawing.

1. a. b. c.

2. a. b. c.

3. a. b. c.

4. a. b. c.

Lab Manual

3 **Una celebración** Listen as señora Jiménez talks about a party she has planned. Then, answer the questions.

1. ¿Para quién es la fiesta?

____

2. ¿Cuándo es la fiesta?

____

3. ¿Por qué hacen la fiesta?

____

4. ¿Quiénes van a la fiesta?

____

5. ¿Qué van a hacer los invitados en la fiesta?

____

Nombre Fecha

Lab Manual

PRONUNCIACIÓN

The letters h, j, and g

The Spanish **h** is always silent.

helado **h**ombre **h**ola **h**ermosa

The letter **j** is pronounced much like the English *h* in *his*.

José **j**ubilarse de**j**ar pare**j**a

The letter **g** can be pronounced three different ways. Before **e** or **i**, the letter **g** is pronounced much like the English *h*.

a**g**encia **g**eneral **G**il **G**isela

At the beginning of a phrase or after the letter **n**, the Spanish **g** is pronounced like the English *g* in *girl*.

Gustavo, **g**racias por llamar el domin**g**o.

In any other position, the Spanish **g** has a somewhat softer sound.

Me **g**radué en a**g**osto.

In the combinations **gue** and **gui,** the **g** has a hard sound and the **u** is silent. In the combination **gua,** the **g** has a hard sound and the **u** is pronounced like the English *w*.

guerra conse**gui**r **gua**ntes a**gua**

1 **Práctica** Repeat each word after the speaker to practice pronouncing **h, j,** and **g.**

1. hamburguesa
2. jugar
3. oreja
4. guapa
5. geografía
6. magnífico
7. espejo
8. hago
9. seguir
10. gracias
11. hijo
12. galleta
13. Jorge
14. tengo
15. ahora

2 **Oraciones** When you hear the number, read the corresponding sentence aloud. Then listen to the speaker and repeat the sentence.

1. Hola. Me llamo Gustavo Hinojosa Lugones y vivo en Santiago de Chile.
2. Tengo una familia grande; somos tres hermanos y tres hermanas.
3. Voy a graduarme en mayo.
4. Para celebrar mi graduación mis padres van a regalarme un viaje a Egipto.
5. ¡Qué generosos son!

3 **Refranes** Repeat each saying after the speaker to practice pronouncing **h, j,** and **g.**

1. A la larga, lo más dulce amarga.
2. El hábito no hace al monje.

4 **Dictado** Victoria is talking to her friend Mirta on the phone. Listen carefully and during the pauses write what she says. The entire passage will then be repeated so that you can check your work.

Nombre ______________________ Fecha ______________________

GRAMÁTICA

9.1 Irregular preterites

1

Escoger Listen to each question and choose the most logical response.

1. a. No, no conduje hoy. b. No, no condujo hoy.
2. a. Te dije que tengo una cita con Gabriela esta noche. b. Me dijo que tiene una cita con Gabriela esta noche.
3. a. Estuvimos en la casa de Marta. b. Estuvieron en la casa de Marta.
4. a. Porque tuvo que estudiar. b. Porque tiene que estudiar.
5. a. Lo supe la semana pasada. b. Lo supimos la semana pasada.
6. a. Los pusimos en la mesa. b. Los pusieron en la mesa.
7. a. No, sólo tradujimos un poco. b. No, sólo traduje un poco.
8. a. Sí, le di $20,00. b. Sí, le dio $20,00.

2

Completar Listen to the dialogue and write the missing words.

_______(1)_______ por un amigo que los Márquez _______(2)_______ a visitar a su hija. Me _______(3)_______ que _______(4)_______ desde Antofagasta y que se _______(5)_______ en el Hotel Carrera. Les _______(6)_______ una llamada (*call*) anoche pero no _______(7)_______ el teléfono. Sólo _______(8)_______ dejarles un mensaje. Hoy ellos me _______(9)_______ y me _______(10)_______ si mi esposa y yo teníamos tiempo para almorzar con ellos. Claro que les _______(11)_______ que sí.

3

Preguntas Answer each question you hear using the cue. Substitute object pronouns for the direct object when possible. Repeat the correct answer after the speaker.

modelo

You hear: ¿Quién condujo el auto?
You see: yo
You say: Yo lo conduje.

1. Gerardo
2. Mateo y Yolanda
3. nosotros
4. muy buena
5. ¡Felicitaciones!
6. mi papá

4

Cambiar Change each sentence from the present to the preterite. Repeat the correct answer after the speaker. (*8 items*)

modelo

Él pone el flan sobre la mesa.
Él puso el flan sobre la mesa.

Lab Manual

Nombre ____________________ Fecha ____________________

9.2 Verbs that change meaning in the preterite

1 **Identificar** Listen to each sentence and indicate the subject of the verb.

modelo

You hear: ¿Cuándo lo supiste?
You select: tú

	yo	tú	él/ella	nosotros/as	ellos/ellas
Modelo		**X**			
1.					
2.					
3.					
4.					
5.					
6.					
7.					
8.					

Lab Manual

2 **¡Qué lástima!** (*What a shame!*) Listen as José talks about some news he recently received. Then, read the statements and decide whether they are **cierto** or **falso**.

	Cierto	Falso
1. Supieron de la muerte ayer.	❍	❍
2. Se sonrieron cuando oyeron las noticias (*news*).	❍	❍
3. Carolina no se pudo comunicar con la familia.	❍	❍
4. Francisco era (*was*) joven.	❍	❍
5. Mañana piensan llamar a la familia de Francisco.	❍	❍

3 **Preguntas** Answer each question you hear using the cue. Substitute object pronouns for the direct object when possible. Repeat the correct response after the speaker.

modelo

You hear: ¿Conocieron ellos a Sandra?
You see: sí
You say: Sí, la conocieron.

1. sí 2. en la casa de Ángela 3. el viernes 4. no 5. no 6. anoche

4 **Relaciones amorosas** Listen as Susana describes what happened between her and Pedro. Then, answer the questions.

1. ¿Por qué no pudo salir Susana con Pedro? ____________________
2. ¿Qué supo por su amiga? ____________________
3. ¿Cómo se puso ella cuando Pedro llamó? ____________________
4. ¿Qué le dijo Susana a Pedro? ____________________

Nombre ______________________ Fecha ______________________

9.3 Relative pronouns

1 **Escoger** You will hear some sentences with a beep in place of the relative pronoun. Decide whether **que**, **quien**, or **lo que** should complete each sentence.

modelo

You hear: (*Beep*) me gusta de las bodas es la comida.
You select: **Lo que** because the sentence is **Lo que me gusta de las bodas es la comida.**

1. que quien lo que
2. que quien lo que
3. que quien lo que
4. que quien lo que
5. que quien lo que
6. que quien lo que
7. Que Quien Lo que
8. que quien lo que
9. que quien lo que
10. que quien lo que

2 **Completar** Listen to this description and fill in the missing words.

Sandra y Enrique, ____(1)____ se casan hoy, celebran su matrimonio en el Hotel Plaza. Invitan a Andrés, a ____(2)____ conocen desde hace quince años. Andrés sabe ____(3)____ esperan unas palabras suyas. Practica ____(4)____ dice toda la semana: "Todos sabemos ____(5)____ esta pareja se ama. Y ____(6)____ es más importante, son personas queridas. Sólo hay paz y amor en su futuro". El momento de brindar llega. Adela, ____(7)____ está enamorada de Andrés, lo mira mucho. Cuando termina de hablar, Andrés va a bailar porque supone ____(8)____ así Adela no lo pone nervioso.

3 **Preguntas** Answer each question you hear, using a relative pronoun and the cues provided. Repeat the correct response after the speaker.

modelo

You hear: ¿Quiénes son esos chicos?
You see: los invitados / vienen a la fiesta
You say: **Son los invitados que vienen a la fiesta.**

1. chica / conocí en la boda
2. mis amigos / festejan su graduación
3. chico / se casa Patricia
4. vecino / celebra su cumpleaños
5. la pareja / nos regaló un pastel
6. quinceañera / tuvo su fiesta ayer

4 **La fiesta sorpresa** Sandra's birthday is coming soon. Someone wants to throw her a party. It is supposed to be a surprise, but Sandra discovered a few things. Listen to her conclusions, then complete the list of clues and answer the question.

Pistas

1. La agenda que ______________________
2. La tía Ramona, que ______________________
3. Manuel, quien ______________________
4. Mi prima Rita, quien ______________________

Pregunta

¿Quién está planeando hacer una fiesta sorpresa para Sandra? ______________________

____

Lab Manual

Nombre Fecha

9.4 ¿Qué? and ¿cuál?

1 **¿Lógico o ilógico?** You will hear some questions and the responses. Decide if they are **lógico** or **ilógico**.

1. Lógico	Ilógico	5. Lógico	Ilógico
2. Lógico	Ilógico	6. Lógico	Ilógico
3. Lógico	Ilógico	7. Lógico	Ilógico
4. Lógico	Ilógico	8. Lógico	Ilógico

2 **Escoger** Listen to this radio commercial and choose the most logical response to each question.

1. ¿Qué hace Fiestas Mar?
a. Organiza fiestas. b. Es una tienda que vende cosas para fiestas. c. Es un club en el mar.
2. ¿Para qué tipo de fiesta no usaría (*would not use*) Fiestas Mar?
a. Para una boda. b. Para una fiesta sorpresa. c. Para una cena con los suegros.
3. ¿Cuál de estos servicios no ofrece Fiestas Mar?
a. Poner las decoraciones. b. Proveer (*provide*) el lugar. c. Proveer los regalos.
4. ¿Qué tiene que hacer el cliente si usa Fiestas Mar?
a. Tiene que preocuparse por la lista de invitados. b. Tiene que preocuparse por la música.
c. Tiene que preparar la comida.
5. Si uno quiere contactar Fiestas Mar, ¿qué debe hacer?
a. Debe escribirles un mensaje electrónico. b. Debe llamarlos. c. Debe ir a Casa Mar.

3 **De compras** Look at Marcela's shopping list for Christmas and answer each question you hear. Repeat the correct response after the speaker. (*6 items*)

Raúl	2 camisas, talla 17
Cristina	blusa, color azul
Pepe	bluejeans y tres pares de calcetines blancos
Abuelo	cinturón
Abuela	suéter blanco

4 **Preguntas** You will hear a series of responses to questions. Using **¿qué?** or **¿cuál?**, form the question that prompted each response. Repeat the correct answer after the speaker. (*8 items*)

modelo

Santiago de Chile es la capital de Chile.
¿Cuál es la capital de Chile?

Lab Manual

Nombre ______________________ Fecha ______________________

PREPARACIÓN

Lección 10

1 **Identificar** You will hear a series of words. Write each one in the appropriate category.

modelo

You hear: el hospital
You write: el hospital under Lugares

Lugares	Medicinas	Condiciones y síntomas médicos
el hospital		

2 **Describir** For each drawing, you will hear two statements. Choose the one that corresponds to the drawing.

1. a. b.

2. a. b.

3. a. b.

4. a. b.

Lab Manual

Nombre ______________________ Fecha ______________________

PRONUNCIACIÓN

c (before a consonant) and q

In Lesson 8, you learned that, in Spanish, the letter **c** before the vowels **a, o,** and **u** is pronounced like the *c* in the English word *car*. When the letter **c** appears before any consonant except **h,** it is also pronounced like the *c* in *car*.

clínica bici**cl**eta **cr**ema do**ct**ora o**ct**ubre

In Spanish, the letter **q** is always followed by a **u**, which is silent. The combination **qu** is pronounced like the *k* sound in the English word *kitten*. Remember that the sounds **kwa, kwe, kwi, kwo,** and **koo** are always spelled with the combination **cu** in Spanish, never with **qu**.

querer par**qu**e **qu**eso **qu**ímica mante**qu**illa

1 **Práctica** Repeat each word after the speaker, focusing on the **c** and **q** sounds.

1. quince
2. querer
3. pequeño
4 equipo
5. conductor
6. escribir
7. contacto
8. increíble
9. aquí
10. ciclismo
11. electrónico
12. quitarse

2 **Oraciones** When you hear the number, read the corresponding sentence aloud. Then listen to the speaker and repeat the sentence.

1. El doctor Cruz quiso sacarle la muela.
2. Clara siempre se maquilla antes de salir de casa.
3. ¿Quién perdió su equipaje?
4. Pienso comprar aquella camisa porque me queda bien.
5. La chaqueta cuesta quinientos cuarenta dólares, ¿no?
6. Esa clienta quiere pagar con tarjeta de crédito.

3 **Refranes** Repeat each saying after the speaker to practice the **c** and **q** sounds.

1. Ver es creer.[1]
2. Quien mal anda, mal acaba.[2]

4 **Dictado** You will hear five sentences. Each will be said twice. Listen carefully and write what you hear.

1. ______________________________
2. ______________________________
3. ______________________________
4. ______________________________
5. ______________________________
____

[1]*Seeing is believing.*
[2]*He who lives badly, ends badly.*

Lab Manual

Nombre ____________________ Fecha ____________________

GRAMÁTICA

10.1 The imperfect tense

1 **Identificar** Listen to each sentence and select the verb tense you hear.

1. a. present b. preterite c. imperfect
2. a. present b. preterite c. imperfect
3. a. present b. preterite c. imperfect
4. a. present b. preterite c. imperfect
5. a. present b. preterite c. imperfect
6. a. present b. preterite c. imperfect
7. a. present b. preterite c. imperfect
8. a. present b. preterite c. imperfect
9. a. present b. preterite c. imperfect
10. a. present b. preterite c. imperfect

2 **Completar** Listen to this description of Ángela's medical problem and write the missing words.

Ángela ________ (1) día y noche. ________ (2) que ________ (3) un resfriado, pero se ________ (4) bastante saludable. Se ________ (5) de la biblioteca después de poco tiempo porque les ________ (6) a los otros estudiantes. Sus amigas, Laura y Petra, siempre le ________ (7) que ________ (8) alguna alergia. Por fin, decidió hacerse un examen médico. La doctora le dijo que ella ________ (9) alérgica y que ________ (10) muchas medicinas para las alergias. Finalmente, le recetó unas pastillas. Al día siguiente (*following*), Ángela se ________ (11) mejor porque ________ (12) cuál era el problema y ella dejó de estornudar después de tomar las pastillas.

3 **Preguntas** A reporter is writing an article about funny things people used to do when they were children. Answer her questions using the cues provided. Then repeat the correct response after the speaker.

modelo

You hear: ¿Qué hacía Miguel de niño?
You see: ponerse pajitas (*straws*) en la nariz
You say: **Miguel se ponía pajitas en la nariz.**

1. quitarse los zapatos en el restaurante
2. vestirnos con la ropa de mamá
3. sólo querer comer dulces
4. jugar con un amigo invisible
5. usar las botas de su papá
6. comer con las manos

4 **Cambiar** Form a new sentence using the cue you hear. Repeat the correct answer after the speaker. (*6 items*)

modelo

Iban a casa. (Eva)
Eva iba a casa.

Lab Manual

10.2 Constructions with se

1 **Escoger** Listen to each question and choose the most logical response.

1. a. Ay, se te quedó en casa.
   b. Ay, se me quedó en casa.
2. a. No, se le olvidó llamarlo.
   b. No, se me olvidó llamarlo.
3. a. Se le rompieron jugando al fútbol.
   b. Se les rompieron jugando al fútbol.
4. a. Ay, se les olvidó.
   b. Ay, se nos olvidó.
5. a. No, se me perdió.
   b. No, se le perdió.
6. a. Se nos rompió.
   b. Se le rompieron.

2 **Preguntas** Answer each question you hear using the cue provided and the impersonal **se**. Repeat the correct response after the speaker.

modelo

You hear: ¿Qué lengua se habla en Costa Rica?
You see: español
You say: Se habla español.

1. a las seis
2. gripe
3. en la farmacia
4. en la caja
5. en la Oficina de Turismo
6. tomar el autobús #3

3 **Letreros** (*Signs*) Some or all of the type is missing on the signs. Listen to the speaker and write the appropriate text below each sign. The text for each sign will be repeated.

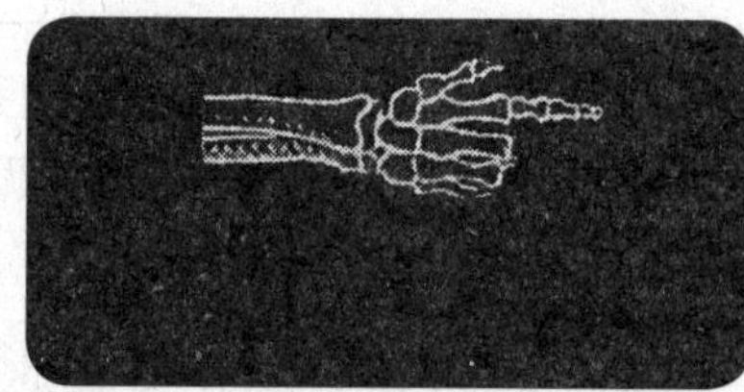

Lab Manual

Nombre ______________________ Fecha ______________________

10.3 Adverbs

1 Completar Listen to each statement and choose the word or phrase that best completes it.

1. a. casi	b. mal	c. ayer
2. a. con frecuencia	b. además	c. ayer
3. a. poco	b. tarde	c. bien
4. a. a menudo	b. muy	c. menos
5. a. así	b. apenas	c. tranquilamente
6. a. bastante	b. a tiempo	c. normalmente

2 Situaciones You will hear four brief conversations. Choose the phrase that best completes each sentence.

1. Mónica...
   a. llegó tarde al aeropuerto.
   b. casi perdió el avión a San José.
   c. decidió no ir a San José.

2. Pilar...
   a. se preocupa por la salud de Tomás.
   b. habla con su médico.
   c. habla con Tomás sobre un problema médico.

3. La señora Blanco...
   a. se rompió la pierna hoy.
   b. quiere saber si puede correr mañana.
   c. se lastimó el tobillo hoy.

4. María está enojada porque Vicente...
   a. no va a recoger (*to pick up*) su medicina.
   b. no recogió su medicina ayer.
   c. no debe tomar antibióticos.

3 Preguntas Answer each question you hear in the negative, using the cue provided. Repeat the correct response after the speaker.

modelo
You hear: ¿Salió bien la operación?
You see: mal
You say: **No, la operación salió mal.**

1. lentamente	3. muy	5. tristemente
2. tarde	4. nunca	6. poco

4 Cambiar Form a new sentence by changing the adjective to an adverb. Repeat the correct answer after the speaker.

modelo
You hear: Juan dibuja.
You see: fabuloso
You say: **Juan dibuja fabulosamente.**

1. regular	3. feliz	5. general
2. rápido	4. constante	6. fácil

Lab Manual

Nombre Fecha

PREPARACIÓN

Lección 11

1 Asociaciones

Select the item that is not logically associated with each word you hear.

1. la impresora	el semáforo	el fax
2. guardar	imprimir	chocar
3. el carro	el motor	el sitio web
4. los frenos	el ratón	el aceite
5. el parabrisas	el camino	el mecánico
6. el kilómetro	el centímetro	el disco
7. el archivo	la televisión	la llanta
8. la conexión inalámbrica	la policía	la velocidad

2 ¿Lógico o ilógico?

You will hear some statements. Decide if they are **lógico** or **ilógico**.

	Lógico	Ilógico		Lógico	Ilógico
1.	❍	❍	5.	❍	❍
2.	❍	❍	6.	❍	❍
3.	❍	❍	7.	❍	❍
4.	❍	❍	8.	❍	❍

3 Identificar

For each drawing, you will hear two statements. Choose the statement that best corresponds to the drawing.

1. a. b.

2. a. b.

3. a. b.

4. a. b.

Lab Manual

Nombre ____________________ Fecha ____________________

PRONUNCIACIÓN

c (before e or i), s, and z

In Latin America, **c** before **e** or **i** sounds much like the *s* in *sit*.

medi**c**ina celular cono**c**er pa**c**iente

In parts of Spain, **c** before **e** or **i** is pronounced like the *th* in *think*.

condu**c**ir poli**c**ía **c**elebrar velo**c**idad

The letter **s** is pronounced like the *s* in *sit*.

subir be**s**ar **s**onar impre**s**ora

In Latin America, the Spanish **z** is pronounced like the **s**.

cabe**z**a nari**z** abra**z**ar embara**z**ada

The **z** is pronounced like the *th* in *think* in parts of Spain.

zapatos **z**ona pla**z**a bra**z**o

1 Práctica Repeat each word after the speaker to practice pronouncing **s**, **z**, and **c** before **i** and **e**.

1. funcionar
2. policía
3. receta
4. sitio
5. disco
6. zapatos
7. zanahoria
8. marzo
9. comenzar
10. perezoso
11. quizás
12. operación

2 Oraciones When you hear each number, read the corresponding sentence aloud. Then listen to the speaker and repeat the sentence.

1. Vivió en Buenos Aires en su niñez pero siempre quería pasar su vejez en Santiago.
2. Cecilia y Zulaima fueron al centro a cenar al restaurante Las Delicias.
3. Sonó el despertador a las seis y diez pero estaba cansado y no quiso oírlo.
4. Zacarías jugaba al baloncesto todas las tardes después de cenar.

3 Refranes Repeat each saying after the speaker to practice pronouncing **s**, **z**, and **c** before **i** and **e**.

1. Zapatero, a tus zapatos.[1]
2. Primero es la obligación que la devoción.[2]

4 Dictado You will hear a friend describing Azucena's weekend experiences. Listen carefully and, during the pauses, write what you hear. The entire passage will be repeated so that you can check your work.

____

____

____

____

____

____

____

[1]*Mind your P's and Q's.* (lit. *Shoemaker, to your shoes.*)

[2]*Business before pleasure.*

Lab Manual

Nombre ______________________ Fecha ______________________

GRAMÁTICA

11.1 The preterite and the imperfect

1 **¡Qué día!** Listen as Mercedes tells a friend about her day. Then, read the statements and decide whether they are **cierto** or **falso**.

	Cierto	Falso
1. Mercedes tenía mucha experiencia con la computadora.	❍	❍
2. Mercedes no encontró nada interesante en Internet.	❍	❍
3. A Mercedes le dolía la cabeza porque tenía gripe.	❍	❍
4. Mercedes decidió escuchar un disco compacto.	❍	❍
5. Mercedes necesita tomar una clase de computación.	❍	❍
6. Mercedes imprimió unas páginas de un sitio web.	❍	❍

2 **Identificar** Listen to each statement and identify the verbs in the preterite and imperfect. Write them in the appropriate column.

modelo

You hear: Cuando arrancó el carro, llovía fuertemente.
You write: **arrancó** under *Preterite,* and **llovía** under *Imperfect.*

	Preterite	Imperfect
Modelo	*arrancó*	*llovía*
1.		
2.		
3.		
4.		
5.		
6.		
7.		
8.		

3 **Responder** Answer the questions, using the cues. Substitute direct object pronouns for the direct object nouns when appropriate. Repeat the correct response after the speaker.

modelo

You hear: ¿Por qué no llamaste a Soledad la semana pasada?
You see: teléfono estar descompuesto
You say: *Porque el teléfono estaba descompuesto.*

1. ir al cine
2. no tener las llaves
3. ya tenerla
4. sábado
5. no haber mucho tráfico
6. haber aceite en la calle
7. en la calle
8. no, llevarla conmigo

Lab Manual

11.2 Por and para

1 **Escoger** You will hear some sentences with a beep in place of a preposition. Decide if **por** or **para** should complete each sentence.

modelo

You hear: El teclado es (*beep*) la computadora de Nuria.
You select: para

	por	para
Modelo		X
1.		
2.		
3.		
4.		
5.		
6.		
7.		
8.		

2 **Los planes** Listen to the telephone conversation between Antonio and Sonia and then select the best response for the questions.

1. ¿Por dónde quiere ir Sonia para ir a Bariloche?
   a. Quiere ir por Santiago de Chile.
   b. Va a ir por avión.
2. ¿Para qué va Sonia a Bariloche?
   a. Va para esquiar.
   b. Va para comprar esquíes.
3. ¿Por qué tiene que ir de compras Sonia?
   a. Para comprar una bolsa.
   b. Necesita un abrigo por el frío.
4. ¿Por qué quiere ir Antonio con ella hoy?
   a. Quiere ir para estar con ella.
   b. Quiere ir para comprar un regalo.

3 **La aventura** (*adventure*) Complete each phrase about Jaime with **por** or **para** and the cue provided. Repeat each correct response after the speaker.

modelo

You hear: Jaime estudió.
You see: médico
You say: ***Jaime estudió para médico.***

1. unos meses
2. hacer sus planes
3. mil dólares
4. hacer turismo
5. la ciudad
6. su mamá
7. pesos
8. las montañas

Lab Manual

11.3 Stressed possessive adjectives and pronouns

1 **Identificar** Listen to each statement and select the possessive pronoun you hear.

modelo
You hear: Ya arreglaron todos los coches pero el tuyo no.
You select: yours

	mine	yours	his/hers	ours	theirs
Modelo	____	X	____	____	____
1.	____	____	____	____	____
2.	____	____	____	____	____
3.	____	____	____	____	____
4.	____	____	____	____	____
5.	____	____	____	____	____
6.	____	____	____	____	____
7.	____	____	____	____	____
8.	____	____	____	____	____

2 **Cierto o falso** You will hear two brief conversations. Listen carefully and then indicate whether the statements are **cierto** or **falso**.

	Cierto	Falso
1. Los de la primera conversación comparten sus cosas mejor que los de la segunda.	❍	❍
2. Está claro que los de la primera conversación van a ir a la universidad.	❍	❍
3. Los de la primera conversación van a vivir juntos.	❍	❍
4. Las personas que hablan o se mencionan en la segunda conversación no saben compartir sus cosas.	❍	❍
5. En la segunda conversación, Adela y su prima hacen planes para sus estudios.	❍	❍
6. En la segunda conversación, Julián necesita la calculadora para sus estudios.	❍	❍

3 **Transformar** Restate each sentence you hear, using the cues. Repeat the correct answer after the speaker.

modelo
You hear: ¿De qué año es el carro suyo?
You see: mine
You say: ¿De qué año es el carro mío?

1. his
2. ours
3. yours (fam.)
4. theirs
5. mine
6. hers

Lab Manual

Nombre ______________________ Fecha ______________________

PREPARACIÓN

Lección 12

1 **Describir** Listen to each sentence and match the number of the sentence to the drawing of the household item mentioned.

a. ______________ b. ______________ c. ______________

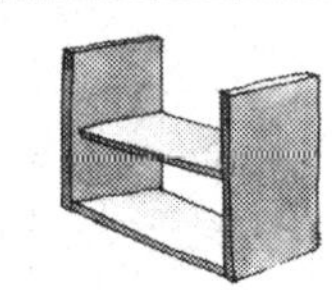

d. ______________ e. ______________ f. ______________

g. ______________ h. ______________

2 **En la oficina de la agente inmobiliaria** Listen to this conversation between Mr. Fuentes and a real estate agent. Then, read the statements and decide whether they are **cierto** or **falso**.

	Cierto	Falso
1. El señor Fuentes quiere alquilar una casa.	❍	❍
2. El señor Fuentes quiere vivir en las afueras.	❍	❍
3. Él no quiere pagar más de 900 balboas al mes.	❍	❍
4. Él vive solo (*alone*).	❍	❍
5. La casa de apartamentos tiene ascensor.	❍	❍
6. El apartamento tiene lavadora.	❍	❍

3 **Identificar** You will hear a series of words. Write the word that does not belong in each series.

1. ______________ 4. ______________ 7. ______________
2. ______________ 5. ______________ 8. ______________
3. ______________ 6. ______________

4 **Quehaceres domésticos** Your children are complaining about the state of things in your house. Respond to their complaints by telling them what household chores they should do to correct the situation. Repeat the correct response after the speaker. (*6 items*)

modelo

La ropa está arrugada (*wrinkled*).
Debes planchar la ropa.

Lab Manual

Nombre ______________________ Fecha ______________________

PRONUNCIACIÓN

The letter x

In Spanish, the letter **x** has several sounds. When the letter **x** appears between two vowels, it is usually pronounced like the *ks* sound in *eccentric* or the *gs* sound in *egg salad.*

con**exi**ón   **exa**men   sa**xo**fón

If the letter **x** is followed by a consonant, it is pronounced like *s* or *ks.*

explicar   se**xt**o   e**xc**ursión

In Old Spanish, the letter **x** had the same sound as the Spanish **j**. Some proper names and some words from native languages like Náhuatl and Maya have retained this pronunciation.

Don Qui**x**ote   Oa**x**aca   Te**x**as

1 **Práctica** Repeat each word after the speaker, focusing on the **x** sound.

1. éxito
2. reflexivo
3. exterior
4. excelente
5. expedición
6. mexicano
7. expresión
8. examinar
9. excepto
10. exagerar
11. contexto
12. Maximiliano

2 **Oraciones** When you hear the number, read the corresponding sentence aloud. Then listen to the speaker and repeat the sentence.

1. Xavier Ximénez va de excursión a Ixtapa.
2. Xavier es una persona excéntrica y se viste de trajes extravagantes.
3. Él es un experto en lenguas extranjeras.
4. Hoy va a una exposición de comidas exóticas.
5. Prueba algunos platos exquisitos y extraordinarios.

3 **Refranes** Repeat each saying after the speaker to practice the **x** sound.

1. Ir por extremos no es de discretos.[1]
2. El que de la ira se deja vencer, se expone a perder.[2]

4 **Dictado** You will hear five sentences. Each will be said twice. Listen carefully and write what you hear.

1. ______________________________
2. ______________________________
3. ______________________________
4. ______________________________
5. ______________________________

Lab Manual

GRAMÁTICA

12.1 Usted and ustedes commands

1 **Identificar** You will hear some sentences. If the verb is a formal command, select **Sí**. If the verb is not a command, select **No.**

modelo

You hear: Saque la basura.
You select: Sí because Saque is a formal command.

1. Sí No		6. Sí No
2. Sí No		7. Sí No
3. Sí No		8. Sí No
4. Sí No		9. Sí No
5. Sí No		10. Sí No

2 **¿Cómo llegar?** Julia is going to explain how to get to her home. Listen to her instructions, then number the instructions in the correct order. Two items will not be used.

______ a. entrar al edificio que está al lado del Banco Popular
______ b. tomar el ascensor al cuarto piso
______ c. buscar la llave debajo de la alfombra
______ d. ir detrás del edificio
______ e. bajarse del metro en la estación Santa Rosa
______ f. subir las escaleras al tercer piso
______ g. caminar hasta el final del pasillo

3 **Preguntas** Answer each question you hear in the affirmative using a formal command and a direct object pronoun. Repeat the correct response after the speaker. (*8 items*)

modelo

¿Cerramos las ventanas?
Sí, ciérrenlas.

4 **Más preguntas** Answer each question you hear using a formal command and the cue provided. Repeat the correct response after the speaker.

modelo

You hear: ¿Debo llamar al señor Rodríguez?
You see: no / ahora
You say: No, no lo llame ahora.

1. no
2. a las cinco
3. sí / aquí
4. no
5. el primer día del mes
6. que estamos ocupados

5 **Cambiar** A physician is giving a patient advice. Change each sentence you hear from an indirect command to a formal command. Repeat the correct answer after the speaker. (*6 items*)

modelo

Usted tiene que dormir ocho horas cada noche.
Duerma ocho horas cada noche.

Lab Manual

12.2 The present subjunctive

1 **Escoger** You will hear some sentences with a beep in place of a verb. Decide which verb should complete each sentence.

modelo

You hear: Es urgente que (*beep*) al médico.
You see: vas vayas
You select: vayas because the sentence is **Es urgente que vayas al médico.**

1. tomamos tomemos
2. conduzcan conducen
3. aprenda aprende
4. arreglas arregles
5. se acuestan se acuesten
6. sabes sepas
7. almorcemos almorzamos
8. se mude se muda

2 **¿Qué pasa aquí?** Listen to this conversation. Then, choose the phrase that best completes each sentence.

1. Esta conversación es entre…
   a. un empleado y una clienta.
   b. un hijo y su madre.
   c. un camarero y la dueña de un restaurante.
2. Es necesario que Mario…
   a. llegue temprano.
   b. se lave las manos.
   c. use la lavadora.
3. Es urgente que Mario…
   a. ponga las mesas.
   b. quite las mesas.
   c. sea listo.

Lab Manual

3 **Transformar** Change each sentence you hear to the subjunctive mood using the expression provided. Repeat the correct answer after the speaker.

modelo

You hear: Pones tu ropa en el armario.
You see: Es necesario
You say: **Es necesario que pongas tu ropa en el armario.**

1. Es mejor
2. Es urgente
3. Es malo
4. Es importante
5. Es bueno
6. Es necesario

4 **Cambiar** You are a Spanish instructor, and it's the first day of class. Tell your students what is important for them to do using the cues you hear. (*8 items*)

modelo

hablar español en la clase
Es importante que ustedes hablen español en la clase.

Nombre ______________________ Fecha ______________________

12.3 Subjunctive with verbs of will and influence

1 **Identificar** Listen to each sentence. If you hear a verb in the subjunctive, select **Sí**. If you don't hear the subjunctive, select **No**.

1. Sí No
2. Sí No
3. Sí No
4. Sí No
5. Sí No
6. Sí No

2 **Transformar** Some people are discussing what they or their friends want to do. Say that you don't want them to do those things. Repeat the correct response after the speaker. (6 *items*)

modelo

Esteban quiere invitar a tu hermana a una fiesta.

No quiero que Esteban invite a mi hermana a una fiesta.

3 **Situaciones** Listen to each situation and make a recommendation using the cues.

modelo

You hear: Sacamos una "F" en el examen de química.

You see: estudiar más

You say: **Les recomiendo que estudien más.**

1. ponerte un suéter
2. quedarse en la cama
3. regalarles una lámpara
4. no hacerlo
5. comprarlas en la Casa Bonita
6. ir a La Cascada

4 **¿Qué hacemos?** Listen to this conversation and answer the questions.

modelo

¿Quién es el señor Barriga?

El señor Barriga es el dueño del apartamento donde viven los chicos.

1. ¿Qué quiere el señor Barriga que hagan los chicos?

____

2. ¿Qué le pide el chico?

____

3. ¿Qué les sugiere el señor a los chicos?

____

4. ¿Qué tienen que hacer los chicos si no consiguen el dinero?

____

5. Al final, ¿en qué insiste el señor Barriga?

____

Lab Manual

Nombre ____________________ Fecha ____________________

PREPARACIÓN

Lección 13

1 **¿Lógico o ilógico?** You will hear some questions and the responses. Decide if they are **lógico** or **ilógico**.

1. Lógico Ilógico
2. Lógico Ilógico
3. Lógico Ilógico
4. Lógico Ilógico
5. Lógico Ilógico
6. Lógico Ilógico

2 **Eslóganes** You will hear some slogans created by environmentalists. Match the number of each slogan to the ecological problem it addresses.

_____ a. la contaminación del aire
_____ b. la deforestación
_____ c. la extinción de animales
_____ d. la contaminación del agua
_____ e. el calentamiento global
_____ f. la basura en las calles

3 **Completar** Listen to this radio advertisement and write the missing words.

Para los que gustan del ________ (1), la agencia Eco-Guías los invita a viajar a la ________ (2) amazónica. Estar en el Amazonas es convivir (*to coexist*) con la ________ (3). Venga y ________ (4) los misterios del ________ (5) tropical. Admire de cerca las diferentes ________ (6) y ________ (7) mientras navega por un ________ (8) que parece mar. Duerma bajo un ________ (9) lleno de ________ (10). Piérdase en un ________ (11) de encanto (*enchantment*).

4 **Preguntas** Look at the drawings and answer each question you hear. Repeat the correct response after the speaker.

1.

2.

3.

4.

Lab Manual

PRONUNCIACIÓN

l, ll, and y

In Spanish, the letter **l** is pronounced much like the *l* sound in the English word *lemon*.

cie**l**o **l**ago **l**ata **l**una

In Lesson 8, you learned that most Spanish speakers pronounce the letter **ll** like the *y* in the English word *yes*. The letter **y** is often pronounced in the same manner.

estre**ll**a va**ll**e ma**y**o pla**y**a

When the letter **y** occurs at the end of a syllable or by itself, it is pronounced like the Spanish letter **i**.

le**y** mu**y** vo**y** **y**

1 **Práctica** Repeat each word after the speaker focusing on the **l, ll,** and **y** sounds.

1. lluvia
2. desarrollar
3. animal
4. reciclar
5. llegar
6. pasillo
7. limón
8. raya
9. resolver
10. pantalla
11. yogur
12. estoy
13. taller
14. hay
15. mayor

2 **Oraciones** When you hear the number, read the corresponding sentence aloud. Then listen to the speaker and repeat the sentence.

1. Ayer por la mañana Leonor se lavó el pelo y se maquilló.
2. Ella tomó café con leche y desayunó pan con mantequilla.
3. Después su yerno vino a su casa para ayudarla.
4. Pero él se cayó en las escaleras del altillo y se lastimó la rodilla.
5. Leonor lo llevó al hospital.
6. Allí le dieron unas pastillas para el dolor.

3 **Refranes** Repeat each saying after the speaker to practice the **l, ll,** and **y** sounds.

1. Quien no oye consejo, no llega a viejo.[1]
2. A caballo regalado, no le mires el diente.[2]

4 **Dictado** You will hear five sentences. Each will be said twice. Listen carefully and write what you hear.

1. ______________________________________
2. ______________________________________
3. ______________________________________
4. ______________________________________
5. ______________________________________

[1]*He who doesn't listen to advice, doesn't reach old age.*
[2]*Don't look a gift horse in the mouth.*

GRAMÁTICA

13.1 The subjunctive with verbs of emotion

1 **Escoger** Listen to each statement and choose the most logical response.

1. a. Ojalá que se mejore pronto.
   b. Me alegro de que esté bien.
2. a. Espero que podamos ir a nadar mañana.
   b. Es una lástima que ya no lo podamos usar.
3. a. Me sorprende que venga temprano.
   b. Siento que se pierda la película.
4. a. Temo que el río esté contaminado.
   b. Me alegro de que vea bien.
5. a. Es ridículo que el gobierno controle cuando nos bañemos.
   b. Me gusta cepillarme los dientes.
6. a. Es triste que la gente cuide la selva.
   b. Me molesta que no hagamos nada para mejorar la situación.

2 **El Club de Ecología** Listen to this conversation. Then, read the statements in your lab manual and decide whether they are **cierto** or **falso**.

	Cierto	Falso
1. Carmen se alegra de que la presidenta del club empiece un programa de reciclaje.	❍	❍
2. Héctor espera que Carmen se enoje con la presidenta.	❍	❍
3. Carmen teme que los otros miembros (*members*) quieran limpiar las playas.	❍	❍
4. A Carmen le gusta ir a la playa.	❍	❍
5. A Héctor le sorprende que Carmen abandone (*resigns from*) el club.	❍	❍
6. Carmen cree que la presidenta va a cambiar de idea.	❍	❍

3 **Preguntas** Answer each question you hear using the cues. Repeat the correct response after the speaker.

modelo
You hear: ¿De qué tienes miedo?
You see: nosotros / no resolver la crisis de energía
You say: **Tengo miedo de que nosotros no resolvamos la crisis de energía.**

1. Ricardo / estudiar ecología
2. muchas personas / no preocuparse por el medio ambiente
3. tú / hacer un viaje a la selva
4. el gobierno / controlar el uso de la energía nuclear
5. los turistas / recoger las flores
6. haber / tantas plantas en el desierto

4 **Transformar** Change each sentence you hear to the subjunctive mood using the expression provided. Repeat the correct answer after the speaker.

modelo
You hear: Cada año hay menos árboles en el mundo.
You see: Es una lástima
You say: **Es una lástima que cada año haya menos árboles en el mundo.**

1. Es triste
2. Es extraño
3. Es terrible
4. Es ridículo
5. Es una lástima
6. Me molesta

Nombre ______________________ Fecha ______________________

13.2 The subjunctive with doubt, disbelief, and denial

1 **Identificar** Listen to each sentence and decide whether you hear a verb in the indicative or the subjunctive in the subordinate clause.

modelo

You hear: Creo que Nicolás va de excursión.
You select: indicative because you heard *va*.

	Indicative	*Subjunctive*
Modelo	X	
1.		
2.		
3.		
4.		
5.		
6.		
7.		

2 **Te ruego** Listen to this conversation between a father and daughter. Then, choose the word or phrase that best completes each sentence.

1. Juanita quiere ir a la selva amazónica para _____.
   a. vivir con los indios b. estudiar las plantas tropicales c. estudiar los animales
2. Ella _____ que quiere ir.
   a. está segura de b. no está segura de c. niega
3. Su papá _____ que se enferme con malaria.
   a. está seguro b. teme c. niega
4. Juanita _____ que se enferme.
   a. duda b. no duda c. cree
5. _____ que el papá no quiera que ella vaya.
   a. Es cierto b. No es cierto c. No hay duda de
6. El papá dice que _____ que la selva amazónica es un lugar fantástico.
   a. es improbable b. es imposible c. no cabe duda de
7. _____ Juanita va a la selva amazónica.
   a. Es seguro que b. Tal vez c. No es probable que
8. Juanita _____ que su papá es el mejor papá del mundo.
   a. duda b. no cree c. cree

3 **Cambiar** Change each sentence you hear to the negative. Repeat the correct answer after the speaker. (*7 items*)

modelo

Dudo que haga frío en Bogotá.
No dudo que hace frío en Bogotá.

Nombre ______________________ Fecha ______________________

13.3 The subjunctive with conjunctions

1 **¿Lógico o ilógico?** You will hear some sentences. Decide if they are **lógico** or **ilógico**.

1. Lógico Ilógico
2. Lógico Ilógico
3. Lógico Ilógico
4. Lógico Ilógico
5. Lógico Ilógico
6. Lógico Ilógico

2 **A la entrada del parque** Listen to the park ranger's instructions. Then, number the drawings in the correct order.

a. ______

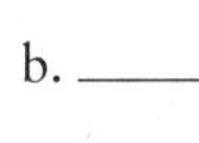

b. ______

c. ______

d. ______

3 **Identificar** Listen to each sentence and indicate whether the subordinate clause expresses a future action, a habitual action, or a past action.

modelo

You hear: Voy a ir a caminar por el sendero tan pronto como llegues a la casa.
You select: future action

	future action	*habitual action*	*past action*
Modelo	X	______	______
1.	______	______	______
2.	______	______	______
3.	______	______	______
4.	______	______	______
5.	______	______	______
6.	______	______	______

Lab Manual

PREPARACIÓN

Lección 14

1 **¿Lógico o ilógico?** You will hear some questions and the responses. Decide if they are **lógico** or **ilógico**.

1. Lógico	Ilógico	4. Lógico	Ilógico	7. Lógico	Ilógico
2. Lógico	Ilógico	5. Lógico	Ilógico	8. Lógico	Ilógico
3. Lógico	Ilógico	6. Lógico	Ilógico		

2 **Hacer diligencias** Look at the drawing and listen to Sofía's description of her day. During each pause, write the name of the place she went. The first one has been done for you.

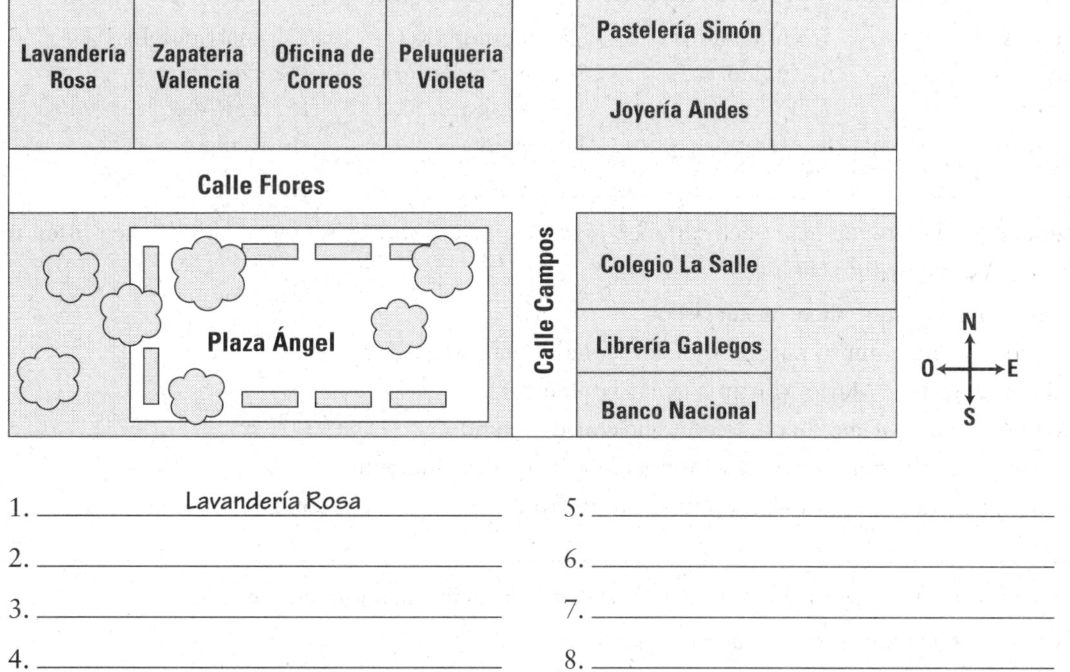

1. Lavandería Rosa
2. ____________________
3. ____________________
4. ____________________
5. ____________________
6. ____________________
7. ____________________
8. ____________________

3 **Preguntas** Look once again at the drawing in activity 2 and answer each question you hear with the correct information. Repeat the correct response after the speaker. (*5 items*)

modelo

La joyería está al norte de la plaza, ¿verdad?
No, la joyería está al este de la plaza.

4 **Perdidos en el centro** Listen to Carlos and Victoria's conversation and answer the questions.

1. ¿Qué buscan Carlos y Victoria? ____________________
2. ¿Quién les da la dirección? ____________________
3. ¿Qué deben hacer en el semáforo? ____________________
4. ¿A cuántas cuadras está del semáforo? ____________________

Lab Manual

PRONUNCIACIÓN

m and n

The letter **m** is pronounced like the *m* in the English word *made.*

mam**á** | **m**arzo | **m**andar | **m**esa

The letter **n** is pronounced like the *n* in the English word *none.*

norte | **n**adie | **n**unca | **n**ieto

When **n** is followed by the letter **v**, the **n** is pronounced like the Spanish **m**.

e**nv**iar | i**nv**ierno | i**nv**itado | co**n V**íctor

1 **Práctica** Repeat each word or phrase after the speaker to practice pronouncing **m** and **n**.

1. imposible
2. mañana
3. mano
4. manejar
5. número
6. invitar
7. moreno
8. envase
9. enamorado
10. monumento
11. empleado
12. encima
13. matrimonio
14. confirmar
15. con Víctor
16. ningún

2 **Oraciones** When you hear each number, read the corresponding sentence aloud. Then listen to the speaker and repeat the sentence.

1. A mí no me gustan nada los mariscos.
2. En el mercado compro naranjas, melocotones y manzanas.
3. Mañana invito a Mario Martín a cenar conmigo.
4. Mario es el mejor mecánico de motocicletas del mundo.
5. También le importa mucho la conservación del medio ambiente.
6. Siempre envía los envases de aluminio al centro de reciclaje en Valencia.

3 **Refranes** Repeat each saying after the speaker to practice pronouncing **m** and **n**.

1. Más vale poco y bueno que mucho y malo.[1]
2. Mala hierba nunca muere.[2]

4 **Dictado** You will hear a paragraph. Listen carefully and, during the pauses, write what you hear. The entire paragraph will then be repeated so that you can check your work.

____

____

____

____

____

____

[1]*Quality is more important than quantity.*

[2]*Like a bad penny, it just keeps turning up.* (lit. *Bad grass never dies.*)

Nombre ______________________ Fecha ______________________

GRAMÁTICA

14.1 The subjunctive in adjective clauses

1 **Identificar** Listen to each statement or question. If it refers to a person, place, or thing that clearly exists or is known, select **Sí**. If it refers to a person, place, or thing that either does not exist or whose existence is uncertain, select **No**.

modelo

You hear: Buscamos un hotel que tenga piscina.
You select: No, because the existence of the hotel is uncertain.

	Modelo	1.	2.	3.	4.	5.	6.
Sí	____	____	____	____	____	____	____
No	X	____	____	____	____	____	____

2 **Escoger** You will hear some sentences with a beep in place of the verb. Select the verb that best completes each sentence.

modelo

You hear: Tengo una cuenta corriente que *(beep)* gratis.
You select: es because the existence of the *cuenta corriente* is not in doubt.

1. tiene tenga
2. vende venda
3. vende venda
4. hacen hagan

3 **Cambiar** Change each sentence you hear into the negative. Repeat the correct answer after the speaker. *(6 items)*

modelo

Hay un restaurante aquí que sirve comida venezolana.
No hay ningún restaurante aquí que sirva comida venezolana.

4 **Buscando amistad** Read the ads for pen pals. Then, listen to the four recorded personal ads. Write the name of the person whose written ad best suits each recorded personal ad.

Nombre: Gustavo Carrasquillo
Dirección: Casilla 204, La Paz, Bolivia
Edad: 20 años
Pasatiempos: Ver películas en inglés, leer revistas de política, escalar montañas, esquiar y hacer amistad con jóvenes de todo el mundo. Me pueden escribir en inglés o alemán.

Nombre: Claudia Morales
Dirección: Calle 4–14, Guatemala, Guatemala
Edad: 18 años
Pasatiempos: Ir a conciertos de rock, escuchar la radio, ver películas extranjeras, mandar y recibir correo electrónico.

Nombre: Alicia Duque
Dirección: Avenida Gran Capitán 26, Córdoba, España
Edad: 18 años
Pasatiempos: Ir al cine, a fiestas, bailar, hablar por teléfono y escribir canciones de amor. Pueden escribirme en francés.

Nombre: Antonio Ávila
Dirección: Apartado Postal 3007, Panamá, Panamá
Edad: 21 años
Pasatiempos: Entre mis pasatiempos están escribir cartas a amigos por todas partes del mundo, escuchar la radio, practicar deportes y leer revistas.

Nombre: Rosalinda Guerrero
Dirección: Calle 408 #3, Hatillo, Puerto Rico
Edad: 19 años
Pasatiempos: Navegar por Internet, leer sobre política, ir a conciertos y visitar museos de arte.

1. ______________________
2. ______________________
3. ______________________
4. ______________________

Lab Manual

14.2 Familiar (tú) commands

1 **Identificar** You will hear some sentences. If the verb is a **tú** command, select **Sí**. If the verb is not a **tú** command, select **No**.

modelo

You hear: Camina en el parque.
You select: Sí because *Camina* is a tú command.

1. Sí No
2. Sí No
3. Sí No
4. Sí No
5. Sí No
6. Sí No
7. Sí No
8. Sí No
9. Sí No
10. Sí No

2 **¿Dónde están?** Eduardo's wife has asked him to do some errands for her. Using the map and her directions, write down the places she mentions.

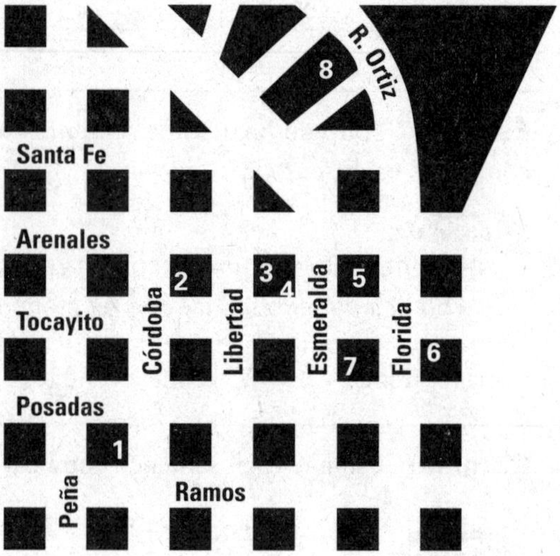

1. ___
2. ___
3. ___
4. ___
5. ___
6. ___
7. ___
8. ___

3 **Consejos prácticos** You will hear a conversation between a man who is visiting Panamá and his travel agent. Using **tú** commands and the ideas presented, write six pieces of advice that someone can follow when visiting Panamá.

1. ___
2. ___
3. ___
4. ___
5. ___
6. ___

Nombre ______________________ Fecha ______________________

14.3 Nosotros/as commands

1 **Identificar** Listen to each statement. Select **Sí** if it is a command. Select **No** if it is not.

modelo

You hear: Abramos la tienda.
You choose: Sí

	Modelo	1.	2.	3.	4.	5.	6.
Sí	X						
No							

2 **¿Cierto o falso?** Listen to Manuel and Elisa's conversation. Then, read the statements and decide whether they are **cierto** or **falso**.

	Cierto	Falso
1. Manuel está muy ocupado.	❍	❍
2. Manuel va a acompañar a Elisa a hacer diligencias.	❍	❍
3. Primero van a ir al correo para comprar sellos.	❍	❍
4. Elisa quiere primero depositar el cheque.	❍	❍
5. Manuel y Elisa van a comprar el postre antes de que vayan al banco.	❍	❍
6. Elisa sugiere cortarse el pelo de último.	❍	❍

3 **Preguntas** Answer each question you hear negatively. Then make another suggestion using the cue provided and a **nosotros/as** command.

modelo

You hear: ¿Cocinamos esta noche?
You see: Restaurante Cambur
You say: No, no cocinemos esta noche. Comamos en el Restaurante Cambur.

1. jugar a las cartas
2. esquiarla
3. ir a la biblioteca
4. limpiar el sótano

4 **Cambiar** Change each sentence you hear to a **nosotros/as** command. Repeat the correct answer after the speaker. (*8 items*)

modelo

Vamos a visitar la Plaza Bolívar.
Visitemos la Plaza Bolívar.

Lab Manual

Nombre ______________________ Fecha ______________________

PREPARACIÓN

Lección 15

1 **Identificar** You will hear a series of words or phrases. Write the word or phrase that does not belong in each group.

1. ________ 3. ________ 5. ________

2. ________ 4. ________ 6. ________

2 **Describir** For each drawing, you will hear a brief description. Indicate whether it is **cierto** or **falso** according to what you see.

1. Cierto Falso

2. Cierto Falso

3. Cierto Falso

4. Cierto Falso

3 **A entrenarse** Listen as Marisela describes her new fitness program. Then, indicate which activities she plans to do each day.

lunes: ________________

martes: ________________

miércoles: ________________

jueves: ________________

viernes: ________________

sábado: ________________

domingo: ________________

Lab Manual

Nombre ______________________ Fecha ______________________

Lab Manual

PRONUNCIACIÓN

ch and p

In Spanish, the **ch** is pronounced like the *ch* sound in *church* and *chair*.

Co**ch**abamba no**ch**e mo**ch**ila mu**ch**a**ch**o que**ch**ua

In English, the letter *p* at the beginning of a word is pronounced with a puff of air. In contrast, the Spanish **p** is pronounced without the puff of air. It is somewhat like the *p* sound in *spin*. To check your pronunciation, hold the palm of your hand in front of your mouth as you say the following words. If you are making the **p** sound correctly, you should not feel a puff of air.

La **P**az **p**eso **p**iscina a**p**urarse **p**roteína

1 **Práctica** Repeat each word after the speaker, focusing on the **ch** and **p** sounds.

1. archivo
2. derecha
3. chau
4. lechuga
5. preocupado
6. operación
7. pie
8. cuerpo
9. computadora
10. chuleta
11. champiñón
12. leche

2 **Oraciones** When you hear the number, read the corresponding sentence aloud. Then listen to the speaker and repeat the sentence.

1. A muchos chicos les gusta el chocolate.
2. Te prohibieron comer chuletas por el colesterol.
3. ¿Has comprado el champán para la fiesta?
4. Chela perdió el cheque antes de depositarlo.
5. Levanto pesas para perder peso.
6. ¿Me prestas el champú?

3 **Refranes** Repeat each saying after the speaker to practice the **ch** and **p** sounds.

1. Del dicho al hecho, hay mucho trecho.[1]
2. A perro flaco todo son pulgas.[2]

4 **Dictado** You will hear eight sentences. Each will be said twice. Listen carefully and write what you hear.

1. ______________________________
2. ______________________________
3. ______________________________
4. ______________________________
5. ______________________________
6. ______________________________
7. ______________________________
8. ______________________________

[1]*It's easier said than done.*
[2]*It never rains, but it pours.*

Nombre ____________________ Fecha ____________________

GRAMÁTICA

15.1 Past participles used as adjectives

1 **¿Cierto o falso?** Look at the drawing and listen to each statement. Indicate whether each statement is **cierto** or **falso**.

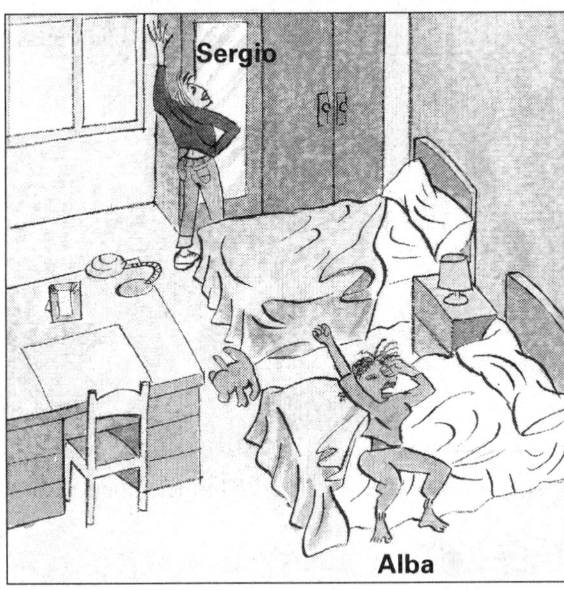

	Cierto	Falso
1.	❍	❍
2.	❍	❍
3.	❍	❍
4.	❍	❍
5.	❍	❍
6.	❍	❍
7.	❍	❍
8.	❍	❍

2 **Preguntas** Pablo wants to go to the gym with his friend Manuel, but everything is going wrong. Answer each question using the cue provided.

modelo

You hear: ¿Y mi amigo Manuel?
You see: dormir
You say: ***Tu amigo Manuel está dormido.***

1. congelar	3. perder	5. dañar	7. cerrar
2. romper	4. abrir	6. vender	8. morir

3 **Identificar** Listen to each sentence and write the past participle that is being used as an adjective.

modelo

You hear: Estoy interesada en estar en buena forma.
You write: **interesada**

1. ____________________ 5. ____________________
2. ____________________ 6. ____________________
3. ____________________ 7. ____________________
4. ____________________ 8. ____________________

Lab Manual

Lab Manual

15.2 The present perfect

1 **Identificar** Listen to each statement and select the subject of the verb.

modelo

You hear: Nunca han hecho ejercicios aeróbicos.
You select: ellos/ellas

	yo	tú	él/ella	nosotros/as	ellos/ellas
Modelo	______	______	______	______	X
1.	______	______	______	______	______
2.	______	______	______	______	______
3.	______	______	______	______	______
4.	______	______	______	______	______
5.	______	______	______	______	______
6.	______	______	______	______	______

2 **Consejos de una amiga** Listen to this conversation between Eva and Manuel. Then, choose the correct ending for each statement.

1. Ellos están hablando de...
   a. que fumar es malo. b. la salud de Manuel. c. los problemas con sus clases.
2. Manuel dice que sufre presiones cuando...
   a. tiene exámenes. b. hace gimnasia. c. no puede dormir y fuma mucho.
3. Eva dice que ella...
   a. estudia durante el día. b. ha estudiado poco. c. también está nerviosa.
4. Eva le dice a Manuel que...
   a. deje de fumar. b. estudie más. c. ellos pueden estudiar juntos.

3 **Preguntas** Answer each question you hear using the cue. Repeat the correct response after the speaker.

modelo

You hear: ¿Ha adelgazado Miguel?
You see: sí / un poco
You say: Sí, Miguel ha adelgazado un poco.

1. sí
2. sí
3. no
4. sí
5. no
6. no / todavía

4 **Transformar** Change each sentence you hear from the present indicative to the present perfect indicative. Repeat the correct answer after the speaker. (*8 items*)

modelo

Pedro y Ernesto salen del gimnasio.
Pedro y Ernesto han salido del gimnasio.

Nombre ______________________ Fecha ______________________

15.3 The past perfect

1 **¿Lógico o ilógico?** You will hear some brief conversations. Indicate if they are **lógico** or **ilógico**.

1. Lógico Ilógico
2. Lógico Ilógico
3. Lógico Ilógico
4. Lógico Ilógico
5. Lógico Ilógico
6. Lógico Ilógico

2 **Describir** Using the cues provided, describe what you and your friends had already done before your parents arrived for a visit. Repeat the correct answer after the speaker.

modelo

You see: preparar la cena
You hear: mis amigas
You say: **Mis amigas ya habían preparado la cena.**

1. limpiar el baño y la sala
2. sacar la basura
3. sacudir los muebles
4. poner la mesa
5. hacer las camas
6. darle de comer al gato

3 **Completar** Listen to this conversation and write the missing words. Then, answer the questions.

JORGE ¡Hola, chico! Ayer vi a Carmen y no me lo podía creer, me dijo que te ______(1)______ en el gimnasio. ¡Tú, que siempre ______(2)______ tan sedentario! ¿Es cierto?

RUBÉN Pues, sí. ______(3)______ mucho de peso y me dolían las rodillas. Hacía dos años que el médico me ______(4)______ que tenía que mantenerme en forma. Y finalmente, hace cuatro meses (*four months ago*), decidí hacer gimnasia casi todos los días.

JORGE Te felicito (*I congratulate*), amigo. Yo también ______(5)______ hace un año a hacer gimnasia. ¿Qué días vas? Quizás nos podemos encontrar allí.

RUBÉN ______(6)______ todos los días al salir del trabajo. ¿Y tú? ¿Vas con Carmen?

JORGE Siempre ______(7)______ juntos hasta que compré mi propio carro. Ahora voy cuando quiero. Pero la semana que viene voy a tratar de ir después del trabajo para verte por allí.

1. ¿Por qué es extraño que Rubén esté en el gimnasio?
____
2. ¿Qué le había dicho el médico a Rubén?
____
3. ¿Por qué no va Jorge con Carmen al gimnasio?
____

Lab Manual

Nombre ______________________ Fecha ______________________

PREPARACIÓN

Lección 16

1 **Anuncios clasificados** Look at the ads and listen to each statement. Then, decide if the statement is **cierto** or **falso**.

EMPRESA INTERNACIONAL
busca
CONTADOR

Requisitos:
- Tenga estudios de administración de empresas
- Hable español e inglés

Se ofrece:
- Horario flexible
- Salario semanal de 700 córdobas
- Posibilidades de ascenso

Contacto: Sr. Flores
Tel: 492 2043

SE BUSCA DISEÑADOR
- Se ofrece un salario anual de 250.000 córdobas.
- Excelentes beneficios
- Debe tener cinco años de experiencia.

Si está interesado, envíe currículum a
EMPRESA LÓPEZ
Fax 342 2396

	Cierto	Falso		Cierto	Falso		Cierto	Falso
1.	❍	❍	3.	❍	❍	5.	❍	❍
2.	❍	❍	4.	❍	❍	6.	❍	❍

2 **Identificar** Listen to each description and then complete the sentence by identifying the person's occupation.

modelo
You hear: La señora Ortiz enseña a los estudiantes. Ella es...
You write: maestra

1. ______________ 3. ______________ 5. ______________
2. ______________ 4. ______________ 6. ______________

3 **Publicidad** Listen to this radio advertisement and answer the questions.

1. ¿Qué tipo de empresa es Mano a Obra?
____
2. ¿Qué hace esta empresa?
____
3. ¿Cuál es la ocupación del señor Mendoza?
____
4. ¿Qué le va a dar la empresa al señor Mendoza en un año?
____
5. ¿En qué profesiones se especializa (*specializes*) Mano a Obra?
____

Lab Manual

Nombre ______________________ Fecha ______________________

PRONUNCIACIÓN

Intonation

Intonation refers to the rise and fall in the pitch of a person's voice when speaking. Intonation patterns in Spanish are not the same as those in English, and they vary according to the type of sentence.

In normal statements, the pitch usually rises on the first stressed syllable.

A **mí** me ofrecieron un ascenso. **Ca**da aspirante debe entregar una solicitud.

In exclamations, the pitch goes up on the first stressed syllable.

¡Oja**lá** venga! ¡**Cla**ro que sí!

In questions with yes or no answers, the pitch rises to the highest level on the last stressed syllable.

¿Trajiste el cu**rrí**culum? ¿Es usted arqui**tec**to?

In questions that request information, the pitch is highest on the stressed syllable of the interrogative word.

¿**Cuán**do renunciaste al trabajo? ¿**Cuál** es su número de teléfono?

1 **Práctica** Repeat each sentence after the speaker, imitating the intonation.

1. ¿Vas a venir a la reunión?
2. ¿Dónde trabajaba anteriormente?
3. ¡Qué difícil!
4. Estoy buscando un nuevo trabajo.
5. Quiero cambiar de profesión.
6. ¿Te interesa el puesto?

2 **Oraciones** When you hear the number, say the speaker's lines in this dialogue aloud. Then listen to the speaker and repeat the sentences.

1. **REPARTIDOR (*DELIVERYMAN*)** Trabajo para la Compañía de Transportes Alba. ¿Es usted el nuevo jefe?
2. **JEFE** Sí. ¿Qué desea?
3. **REPARTIDOR** Aquí le traigo los muebles de oficina. ¿Dónde quiere que ponga el escritorio?
4. **JEFE** Allí delante, debajo de la ventana. ¡Tenga cuidado! ¿Quiere romper la computadora?
5. **REPARTIDOR** ¡Perdón! Ya es tarde y estoy muy cansado.
6. **JEFE** Perdone usted, yo estoy muy nervioso. Hoy es mi primer día en el trabajo.

3 **Dictado** You will hear a phone conversation. Listen carefully and, during the pauses, write what you hear. The entire conversation will then be repeated so that you can check your work.

PACO ______________________________

____

ISABEL ______________________________

____

PACO ______________________________

____

ISABEL ______________________________

____

PACO ______________________________

Nombre ______________________ Fecha ______________________

GRAMÁTICA

16.1 The future tense

1 **Identificar** Listen to each sentence and select the subject of the verb.

modelo

You hear: Iré a la reunión.
You select: yo

	yo	tú	él/ella	nosotros/as	ustedes
Modelo	X				
1.					
2.					
3.					
4.					
5.					
6.					
7.					
8.					

2 **Nos mudamos** Listen to this conversation between Fernando and Marisol. Then, read the statements and decide whether they are **cierto** or **falso**.

	Cierto	Falso
1. Marisol y Emilio se mudarán a Granada.	❍	❍
2. Ellos saben cuándo se mudan.	❍	❍
3. Marisol y Emilio harán una excursión a la selva y las playas antes de que él empiece su nuevo trabajo.	❍	❍
4. Fernando no podrá visitarlos en Nicaragua en un futuro próximo (*near*).	❍	❍

3 **Preguntas** Answer each question you hear using the cues. Repeat the correct response after the speaker.

modelo

You hear: ¿Con quién saldrás esta noche?
You see: Javier
You say: Yo saldré con Javier.

1. no / nada
2. el lunes por la mañana
3. Santo Domingo
4. esta noche
5. 2:00 p.m.
6. sí
7. de periodista
8. la próxima (*next*) semana

4 **Cambiar** Change each sentence you hear to the future tense. Repeat the correct answer after the speaker. (*8 items*)

modelo

Ellos van a salir pronto.
Ellos saldrán pronto.

Lab Manual

16.2 The conditional tense

1 **Identificar** Listen to each sentence and decide whether you hear a verb in the **future**, the **conditional**, or the **imperfect** tense.

1. a. future b. conditional c. imperfect
2. a. future b. conditional c. imperfect
3. a. future b. conditional c. imperfect
4. a. future b. conditional c. imperfect
5. a. future b. conditional c. imperfect
6. a. future b. conditional c. imperfect
7. a. future b. conditional c. imperfect
8. a. future b. conditional c. imperfect
9. a. future b. conditional c. imperfect
10. a. future b. conditional c. imperfect

2 **La conferencia de negocios** Cristina is planning a business conference. Listen to her ideas and then indicate whether the statements are **cierto** or **falso**.

	Cierto	Falso
1. La conferencia sería en la compañía.	❍	❍
2. Hablaría un hombre de negocios de mucho éxito.	❍	❍
3. El mejor cocinero de la ciudad haría la cena.	❍	❍
4. Los reporteros entrevistarían a Cristina.	❍	❍
5. Cristina podría obtener un aumento de sueldo.	❍	❍
6. Cristina no debería pensar en otra idea.	❍	❍

3 **Entrevista** You are a good cook and you are considering opening a Salvadorian restaurant. The investor wants to know what it will be like. Answer his questions, using the cues provided. Then, repeat the correct response after the speaker.

modelo

You hear: ¿Cómo se llamaría el restaurante?
You see: Rincón Salvadoreño
You say: El restaurante se llamaría Rincón Salvadoreño.

1. 10
2. sí / periódico
3. yo
4. $60.000
5. seguro médico
6. sí / un año

4 **Cambiar** Form a new sentence, replacing **iba a** + [*infinitive*] construction with the corresponding verb in the conditional. Repeat the correct answer after the speaker. (*6 items*)

modelo

Andrea dijo que iba a cambiar de trabajo.
Andrea dijo que cambiaría de trabajo.

Nombre ______________________ Fecha ______________________

16.3 The past subjunctive

1

Identificar Listen to the following verbs. Select **Sí** if the verb is in the past subjunctive and **No** if it is in another tense.

1.	Sí	No	7.	Sí	No
2.	Sí	No	8.	Sí	No
3.	Sí	No	9.	Sí	No
4.	Sí	No	10.	Sí	No
5.	Sí	No	11.	Sí	No
6.	Sí	No	12.	Sí	No

2

Cambiar Form a new sentence, using the cue you hear. Repeat the correct answer after the speaker. (*8 items*)

modelo

Marisa quería que yo dejara el trabajo. (mi hermana)

Marisa quería que mi hermana dejara el trabajo.

3

Completar Complete each phrase you hear, using the cue provided and the past subjunctive. Repeat the correct response after the speaker.

modelo

You hear: Esperábamos que tú...

You see: seguir otra carrera

You say: **Esperábamos que tú siguieras otra carrera.**

1. ir a renunciar al puesto
2. darte el aumento
3. invertir en su empresa
4. saber la verdad
5. poner un anuncio en los periódicos
6. llegar temprano al trabajo
7. ofrecerles mejores beneficios
8. gastar menos dinero

4

El mundo de los negocios Listen to this conversation between two coworkers and answer the questions.

1. ¿Qué le pidió el jefe a Elisa cuando la llamó por teléfono?

____

2. ¿Qué le pidió el jefe a la empleada cuando entró (*entered*) en su oficina?

____

3. ¿Qué le preguntó el jefe a Elisa?

____

4. ¿Qué le contestó Elisa?

____

Photography and Art Credits

All images © Vista Higher Learning unless otherwise noted.

Student Activities Manual

Workbook: 32: Index Open/Photolibrary; **42:** (tl) Bettmann/Getty Images; (tr) David R. Frazier Photolibrary/Alamy; (bl) Ritu Jethana/123RF; (br) Jschultes/Big Stock Photo; **44:** Martín Bernetti; **56:** (all) Martín Bernetti; **64:** (l) Mark Williamson Stock Photography/Media Bakery; (m) Anthony J. Causi/Icon SMI 942/Newscom; (r) R. Peterkin/Fotolia; **88:** Nicole Winchell; **128:** (l) Tony Arruza/Corbis Documentary/Getty Images; (m) Dave G. Houser/Corbis Documentary/Getty Images; (r) Johan Ordonez/AFP/Getty Images; **147:** (l) Agencia el Universal GDA Photo Service/Newscom; (m) William Gentile/Corbis Historical/Getty Images; (r) Bettmann/Getty Images; **163:** Index Open/Photolibrary; **166:** (tl) *Las Meninas* or the *Family of Philip IV* (1656), Diego Rodriguez Velazquez. Oil on canvas, 276 x 318 cm. Museo del Prado, Madrid, Spain. Ali Burafi; (tr) Graficart.net/Alamy; (bl) Greg Gerla/AGE Fotostock; (br) Paul Almasy/Corbis Historical/Getty Images.

Lab Manual: 15: Martín Bernetti.